TRAINING
YOUNG DISTANCE
RUNNERS

青少年
第3版
修订版
长跑训练

[英] 拉里·格林（Larry Greene） 著
鲁斯·佩特（Russ Pate）

沈兆喆 王雄 译

人民邮电出版社
北京

图书在版编目（ＣＩＰ）数据

青少年长跑训练：第3版修订版 / （英）拉里·格林
（Larry Greene），（英）鲁斯·佩特（Russ Pate）著；
沈兆喆，王雄译. —— 2版. —— 北京：人民邮电出版社，
2020.5
　ISBN 978-7-115-53062-2

Ⅰ. ①青… Ⅱ. ①拉… ②鲁… ③沈… ④王… Ⅲ.
①青少年－长跑－运动训练 Ⅳ. ①G822.32

中国版本图书馆CIP数据核字(2019)第295747号

版权声明

免责声明

作者和出版商都已尽可能确保本书技术上的准确性以及合理性，并特别声明，不会承担由于使用本出版物中的材料而遭受的任何损伤所直接或间接产生的与个人或团体相关的一切责任、损失或风险。

内 容 提 要

　　本书已经帮助了无数跑者达到了缩短跑步用时、避免运动损伤和循序渐进地提升运动表现的效果。通过进一步更新、扩展和加强，本书新的第 3 版修订版将成为越野跑、赛道跑和公路跑运动员和教练的必备读物。跑步专家拉里·格林和鲁斯·佩特从世界上卓有成效的高中和大学跑步课程中汲取经验，并结合从中发现的关于日常训练、身体素质发展和体能训练的最新研究结果，帮助读者通过优化跑步节奏、间歇训练和技术动作提升自己的运动表现，同时还为读者提供了在专项训练中避免运动损伤和克服挫折方面的专业化建议和策略。本书不仅提供了系统的每日、每月和每赛季训练计划，还涵盖了包括营养供给、赤脚跑步以及男性和女性跑者特殊的训练需求等内容，是青少年跑步运动方面内容完整并处在学科前沿的书籍，也是跑步教练、青少年跑者及其家长的必备读物。

◆　著　　　　　［英］拉里·格林（Larry Greene）
　　　　　　　　　　　 鲁斯·佩特（Russ Pate）
　　译　　　　　沈兆喆　王 雄
　　责任编辑　　裴 倩
　　责任印制　　周昇亮
◆　人民邮电出版社出版发行　　北京市丰台区成寿寺路 11 号
　　邮编　100164　电子邮件　315@ptpress.com.cn
　　网址　https://www.ptpress.com.cn
　　北京虎彩文化传播有限公司印刷
◆　开本：700×1000　1/16
　　印张：16　　　　　　　　　　 2020 年 5 月第 2 版
　　字数：274 千字　　　　　　　 2025 年 10 月北京第 12 次印刷
　　　　著作权合同登记号　图字：01-2016-4051 号

定价：69.80 元
读者服务热线：**(010)81055296**　印装质量热线：**(010)81055316**
反盗版热线：**(010)81055315**

译者序

　　各类报道显示，我国青少年身体素质指标近20年呈现下滑趋势。多项流行病学调查也发现，青少年肥胖、耐力素质测试成绩下降和体质水平总体下滑是预测诱发心血管疾病的危险因素的重要信号，部分危险因素可延续至成年，成为后续"健康"问题的源头。要想让孩子身体健康成长、科学提升体质，形成良好的锻炼习惯非常关键！而对青少年人群而言，跑步是最适合增强身体素质、改善身体综合状态的运动项目之一。

　　目前跑步的热潮已经席卷中国。据中国马拉松网站统计，2016年中国注册举办的大型马拉松赛事达到186场，比上一年增加近40%，其他各类跑步赛事更是数不胜数。跑步已经不仅是一种锻炼方式，更是一种生活方式，越来越多的青少年跑者也加入了这一热潮中，与此同时，美国甚至已经出现了儿童马拉松。然而，青少年到底能不能练习长跑？应该如何练习？有什么注意事项？遗憾的是，国内对此的研究，以及系统论述青少年跑步运动的书籍基本处于缺失状态。

　　《青少年长跑训练》作为世界上最畅销的跑步书籍之一，从1996年第1版问世至今已有20多年。作者拉里·格林（Larry Greene）和鲁斯·佩特（Russ Pate）是世界上享有盛誉的跑步专家。他们结合了最新的研究成果以及整合多位跑步教练的丰富经验，已经帮助了无数的青少年跑者科学训练，并取得优异成绩。本书是第3版的中文简体修订版，融合了最新的研究资讯，是一本在青少年跑步训练领域的经典权威著作。本书的翻译，也填补了国内这一领域知识的空白。

　　本书内容共分为两个部分：第1部分主要介绍跑步的基础原理，从青少年生长发育的角度入手，详细地解读青少年独特的生理、营养、心理及技术等方面内容，论述了很多针对性的跑步训练原则，为我们科学制订青少年跑步训练计划提供了坚实的理论基础；第2部分对一般训练、比赛专项训练、训练方案的建立与训练计划的设计进行了详细描述，让读者可以根据不同年龄阶段的青少年特征选择最适合和最科学的跑步训练计划。

　　相信本书将成为国内青少年跑步训练的重要参考标准与依据，希望更多的青少年可以通过科学的跑步练习改善身体素质、提升运动表现，并且享受跑步带给我们的健康和幸福。

前言

- 小孩应该从几岁开始为竞赛性质的长跑进行训练？
- 在训练和比赛中，教练应该给青少年长跑选手设置什么限制（如果有的话）？
- 哪种训练方法能最好地帮助青少年跑者提高耐力、速度、力量并形成正确的跑步姿势？
- 哪些种类的食物能确保青少年跑者的最佳成长、健康和表现？
- 女孩和男孩是否有不同的训练和营养需求？
- 教练和家长如何帮助青少年跑者提高积极性、增强意志力、提升自信和长跑运动需要具备的其他方面的心理素质？

以上这些问题只是我们写本书第 1 版（该书于 1996 年出版）的少数几个动机。我们的目标是向教练、家长和青少年跑者提供有关跑步的最佳信息和训练指南，因为我们知道一套经过深入研究的资料能带来许多积极效果。举个例子，作为曾经的青少年跑者，我们也曾体验过通过努力在越野赛、场地赛和公路赛中达成目标所带来的无与伦比的满足感和自信。在青少年阶段养成的勤奋和奉献精神让我们在成人后的个人、家庭和职场生活中都受益匪浅。我们同样认为使青少年时期的跑步运动充满乐趣的团队精神和队友情谊是真挚友谊的基础，有些队友成为一生的挚友。此外，作为训练学家的我们认为青少年时期扎实的训练和营养可以为一辈子的身体素质和健康打下良好的基础。我们迫不及待地想要与大家分享跑步运动所带来的伟大馈赠，这也是我们写本书的第 1 版（以及这本新版）的动机。

当我们动笔写本书的第 1 版的时候，市面上相同主题的书籍还很少，而互联网还是一个新鲜事物。不过，在为本书第 3 版调研的时候，我们为如今的青少年跑者以及他们的教练和父母所能得到的海量信息感到惊叹。当我们翻看新书、网站、博客和视频时，人们在讨论训练方法、比赛策略、营养、跑步装备等方面所表现出来的开放态度让我们印象深刻。我们不禁注意到当今的顶级高中生跑者和教练已经享受到名人的待遇，他们会在接受热门跑步网站和杂志的采访时分享训练秘诀。所有这些都对这项运动的发展起到非常积极的作用。

在研究互联网资料和与多位教练的谈话中，我们还注意到在训练青少年跑者最佳方法上有很多显著不同的观点。举个例子，人们围绕教练是否应该限制青少年跑者训练计划中的千米数的问题展开了讨论。教练们对在训练中强调耐力（通过长时间且相对低强度的训练）还是速度（通过高强度的间歇训练）的问题也有不同的观点。在膳食方面，最适合青少年跑者的碳水化合物、脂肪和蛋白质摄入量是多少，人们也各执一词。另外还有一场关于跑鞋的有趣辩论，有人说在光脚跑步革命进展得如火如荼的当下，青少年跑者是否应该脱掉跑鞋？

在本书中，我们会对几个关键问题进行解答，并基于从精心设计的研究中得出的重要发现以及来自顶级教练和跑者的真知灼见和经验向读者提供一些指南，以便他们制订卓有成效的训练计划。我们提供的科学方针比较全面，可以帮助教练为每位运动员确定最合适的训练项目和训练量。我们还基于业已建立的有关青少年发育和成熟期的知识体系帮助广大父母扮演好他们的角色，确保孩子们达到最佳的健康状况和运动表现。作为长期从事训练科学和健康促进领域的前顶级长跑运动员，我们为能与你分享青少年长跑选手的训练方法而感到兴奋和荣幸。

致谢

我们要向美国人体运动出版社的杰出工作人员致以由衷的谢意,感谢他们一直以来对本书的支持。我们要特别感谢人体运动出版社的汤姆·海涅和艾米·斯特尔,感谢你们的鼓励和有用的建议,帮助我们对新版本进行修正。同时,我们还要感谢劳德代尔堡的保罗·鲍尔教练以及跑者们,他们在第6章展示了非常标准的技术动作以及拉伸与力量训练动作。

拉里·格林和鲁斯·佩特

本书的许多灵感来自我的几位前任教练的宝贵课程。他们是约翰·米克森、已故的约翰·德布罗、马尔科姆·库珀以及艾尔·施密特。我永远感激你们。

拉里·格林

我想向两组人表达最诚挚的谢意。首先,我非常荣幸能与南卡罗来纳大学儿童体育活动研究组(CPARG)的同僚共事,他们不仅才华出众,而且具有坚定的信念。我的研究成果部分或全部来自于CPARG的教员、职工、研究生和博士后们的努力。其次,在过去30多年来,我一直有幸与南卡罗来纳州马拉松协会的杰出成员们共事。感谢他们!

鲁斯·佩特

目录

第 1 部分
跑步的基本原则

　　我们知道你有很多关于青少年长跑运动员训练方面的问题，而我们也迫不及待地想要给你答案。不过，在那之前，我们想要先问你几个问题。

　　如果你是一位教练，你通常如何制订训练计划？你在决定跑者的训练类型和训练量时会受到哪些因素的影响？你是否相信自己的训练计划能帮助跑者开发出他们的最大潜能？

　　如果你是跑者的父母，你如何知道自己是否为孩子的健康和跑步表现提供了最优的营养选择？你如何确信自己为孩子提供了有关跑步的忠告和积极的情感支持？

　　如果你是一位跑者，你如何相信自己的训练处于正轨之上，使你可以在不同赛季和不同年度中都能完成目标？

　　多年来，针对这些重要问题，我们听到了不同的答案。有些人在选择最佳的训练方法时全凭直觉或"第六感"，还有一些人照搬顶尖教练和跑者的训练方法。这些方法固然有其好处，例如，我们知道出色的教练在直觉上认为训练应该是充满乐趣和欢笑的，他们的训练计划会包含游戏、对抗以及花样繁多的训练方法和安排。我们当然赞同这种制订训练计划的策略。但是，就其本身来说，我们不应该过多地相信直觉。例如，就训练量来说，直觉可能导致一种错误的推论，那就是量越大效果越好——也就是说，如果每星期 40 英里（1 英里约为 1.6 千米，此后不再标注）的训练量能帮助跑者提高，那么 80 英里就能帮他们提高两倍。此外，直觉还会导致这样一个普遍的误解，那就是青少年运动员只是成年运动员简单的缩小版。许多青少年跑者的教练认同这种见解并且采用与成年跑者相同的训练方法，只是按比例稍微减了一点点训练量。这对青少年运动员是有害的。

　　那么基于顶尖跑者的训练方法去设计训练计划会怎么样呢？从某种程度上说，这种策略可能是有效的。例如，如果跑者发现某位世界级跑步运动员在做负重训练，那么他也许就会把这个训练方法加到计划里。但是照搬大部分或完全照搬别人的训练方法得到的结果往往是欠佳的运动表现和伤病。紧跟一名顶尖跑者的训练计划只对已经成为顶尖跑者的运动员有效，这需要二者的奔跑能力、身体素质和积极性处于相似的水平。

　　为了补充这两种方法（凭直觉和采用顶尖跑者的训练方法），我们对训练青少年跑者所采取的方法是基于跑步的基本要素。这种方法能有效地指导教练基于业已建立的关于青少年运动员的身体和心理素质的知识体系制订训练计划。我们还考虑到了青少年跑者的身体和心理对长跑训练的适应方式。我们的方法是以科学研究为基础的，并且参考了经验丰富的成功教练和跑者的真知灼见。此外，我们还应用了自己作为跑者和训练学科专家的毕生经验。

　　我们在本书的第 1 部分中专门讲解跑步的基本原则，其中第 1 章重点介绍已经建立的训练和竞赛原则；第 2 章介绍跑步生理学；第 3 章介绍青少年耐力运动员的合理营养；第 4 章讲解达到最佳表现所需的心理素质；第 5 章讲解跑步技术和形式。这些章节作为本书第 2 部分的背景知识。在第 2 部分，我们将一步一步地指导你制订一套贯穿青少年跑者生涯的完整训练计划。

发育巅峰

在为青少年长跑运动员制订有效的训练计划时，把他们在青少年时期的身体生长发育考虑在内是一个重大挑战。成长过程中的这些变化会对青少年跑者的身体和心理素质、营养需求以及对训练的反应产生巨大影响。在本章中，我们会讨论10个有关青少年成长的原则，以用于指导你建立最佳的训练和比赛方法。

发育原则 1：在青春期前限制训练量

我们经常被问到儿童从几岁开始训练越野跑、路跑和田径长跑最合适。这个问题不好回答，因为关于这个课题的科学研究相当缺乏，而且奇闻逸事也不可靠。即便如此，我们也不能略过这个问题，因为它太重要了。原因是已经有不少教练、父母和健康专家对青少年从事竞技性跑步运动可能产生的负面影响表示过担忧。通过回答以下这些问题，我们可以就几岁开始训练的问题得出自己的答案：儿童的身体素质在几岁的时候能够支持较长距离的跑步？他们身体的生理系统——例如他们的心脏和肌肉——能否积极地适应训练？在青少年阶段接受训练和参加长跑对他们的心理会产生哪些长期影响？有没有任何有案可查的、参与长跑的青少年儿童可能会遇到的健康风险？

这些问题的答案可能会让你感到惊讶：至少从生理学的角度上，6岁大的儿童就已经非常适合参加像长跑这样的有氧运动了。我们得出这个结论的依据是关于儿童最大摄氧量（VO_2Max）的研究成果。最大摄氧量是衡量人体在进行最大强度运动时所能摄入的氧气含量。最大摄氧量较高的人从事有氧运动更有优势。这意味着心脏能向肌肉输送足量的富氧血液，而且肌肉能够快速处理这些氧气以产生收缩所需的能量。最大摄氧量对长跑能否取得佳绩至关重要，因为当肌肉的氧气需求得不到完全满足时，它们就会快速疲劳。（我们会在第 2 章进一步验证最大摄氧量和跑步表现之间的关系有多么的紧密）。

研究表明，按照平均磅（1 磅约为 0.45 千克，以后不再标注）数计算，通常活跃的 6 ～ 8 岁儿童的最大摄氧量与每周训练 30 ～ 40 英里的业余成年跑者相当，有的甚至更高。青少年跑者的生理能力能够进行长跑的观点是有依据的，那就是不同年龄段的青少年马拉松比赛（26.2 英里）世界纪录：8 岁年龄段的男子纪录是 3 小时 34 分 30 秒，女子是 3 小时 13 分 24 秒；11 岁年龄段男子是 2 小时 47 分 17 秒，女子是 2 小时 49 分 21 秒。许多接受过多年高水平训练的成年马拉松跑者都达不到这些纪录。研究还表明青少年对耐力训练的生理适应方式有助于提高跑步表现。例如，在进入青春期前，经过中等强度耐力训练的儿童，其最大摄氧量能增加大约 10%，稍低于成人 15% 的增加幅度。

基于以上信息，你可能会推断青少年跑者确实具备接受长跑训练并参加比赛的能力。但是，在你开始为 8 岁年龄段的孩子制订训练计划之前，请先考虑以下几个重点。

- 没有科学研究和逸事证据建议长跑运动员的训练必须从娃娃抓起才能充分挖掘他们的潜能，大多数世界级跑者直到青少年中晚期才开始训练。而且除极少数情况外，从 5 千米到马拉松的各年龄段世界纪录保持者成年后都没有成为顶尖跑者。
- 不断有研究表明，在进入青春期前，跑者对训练的生理适应性与他们在长跑比赛中的表现并不总是存在必然联系。对于青春期前的儿童，最能决定长跑成绩的是他们身体的成熟度：个子更高、更强壮、速度更快的小孩能在长跑比赛中脱颖而出。这样的孩子在其他运动项目上的表现也很好，比如篮球、棒球和足球。
- 尽管许多孩子天生就具备高水平的有氧能力，使他们在生理上能够进行强度较低的耐力活动，但是在高强度活动中，他们产生能量的能力有限。在运动过程中，人体有两套主要的供能系统：在肌肉能得到足够的氧气时，有氧系统发挥作用；在高强度运动中，当氧气供应无法满足肌肉需求时，无氧系统发挥作用。儿童锻炼科学领域最一致的一项发现是无氧系统在青春期结束之后才会发育完全。

- 身体没有发育成熟却接受大量高强度训练的青少年遭受伤病、生长发育异常和心理倦怠的风险相对较高。

考虑到以上这些重点，至少在进入青春期早期（11 ~ 13 岁，见表 1.1）之前，我们不建议小孩开始有规律且专项的长跑训练。但我们绝不是说小于 11 岁的儿童连学校或社区组织的 1 英里或 2 英里趣味跑都不应该参加。我们鼓励所有年龄段的孩子通过跑步获得快乐和健康。但是，我们建议暂时不要进行有规律的训练（在我们的定义中指的是每周超过 3 天，并持续几个月）和专项训练（指的是只专注于跑步，而非其他运动和体育锻炼）。

表 1.1 青春期的标识

发育阶段	特征	平均年龄	
		女孩（岁）	男孩（岁）
青春期速长期的开始时间	手臂、腿、脚和躯干骨骼生长加快	10.5	12.5
生长速度高峰	身高增长速率最快	11.5	13.5
心脏和肺部的速长期	心脏和肺部的直径和容量加速增加	11.5	13.5
开始发育第二性征	生殖器官发育；女性乳房发育和骨盆变宽；男性出现面部毛发、肩部变宽、嗓音变低沉	10.5	11.5
初潮	出现月经	12.5~13.0	—
青春期发育结束	骨骼发育减缓或停止	15.5	17.5

当青春期的孩子们正在经历身体上的巨大变化时，我们建议控制训练量和强度。一个原因是正常的青春期发育本身就可以提高孩子们的跑步表现。例如，女孩肺部和心脏的快速增长期平均从 11.5 岁开始，男孩从 13.5 岁开始，在这个时期，给肌肉输送的富氧血液量显著增加，自然就可以提高最大摄氧量。另一个例子是生长激素水平提高，它能增强肌肉的收缩，提升跑步速度和效率。

并不是所有发育阶段的身体变化都能自然而然地提高跑步表现，这也是之所以要在青春期早期阶段控制训练量和强度的原因之一。考虑到身高的快速增长。女孩平均从 10.5 岁开始，男孩从 12.5 岁开始，平均每年长高的速度从大约 2.2 英寸快速增加到 4.1 ~ 4.7 英寸。女孩在 11.5 岁左右迎来身高发育最快的阶段（被称为生长速度高峰），而男孩则是 13.5 岁。现在想象一下，一个 13 岁大的男孩在一个暑假就长

凯西教练和罗伯·希伍德教练

洛斯阿拉莫斯高中
新墨西哥州

　　2014 年，凯西和罗伯·希伍德迎来了他们在洛斯阿拉莫斯高中担任女子和男子越野跑运动队教练的第 21 个赛季。这对夫妻相识于科罗拉多州的亚当斯州立学院，当时两个人的竞赛项目都是越野跑和径赛。多年以来，洛斯阿拉莫斯高中女子越野跑已经赢得了 14 次新墨西哥州冠军赛，并多次进入全国排位赛。男子越野跑运动队的实力也非常强，他们赢得过 4 次周冠军、12 次亚军，4 次晋级全国排位赛。

　　你如何令训练计划适应生长发育与经验各不相同的青少年个体？——我们的教练哲学一直以循序渐进为基础，充分考虑每个运动员的年龄和经验。为了适应不同跑者的背景和年龄，我们把他们分为 5 个小组，这些小组的训练量从最高到最低排列：小组 I、小组 II、小组 IIg（g= 女孩）、小组 III 和小组 IV。训练量是按照每周的跑步分钟数确定的。我们的运动员大多数每周训练 6 天，在周日进行积极恢复或彻底的休息。各小组 1 周的训练量分别是：400（小组 I）、360（小组 II）、320（小组 IIg）、280（小组 III）和 240（小组 IV）分钟。随着运动员年龄的增大和经验的积累，他的训练时长和跑步速度会自然而然地逐步增加。例如，如果一个男孩在初中阶段就跑过越野，而且在年龄很小的时候就展现了对这项运动的兴趣和热爱，那么他在高一时就可能进入小组 III，高二进入小组 II，到高三就能进入小组 I。针对刚开始接触越野跑或者初中阶段训练水平较差的新生，他们在高一时得从小组 IV 起步，能否取得进步要看他们在休赛季训练的积极性，而且在整个高中的 3 年中都要坚持训练。

　　大多数高一女生从小组 IV 起步，两年后能到小组 III。其中，积极性非常高而且身体健康的女生能在高中生涯的晚期进入小组 IIg，偶尔会出现一两个拥有大量训练背景的女生能进入小组 I。至于男生，能否从一个级别升到下一个级别要看各人的适应性、积极性和当前的健康状况。如果一名运动员停留在同一个水平的时间超过 1 年，那么他就要增加训练节奏，并在周日适当加练。

你们为年龄最小的那些跑者设置了哪些训练和比赛上的限制？——我们的所有跑者会参加一个赛季里的大多数比赛。但是，那些缺乏或没有运动员背景的跑者每周可以多休息 1 天，而且他们结束赛季的时间要比校队早。所以，他们最终参加的比赛也较少。我们还会尝试安排一些强度较低的运动会，鼓励运动员避免"筋疲力尽"。有时候，我们可能会让一名通常参加校队比赛的天才少年参加较低水平的比赛，通过这种方式缓解他在比赛中的身体和心理紧张。

你们如何设计一套能让跑者在其整个高中及以后的跑步生涯中不断提高成绩的训练计划？——在我们的循序渐进的训练计划中，不同的分组和适度的距离能够让跑者逐步适应。尽管我们的许多跑者到最后也进不了小组 I，但是有志参加大学级别比赛的运动员自然而然地会往跑量更大和速度更快的小组努力。为高中毕业以后养成一种积极的生活方式奠定基础一直都是我们的运动员参与越野跑和田径跑的一个目标。

我们发现，如果一名运动员想在高中毕业以后持续提高成绩并保持竞技状态，那么他面临的最大挑战就是保证适量补充营养和身体的水合状态，并保证充足的睡眠。因此，我们一直在教育他们在高强度训练课之后进行恢复的重要性。

你们为男生和女生制订的训练计划有什么不同？——除了训练量不同外，男女生在训练上的不同比较微妙。在整个高中阶段，男生的训练量不断增加，而在有些时候，我们往往会限制增加女生的训练量，并把重点放在增加力量以及训练节奏和训练强度上。我们的男生和女生都要进行力量训练，但是对女孩来说，随着她们的身体发生变化，为了满足增加训练量的要求，避免伤病和状态不佳，进行功能性力量训练尤为关键。我们还会更加频繁地对女生进行交叉训练，以平衡训练负荷与组织再生。

你们如何让青少年跑者觉得训练很吸引人而且很有趣？——我们认为，在跑步中通过努力拼搏达成目标、完成挑战本身就非常有乐趣。不过，我们的队里有80 个能力各不相同的孩子，所以我们的训练会同时包括社交活动和训练性质的游戏。我们会搞团队聚餐，而且偶尔会在运动会结束后去游乐场玩。在欢乐的训练中，我们还会让队员们排成一列纵队进行"兔子跑"，跑到前面的运动员需要说出他最喜欢的电影、歌曲或食物。我们还会让孩子们扮演《第一滴血》里面的兰博，他们得跳过不同的障碍，爬上看台，或者跟着领队一起做单脚跳或垫步跳练习。他们也会玩一些竞速游戏，比如抢旗游戏和极限飞盘。我们还会让队员们进行团队接力，其中包括倒退跑、独轮手推车比赛、手脚并用爬行以及冲刺跑。

高了 2 英寸——他的双腿突然之间变长了。由于腿长的增加从而加大了步幅，速长期本应提高他的跑步表现。但是，他如今在协调更长的腿上面遇到了麻烦，因为控制身体动作的神经系统不能立刻适应肢体长度上的变化。此外，在速长期内，身体各部分的发育速度也不一样。例如，双腿和双脚通常比躯干长得快，让许多青少年身材瘦长、动作滑稽。事实上，这些发育期的改变可能导致跑者的成绩暂时下降，因为不协调的步幅会浪费体能，并导致疲劳。

肢体快速生长还意味着较大的长跑训练强度可能会使孩子的肌肉和骨骼存在伤病风险。骨头两端变长的软组织被称为"骨骺生长板"。在青春期阶段，生长板比已经硬化的骨骼脆弱，因而容易在长跑的重复重压下磨损。运动员正在发育中的关节和肌肉也容易受伤，因为肌肉的质量和力量发育要比骨骼慢得多。最后，骨骺生长板会骨化（即硬化），肌肉的质量会增加。但是，在这两个关键的发育过程完成之前，儿童因过度训练造成受伤的风险会增加。

在青春期之前进行过度训练还可能影响激素的分泌，妨碍儿童正常发育和最佳健康。比如，雌性激素能确保女孩的健康生长发育。这种激素在月经中扮演着重要角色，而月经是女孩和年轻女性的一种正常发育过程。在某些情况下（包括营养不良），处于青春期的女性跑者分泌的雌性激素处于不正常水平。这可能导致她们的月经初潮延迟或月经周期不规律。在第 3 章中，我们会讨论一种被称为"女性运动员三联征"的重大健康问题，它包括营养不良、经期紊乱以及骨质脆弱。与活跃程度正常的女孩相比，那些接受过度长跑训练的女孩出现这种症状的风险更高。

幸运的是，大多数青少年跑者的训练量还没有达到对他们造成伤害的水平。他们通常会在达到极限之前停止。但是我们已经得知至少有好几个青少年跑者给自己鼓劲以达到极限，而且我们还知道有教练和父母把青少年跑者逼得太紧。对这些小孩来说，在跑步中发生伤病是相当正常的事情。

对那些从青少年时期就专门从事跑步运动的孩子们来说，另一个担忧是心理疲惫。比如有一个 10 岁的女孩，每周训练 40 英里，并定期参加 10 千米的比赛。最终，她可能对跑步感到厌倦，特别是由于长跑得通过长年累月地增加训练量才能提高成绩。如果一个小孩在 10 岁的时候每个星期得跑 40 英里，那么当她 16 岁的时候得跑 70 英里，甚至可能跑 90 英里或 100 英里，才能保持成绩不断提高。她得把上学、睡觉和吃饭之外的时间都用来跑步，几乎没有做其他事情的时间。当训练变得如此费时费力时，它就不再有趣了，从而使大多数青少年跑者放弃跑步这项运动。

大多数女孩和男孩（分别在 12 岁和 14 岁以前）已经经历过关键的发育阶段，使他们可以安全地开始低里程、低强度的训练计划，这给他们将来逐步发展留下了很大空间。再一次，我们不是说青少年跑者应该彻底避免参加长跑运动，我们的建议是将专业训练往后推迟一整年。喜欢跑步的儿童可以从七八岁开始参加快乐跑和每年只持续数月的有组织的田径项目。对这些未来的长跑运动员有好处的不仅是从中距离比赛（1 英里以内）中获益，而且短跑、跳远和投掷项目也能让他们受益匪浅。在田径赛季结束之后，他们应该参加足球、篮球和自己喜欢的其他青少年运动项目。在开始为径赛项目和越野跑专项训练之前，我们建议青少年去参加多种类型的运动，因为这对身体素质的全面发展非常重要。

发育原则 2：考虑个体差异

表 1.1 说明了相同年龄的青少年在重要的生长变化上，其青春期发育阶段存在显著性差异。例如，同一支越野队里的两名 12 岁男孩进入青春期的时间可能相差 5 ~ 6 年。早熟的男孩可能在 10 岁的时候就出现了青春期的特征，而他晚熟的队友可能到 15 岁才会出现这些变化。这两个小孩的实足年龄虽然相同，但是他们的生物年龄（即身体的成熟度）差别很大。

为了制订有效的训练计划，教练必须充分了解每名运动员的生物年龄和身体成熟度是否已经做好了训练的准备。让队里的所有队员接受相同训练的做法可能会给他们造成伤害，尤其是当晚熟的青少年努力追上早熟的队友的时候，这些早熟的青少年不仅在个头和肌肉发育上占有优势，而且生理素质也更出色。对那些同时执教男队和女队的教练来说，对个体发育差异的意识也非常关键，因为有些青春期变化对男孩和女孩的跑步成绩的影响是不同的。

通过了解青春期的标识，教练们可以对运动员的生物年龄做到心里有数。出现明显的第二性征，表明青春期已经开始，比如女孩的乳房发育和男孩长出面部毛发。同样，正如前文所述，青春期的快速增长是一个特别重要的发育阶段。教练们应该注意到运动员身高和肢体长度急剧增加的情况，以免在快速发育期间过度训练。

除了解释生物年龄的差异外，教练必须考虑训练年限（运动员已经从事有规律的训练年数）。一名 16 岁青少年从 13 岁起已有 3 年的训练年限，同样一名 16 岁青少年刚刚进队才 6 个月，那么他的训练年限只有半年。尽管两名跑者有相同的生物年龄，但他们的训练应该是有所差异的。新手的训练计划应该包含更少的英里数，以及将更多的精力放在一般训练上。

发育原则 3：重视新手的一般身体素质

有人把跑步视为一项生来就会的运动，不像棒球全垒打或篮球投三分球那样需要很多运动技巧。以这个观点看，跑者只需要有出色的耐力和意志力就能获得成功，所以，他们的初级训练方法只需要尽可能多跑几英里就行了。但是，你对长跑的基本原则了解得越多，你就越能体会到只有通过提高多项身体机能和心理能力才能取得佳绩。身体能力包括心肺功能、肌肉力量和耐力的结合、正确的跑步技术（跑步姿势）以及速度。心理能力包括积极性、自信、专注以及节奏和策略技巧。

为了理解长跑中所需的一种运动技巧，想象像弹簧一样有弹性的肌肉和肌腱的控制能力。在触地过程中，小腿、大腿和臀部肌肉及其肌腱会在脚接触地面的时候被拉长。在跑步的离地阶段，被拉长的腿部肌肉会通过收缩（或缩短）产生力量，推动身体向上和向前运动。这个肌肉主动收缩的过程需要通过新陈代谢过程或通过分解体内储存的膳食营养产生的能量，首先分解的是碳水化合物和脂肪。在训练和比赛中，长跑运动员体内一种被称为糖原的关键能量物质来源容易被耗尽，从而导致疲劳。但是，技术精湛的跑者产生的推进力可以不用完全依赖代谢能，节省糖原从而减轻疲劳。就像拉伸一条橡皮筋一样，被拉长的小腿、大腿和臀部肌肉及其相连的肌腱会产生弹性势能，可用作强大的回弹力，帮助跑者的身体向前和向上运动。会利用肌肉和肌腱弹性势能的跑者能体验到一种搭便车的感觉——他们的双腿就像弹力球或弹簧高跷一样产生力量，而不用把之前的代谢能量来源消耗殆尽。

但是，使用弹性能量的能力并不是与生俱来的，它需要较强的肌肉力量以及神经肌肉控制的能力，或者精确控制肌肉收缩的能力。在脚底马上要接触地面的时候，技术娴熟的跑者会发出一个神经指令以收缩肌肉，这些肌肉会在接触地面的一刹那被拉长。这些肌肉收缩会让肌肉和肌腱组成的弹簧变硬（打个比方），以产生一个更加强力的回弹。仅仅通过堆积训练英里数，跑者的这项技术是得不到提高的。实际上，长距离的慢速长跑可能降低肌肉和肌腱的弹性，削弱它们产生弹性势能的能力。跑者可以通过一些方法提高这项技术，比如循环训练和技术练习。另外，诸如篮球和极限飞盘等运动项目能够训练神经肌肉系统，以利用弹性能量（你将在第 2 部分了解如何将这些方法整合到训练计划中）。

图 1.1 表明了体能对长跑取得好成绩至关重要。在图的下半部是可以通过训

青春期对男孩和女孩的跑步成绩的影响

男孩和女孩都会经历多种发育变化，包括四肢长度、身高、肌肉质量以及心肺尺寸的增加，这些变化会提高他们的跑步成绩。但是，受青春期期间释放的两性特有荷尔蒙（女孩的雌性激素和男孩的睾酮）的影响，有些发育变化对男孩的好处更大。例如，睾酮能刺激产生更多的血红蛋白，这是血红细胞中的一种含铁元素的蛋白质。血红蛋白是血液中运输氧的介质，所以，血红蛋白浓度更高的血液能够将更多的氧运送给肌肉。作为青春期睾酮增加的一个结果，男孩的最大摄氧量会自然而然地提高，而女孩的血红蛋白水平保持不变甚至降低。睾酮还能刺激肌肉发育，提高肌肉产生无氧能量的能力。在青春期，虽然产生的睾酮较少，但也会给女孩带来些许益处，不过男孩受益更大，因为他们分泌的睾酮比女孩多得多。

青春期雌性激素水平上升的一个结果就是，女孩趋向于增加身体脂肪。6 岁女孩的平均体脂率是 14%，这个比例会在她 17 岁的时候升高到 25%。相对比之下，6 岁男孩的体脂率仅为 11%，17 岁为 15%。体脂比例相对较高的跑者处于劣势，因为携带多余脂肪会增大长跑的能量需求。雌性激素还会刺激年轻女性的髋骨变宽，变宽后的髋骨会导致双腿力线出现位移，这会让女性跑者的跑步技术进一步变差，并且增加了髋关节、膝关节和踝关节伤病的风险。

当然，青春期对男孩和女孩的这些不同影响并不意味着女孩的成绩就一定更差且更容易受伤。在大多数高中级别的比赛中，如果最优秀的女性跑者去参加男子比赛，那么她们的排名会相当高。同样，接受耐力训练的女孩的体脂比例显著低于不运动的同龄人。只要训练得当，女孩的最大摄氧量也会显著提高，这弥补了血红蛋白轻度下降对她们的不利影响。同样，骨盆变宽也会导致女孩面临更高的伤病风险，聪明的训练方法可以防止伤病的发生。

即便如此，两性之间的差异之所以重要，还因为男孩和女孩需要个性化的训练。因为青春期对女孩的肌肉质量和力量的影响较小，因此增加力量训练对她们的好处更明显，包括举重和循环训练。此外，尽管充足的营养是所有跑者取得成功的一个关键因素，但是女孩的营养需求不同于男孩，关于这一点我们将在第 3 章中讨论。

练提高的一般体适能，这些训练不用直接模拟长跑比赛的身体和心理要求。至于心肺功能，它指的是心脏和血管向肌肉提供足量富氧血液的能力。为了提高这项一般能力，跑者并不需要通过跑步，他们可以尝试游泳、骑车甚至直排轮滑。还有力量耐力，它指的是长时间产生强劲的肌肉收缩的能力。正如你将在第 6 章了解的，可以通过循环训练、负重训练以及山坡跑提高力量耐力。

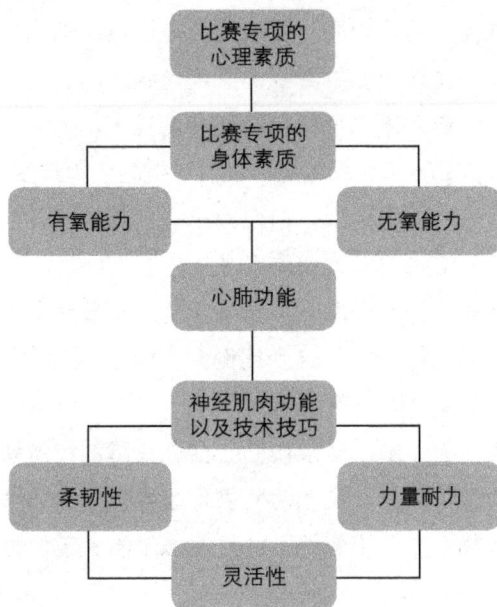

图 1.1 一般以及比赛专项的体能

图 1.1 的中部是比赛专项的体能，可通过模拟比赛要求的训练进行提高。为了提高比赛专项的体能，跑者必须以比赛的速度进行竞技性长跑训练、采用高强度间歇训练或参加计时赛或实际比赛。图 1.1 的顶部提到了心理素质，我们将在第 4 章谈到。

针对青少年跑者的训练计划应该强调一般能力，因为它们可以帮助青少年打下体能基础，帮助他们承受更加专业、强度更大的训练。对比一下 800 米跑步运动员的高强度间歇训练：以他的比赛速度跑 4 组 200 米，两组 200 米之间有 20 秒的恢复时间。为了成功并安全地完成这项训练，跑者必须拥有较强的一般体能，包括足够的柔韧性以及熟练的技术，因为这类快速的奔跑需要大幅度的动作来摆动他的四肢。如果他的腘绳肌太紧，而且髋关节动作活动度受限，那么他的这些肌肉就有拉伤或撕裂的风险。如果他的技术粗糙——比如说他的步幅过大，每次脚掌着地都会产生一个制动动作——那么他就会浪费能量并且很快疲劳。很明显，没有基本的力量耐力和神经肌肉功能，他的跑步技术就会变差。此外，如果他没有提高心肺耐力，那他就无法利用两组 200 米之间的 20 秒间歇充分恢复。

在第 2 部分，有关训练设计，你将看到提高一般体能的训练方法不仅对新手至关重要，对所有处于赛季备战第一阶段的跑者也是如此。但是，我们对一般体能的重视并不意味着新手的训练计划就不需要包括比赛专项的训练方法，比如高强度间歇性训练。在整个赛季中，我们建议结合所有的训练方式，刚开始时，比赛专项训练的比例可以相对较小，然后逐步增加。

发育原则 4：逐步增加训练负荷

制订高质量的训练计划要求我们确定适度的工作负荷，包括训练量、强度和频率。训练量指训练的数量，包括跑步的英里数。强度指的是努力程度，这体现在跑步的速度上。频率指的是运动员多久训练一次。之所以要从可控的训练负荷开始并逐渐增加，主要有两个原因：首先，一开始就过量训练会限制运动员提高到更大训练负荷的潜能；其次，这 3 个方面必须系统地增加，运动员的成绩才能提高。

玛莎今年 15 岁，她的训练年限是一年半。目前，玛莎每星期训练 4 天，一共跑 18 英里，其中包括她用来提高心肺耐力的中等强度跑步训练，以及用来提高无氧能力和比赛专项能力的高强度跑步训练。为了确保能够渐进式提高，玛莎的教练过段时间就会增加她每周的训练量：16 岁每周跑 26 英里，17 岁每周跑 34 英里，18 岁每周跑 42 英里。随着总训练量的增加，训练强度和频率也应该增加。在 15 岁的时候，玛莎每周可能会做一组间歇训练，以提高无氧功率和专门针对比赛的能力。到 17 岁或 18 岁，她可能每周做 2 组到 3 组间歇训练。此外，玛莎的总体训练频率可能从 15 岁时候的每周 4 天增加到 18 岁时候的每周 6 天或 7 天。

因为不存在确定训练负荷增量的公式，最优秀的教练会衡量许多因素，包括跑者的发育状况、积极性、对某种训练的反应历史以及在整个职业生涯承受训练负荷的潜力。这种设计训练计划的方法是以定义清晰的目标为指引的。设置个性化目标和设计达成这些目标的最佳训练负荷的过程被称为训练周期。本书的第 2 部分将一步一步地指导你如何使用训练周期。

发育原则 5：逐步增加比赛距离

为了帮助青少年跑者达到他们的最大潜能，我们遵循这样的原则，那就是新手应该先从参加较短距离的比赛开始，然后每赛季、每年增加比赛距离。例如，在田径赛季，新手应该把精力集中在最短距离的比赛上——800 米。随着训练和经验的积累，如果跑者展现出长跑的潜力，他们可以增加距离。为什么从短距离比赛开始？该水平比赛意味着你可以在规定的距离内尽可能以最快的速度奔跑，既不降低速度，也不会出现动作变形。在像 5,000 米这种长跑比赛中，新手很难完成这个目标。大多数新手只是缺少在如此长的距离内保持专注和维持快速节奏的技巧。

表 1.2 为青少年跑者在田径赛季期间应该参加的比赛距离提供了一般性指导。该指导方针以实足年龄和训练年限分类，反映了在可能的最快节奏下需要遵守的原则和能达成的目标———一个保持起来既不太难又不太简单的节奏。比起费力地参加长距离比赛，从较短距离比赛开始的新手能更快完成这个目标。但是，这个指导在某种程度上是灵活的。例如，一个刚开始参加比赛的 12 岁跑者并不一定得跑 800 米。为了提高身体素质和积累经验，他可以穿插地参加较短和较长距离的比赛，从 400 米到 3,000 米。

表 1.2　径赛推荐的比赛距离

实足年龄（岁）	训练年限（年）	比赛距离（米）
12 ~ 14	不到 2 年	800 ~ 1,500 或 1,600
14 ~ 16	2 ~ 4	800 ~ 3,000 或 3,200
16 ~ 18	4 ~ 6	800 ~ 5,000

发育原则 6：强调心理素质训练

高水平长跑的生理素质必须与心理素质相辅相成，心理素质包括意志力和积极性、自信、控制力和节奏的能力，以及在计划和执行比赛策略上的智商。我们已经谈论过青少年跑者的生理素质训练存在着局限性。但是，心理素质的训练不会受到发育因素的限制。记住，生理上对训练的适应性（比如最大摄氧量的增量）并不一定预示着跑步成绩会有所提高，至少在青少年跑者的身体发育成熟之前不会。同样，回想一下在快速生长发育期接受大量身体素质训练的跑者可能有受伤的风险。

提高心理素质品质可以让青少年跑者受益良多。一个直白的理由是，他们缺少建立这些品质的训练和比赛经验。就拿节奏技巧为例，成绩最好的成年长跑跑者都是控制节奏的大师，他们尤其擅长匀速奔跑和后段加速，这意味着他们在后半程比赛速度比前半程快。这些是保存能量和避免过早疲劳的最佳节奏策略。在径赛中，顶尖成人跑者也能够从头到尾判断并调整他们的发力和速度以达到分段目标（比如 400 米分段），以达成他们的最后的成绩目标。相比之下，大多数青少年跑者在起跑阶段速度过快，而且没有分段计时的概念。

在长距离比赛中精确控制发力和节奏的能力需要跑者具备超常的心理素质。让我们思考一下节奏控制包括哪些内容。在任何时候，跑者必须感觉到他的四肢摆动速度、呼吸困难程度以及疲劳程度。然后，他必须将这种感官信息与目标节奏下应该有的感觉记忆进行对比。在决定和调整节奏上，分段计时真的能帮上大忙，但是在疲劳的时候计算分段计时并不是一个简单的心理任务。我们的观点是，为了提高这些心理能力，青少年跑者在训练中需要学习的还有很多。在第 4 章和第 2 部分中，我们会讲到如何提高节奏控制技巧和其他心理素质。

发育原则 7：强调正确的跑步技术

我们已经说过儿童完全适合参加长跑，因为他们已经具备高水平的有氧能力，他们较高的最大摄氧量表明了这一点。但是，这个优势可能会被另一个决定比赛成绩的生理因素所抵消，即跑步效率。我们可以将跑步效率与汽车的燃油经济性做对比。如果你比较两辆以相同速度行驶的汽车，燃油效率较高的汽车消耗较少的汽油。与成年跑者相比，儿童和青春期跑者非常低效。一直有研究表明，在他们以可对比的速度奔跑时，青少年跑者比成年跑者消耗更多的氧气。当氧气需求达到较高水平的时候，疲劳随之而来。

造成儿童与青春期跑者跑步效率低的一个主要原因是错误的技术。正如你将在第 5 章所了解的，错误的技术包括步幅过大、脚后跟着地、转动上半身以及错误的摆臂。这些错误可能减慢跑者的速度，将肌肉力量转移到反作用的动作，从而浪费能量。许多跑步姿势上的错误是与发育因素息息相关的。例如，在本章之前的内容中，我们谈到过青春期快速发育阶段如何暂时性地出现协调能力和跑步技术变差情况。快速发育还可能弱化腹部和背部维持姿势的肌肉，这两部分肌肉对稳定上肢和避免无用动作非常关键。技术训练（尤其对新手）对改掉以及避免养成日后很难改掉的坏习惯非常重要。

　　除了通过保存能量提高成绩之外，技术训练还可以避免伤病。像步幅过大等错误的跑步技术会给骨骼、关节和肌肉造成过大的压力。良好的跑步姿势可以使肌肉骨骼系统上负荷的分布更加均匀，减少伤病风险。第 5 章详细介绍跑步技术如何影响成绩以及造成伤病风险，并提供一些养成良好跑步姿势的秘诀。第 6 章介绍具体的技术练习和其他方法，比如负重训练、循环训练、柔韧性和灵活性训练等养成高效跑步姿势的关键因素。

发育原则 8：重视自我完善

　　对长跑的激情需要靠梦想维持。有些青少年跑者梦想着晋级或赢得州级比赛的冠军、获得大学的奖学金，甚至参加奥运会。在漫长的赛跑中，梦想能给跑者以强大的动力，让他们坚持完成漫长的长跑和使人筋疲力竭的间歇训练，并撑过艰苦比赛的最后阶段。当然，在如今的青少年跑者中，只有一小部分能在将来参加奥运会，而且那些进入世界顶尖行列的跑者都具备相当出众的天赋。即便如此，所有青少年跑者至少能在一个方面向顶尖跑者看齐：重视自我完善，将之作为成功的最重要的衡量因素。

　　下次当你看到一篇有关世界级跑者的文章，或在电视和互联网上看到这种采访，注意一下他们说了什么。除了赢得冠军、奖牌和奖金，你会听到他们谈论在自我完善上所遇到的挑战。一位顶尖运动员也许这么说："我得锻炼我的脚力，因为我知道在最后 400 米我能跑得更快。"另一个人可能这么说："上坡的时候我的动作会变形，所以我得在训练计划里加入更多的山坡跑训练。"也有人会说："比赛开始之前我会过度紧张，所以我计划尝试一些放松的技巧。"

　　总之，每一天、每个赛季、每一年的自我完善能为完成一个人的最高目标和成功铺平道路，还能让他获得无与伦比的满足感，不仅能使付出的努力有所回报，而且还能让它充满乐趣。

发育原则 9：永远不要在健康上做出妥协

　　毫无疑问，年轻跑者的训练计划应该旨在达到巅峰状态。但是，考虑到跑步运动对身体的要求，巅峰状态与伤病之间的界线往往很微妙。为了让运动员处于正轨，教练们必须遵循这样一条哲学，那就是永远不要让训练损害健康。从长远

给父母们的建议

　　用发展的观点看待长跑，需要将生长发育考虑在内，强调各种能力的逐步完善，并重视保持理想的健康状况。由于父母与孩子们生活方面有紧密联系，他们可以通过做以下事情给予帮助。

- **用发展的观点看待孩子的跑步生涯**

  为了做好准备给孩子提供有益的建议、正面的精神支持和责任关怀，你需要对青少年长跑运动员的关键发育原则有所了解。假如你的孩子正在经历青春期的变化（比如，快速生长发育期），导致他的训练和比赛成绩变差，他会因为挫败而感到灰心和沮丧。以发展的观点看待这个阶段，你就会认识到这是一个暂时性的自然状态，最终能让他参与更好水平的训练和比赛。教练做出的训练调整，连同你的建议和精神支持，会让你的孩子带着积极的心态度过这些变化阶段。

- **做好准备与你的孩子展开一场关于生长发育的谈话**

  我们得面对这个现实——不是所有的孩子都会欣然与父母谈论他们的身体在青春期和青少年期所经历的变化。但是，你可能会对孩子提出的问题和疑虑感到惊讶。所以，最好做好谈话的准备。这意味着你需要了解青春期的标志性变化、青春期变化对跑步成绩的影响，以及与快速生长发育期的过度训练有关的健康风险。如果你的孩子生长发育异常，或者他的健康因过度训练而受到损害，我们强烈建议你寻求专业的医疗救助，就从你的家庭医生开始。

- **把注意力集中在积极的健康状况上**

  本书的很大一部分内容是关于提高比赛成绩的，这自然与教练和青少年跑者的关切相关。但是，我们还把注意力放在青少年跑者的许多健康问题上，包括营养补充和伤病预防。当然，这些都是父母们的直接关切的内容，他们的角色包括积极改善健康状况。为了达到这个目标，你需要尽可能多地了解跑步和健康的知识，紧密关注孩子的身体状况指标，确保你的孩子在必要的时候得到适当的医疗保健，并通过保持自身的积极健康习惯为孩子做出一个榜样。

来看，青少年体育最重要的目标之一是影响他们的价值观和行为，确保他们在成年后养成一种健康的生活方式。考虑到与缺乏体育锻炼相关的高发病率，包括肥胖、高血压、冠心病、糖尿病甚至某些癌症，参加越野跑和田径跑对青少年的健康非常有好处。如果你是一名父母或是一位教练，你可以通过强调健康的训练活动帮助青少年跑者养成积极参加体育锻炼的生活习惯，比如逐步增加训练负荷，采用预防伤病的技术和力量训练方法，强调均衡营养，关注过度训练的信号以及在发生伤病的时候建议运动员休养。

发育原则 10：让它变得有趣

常言道"最后但并非最不重要"，说的就是这条原则。尽管青少年跑者能否取得最佳成绩取决于他们能否应用从第 1 条到第 9 条发育原则，但是最后这条原则可能关系最大。那是因为如果青少年跑者不把训练和比赛经历看成乐趣的话，我们到目前为止讲到的这些原则都没有多大的实际意义。就拿"重视自我完善"这条原则为例，如果青少年跑者不能完全享受运动的乐趣，那么他们完善自我的概率是很低的。很明显，如果他们开始讨厌这项运动，他们就会半途而废。对于教练来说，如果他们的运动员厌倦了训练，那么即使了解世界上有关长跑的所有科学知识都无济于事。精心制订的训练计划确实可能自然而然地给青少年以一种享受的感觉，原因在于合理的训练计划能让跑者挑战自己，让他们刻苦训练以达成目标，这能给他们带来内心的收获感，因而感受到乐趣。但是，要想为青少年跑者创造一种既激动人心又吸引人的训练体验，光靠这一点还不够。最出色的教练拥有最具创造的想象力；他们通过游戏、竞赛和特殊训练项目让他们的训练计划妙趣横生。在整本书里我们都会分享增加训练多样性的建议，让训练变得更有趣。

大步向前

为了给青少年长跑运动员设计高效的训练计划，教练们需要对人体发育有充分的了解，尤其是儿童和青少年生长发育的过程。我们已经在本章的 10 条发育原则中强调过这一点。你将在第 2 部分看到对这些原则的具体讲解（第 6 章至第 10 章），在这部分内容里，我们将指导你制订一个训练计划。但是首先，我们将帮助你了解更多有关长跑的基本原则，就从它的生理基础开始。

第2章

青少年生理学

扫码看专家为你解读
跑步后如何高效恢复

2001 年 5 月 27 日，来自弗吉尼亚州雷斯顿市一所高中的阿兰·韦伯震惊了跑步界。在俄勒冈州著名的普雷方丹精英赛上，韦伯与世界级职业跑者同场竞技，跑出了 3 分 53 秒 4 的 1 英里成绩，打破了 36 年前由传奇跑者吉姆·瑞恩创造的全美高中纪录。当你觉得 5 分钟跑完 1 英里的成绩对高中男生来说是一个壮举时，韦伯跑出的 3 分 53 秒 4 真的令人震惊。要想知道这个成绩有多么惊人，你只需将它分成 100 米的分段。1 英里 3 分 53 秒相当于把 16 个 100 米连起来，平均每个 100 米大约 14.5 秒，再加上 9 米达到 1,609 米，相当于 1 英里。只有保持这个速度，你才能在 3 分 53.3 秒内跑完 1 英里，以 0.1 秒的优势打破阿兰·韦伯的纪录。

这么看的话似乎就不那么令人望而生畏了。毕竟，许多高中男生的百米成绩能轻易跑进 14 秒 5。但是，尽管有最高水平的动力，为什么他们不能在余下的 1,509 米保持这个速度呢？就人体产生能量的能力来说，需要做到哪些才能与韦伯的壮举相媲美呢？尽管有许多高中生跑者的起跑速度能与纪录齐平，但是哪些因素会最终导致他们感到疲劳并最终减慢速度呢？此外，为了维持如此快速的奔跑并延缓疲劳，有哪些身体能力是青少年跑者必须通过训练提高的呢？这些都是跑步生理学的核心问题，也是本章的主题。正如你将看到的，在为青少年耐力运动员设计高效的训练计划时，有关跑步的生理基础的知识是必不可少的。在继续读下去之前，确保你已经休息充分，因为我们的生理学课程将以尝试打破全美高中 1 英里跑步纪录的方式指导你。

为打破纪录的梦想而奔跑

"1 英里跑各就各位"，发令员通知。在一块一流的场地内，你的对手们和你准备起跑。体育场里坐满了观众，空气中弥漫着期望。面前是一条高质量的赛道，天气好得不能再好了。这真是尝试打破 1 英里跑高中纪录的完美一天。再说一遍，对男生来说，他们面临的挑战是以每 100 米平均 14 秒 5 的速度连续跑完 16 个（再加上另外 9 米），也就是每个 400 米需要在 58 秒之内跑完。这就是达到 3 分 53 秒 3 所需要保持的速度，恰好打破阿兰·韦伯的纪录。至于女生，她们的目标是 4 分 24 秒，这将打破 4 分 24 秒 11 这一令人震惊的全美高中纪录，该纪录是由来自纽约市布朗克斯高中的玛丽·凯茵在 2014 年创造的。你将需要以平均每 100 米 16 秒 4，或每 400 米 65 秒 6 的速度跑完 1 英里。

起跑枪响，在你回过神来之前，你已经冲出 20 米了。当你进入目标节奏的时候，一股自信席卷而来。到目前为止，一切都很轻松！你的腿部肌肉正在产生强大的力量，冲击着赛道，推动你的身体向上和向前运动。如果你能在每次跨步的肌肉收缩中保持相同的力度直到终点，那么纪录就归你了。当然，你只有在竞争压力下才能发挥最大的潜能，你需要观众给你加油鼓劲，而且你必须以最坚定的决心和意志力去克服不可避免的疲劳感。只有在天时地利人和这样的完美条件下，你才有机会打破纪录。但是，成功与否最终将取决于你的身体能否以足够快的速度产生足够的能量，以维持这些强有力的肌肉收缩。你可能会大吃一惊，这些能量最终来自体内一种被称为三磷酸腺苷的单一化合物（ATP）。

有 ATP 吗

ATP 是这样一种分子，它储存着肌肉收缩所需的能量并以此产生跑步所需的力量，其他所有体育活动也是如此。肌肉是由平行的纤维束组成的，每个纤维束周围都环绕着传输神经信号的神经末梢，以及输送营养物质和氧分子的毛细血管（见图 2.1）。肌肉纤维是由被称为肌球蛋白纤维和肌动蛋白纤维构成的。肌肉收缩的基本机制是由来自 ATP 的能量驱动的肌球蛋白纤维和肌动蛋白纤维之间的物理作用。

一次自发的肌肉收缩开始于从大脑传向肌纤维内的神经末梢的神经信号。这些神经信号引发一系列复杂的生化反应，使肌球蛋白纤维和肌动蛋白纤维相互重叠和捆绑。见图 2.2，捆绑过程开始于肌球蛋白横桥与肌动蛋白纤维相连的那一刻。尽管这一过程中会发生很多初步的化学反应，但是只有在 ATP 分子分裂释放能量的时候才会引起肌肉收缩。这个能量导致肌球蛋白横桥弯曲，并在肌动蛋白纤维之间产生拉力。这个过程（被称为动力冲程）导致肌动蛋白和肌球蛋白滑过彼此，缩短了肌纤维长度。这个过程会在一条肌肉内的上百万条肌纤维内发生，导致整块肌肉收缩。当肌肉收缩的时候，它们会产生拉动肌腱的力量，然后拉动由肌腱所附着的骨骼。这个动作导致四肢动作，比如跑步时候的跨步。

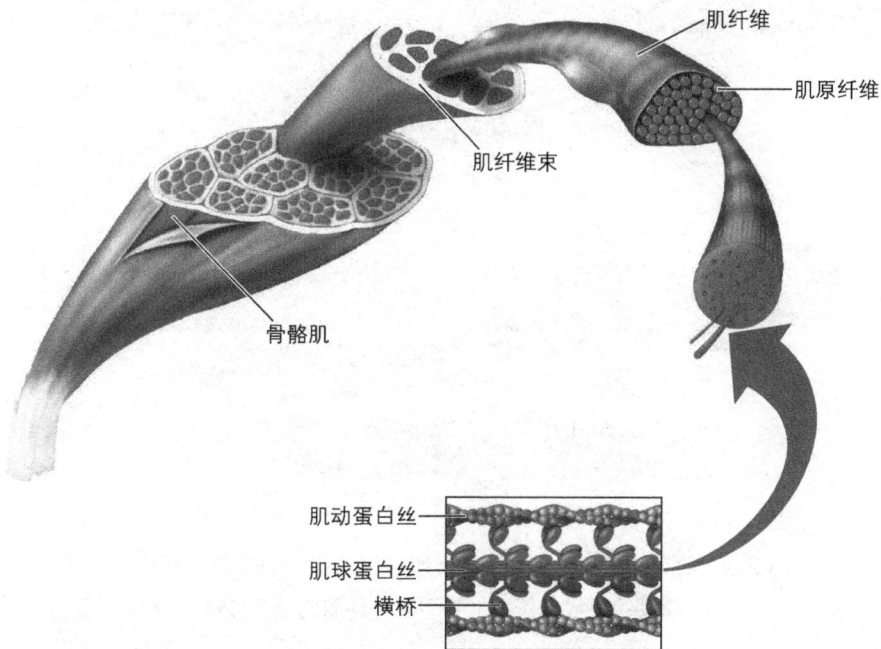

图 2.1 肌肉的结构单元

再说一遍，你能否打破纪录要看你是否有足够的 ATP 以维持足够有力的肌肉收缩，从而让你的身体以百米 14 秒 5（男子）或 16 秒 4（女子）的速度连续跑 1 英里。但是有一个棘手的问题：你的肌肉通常只储存少量这种珍贵物质。假如在 1 千米赛跑的开始阶段，如果你必须依靠 ATP 储备作为唯一的能量来源，那么你顶多能跑 10 ～ 20 米，然后你就会感到完全彻底的疲惫。你会感觉简直难以再迈出哪怕一步。但至少你可以在前 20 米与阿兰·韦伯和玛丽·凯茵比肩——那是因为即便是顶级跑者，他们肌肉中储存的 ATP 也不比其他人多多少。

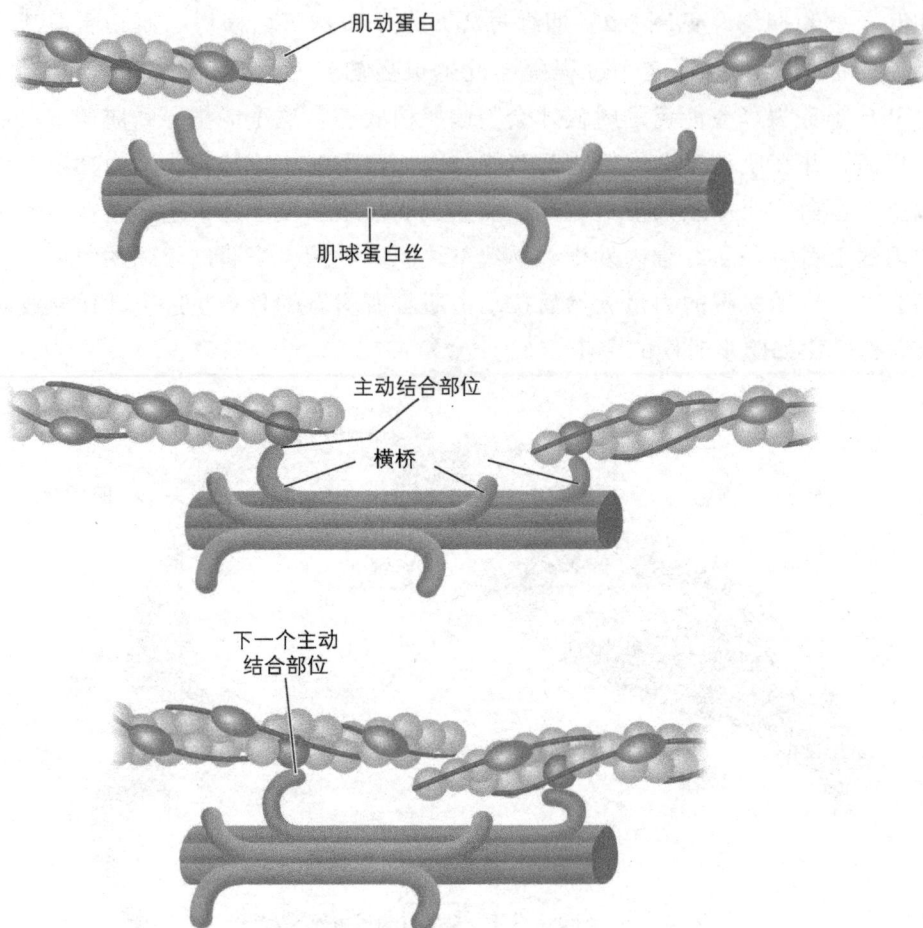

图 2.2　肌球蛋白的动力冲程引发肌球蛋白和肌动蛋白相互滑动，
缩短肌纤维的长度，并引发整块肌肉发生收缩

用磷酸肌酸补充 ATP

　　幸运的是，你不必担心在一场长跑比赛中刚跑 20 米就筋疲力尽，这是因为人体能够补充 ATP。这一过程得经过多种能量转换途径，这些都是复杂的生化过程，能在肌肉收缩后重新形成 ATP。有关跑步生理学的一个要点是：ATP 再合成速度决定了跑者能否有足够的能量维持快速的节奏。换句话说，只有当你的身体以足够快的速度补充 ATP 以满足能量需求的时候，你才能保持足以打破高中 1 英里跑的纪录。如果你的身体能量转换速度跟不上 ATP 产生的速度，你就会感到疲劳，

然后别无选择只能减速。

在长跑的前 20 米，人体在很大程度上依靠一种被称为 ATP- 磷酸肌酸（ATP-CP）系统的能量转换途径。当肌肉储存的 ATP 被分解并释放驱动肌肉收缩的能量的时候，会形成两个分子：二磷酸腺苷（ADP）和磷酸（提醒科学爱好者们，这个能量转换过程的图解在图 2.3 中）。为了快速补充 ATP，人体必须有一个能量物质将磷酸分子与 ADP 分子重新结合。立即可用的一个能量物质是磷酸肌酸（CP）。

CP 中的磷酸分子与 ADP 结合从而重新生成 ATP。这个 ATP–CP 的能量转换过程可以支撑你跑过长跑的前 20 米，但你也撑不了多远。就像 ATP，人体内储存的磷酸肌酸的数量也很少。

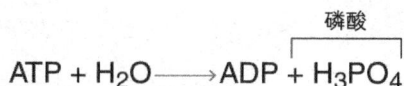

$$\text{ATP} + H_2O \longrightarrow \text{ADP} + \overset{\text{磷酸}}{\overbrace{H_3PO_4}}$$

图 2.3　ATP 分子被水解（也就是被水分子分解）产生 ADP 和磷酸。为了重新形成 ATP，在将磷酸与 ADP 结合的反应中需要能量

磷酸肌酸是将磷酸与 ADP 重新结合的直接能量来源。当磷酸肌酸储备耗尽的时候，用于生产 ATP 的能力必须取自体内储存的碳水化合物和脂肪。

人体还可以从膳食肌酸中获得少量额外的磷酸肌酸，牛肉和其他肉类中含有这种肌酸。如果你的膳食中至少包含少量的肉类，那么你的肌肉就可能拥有足量的磷酸肌酸，让你以破纪录的速度跑完前 50 米。正如你可能知道的，许多从事爆发力项目的运动员（比如足球和竞技举重）将肌酸作为一种膳食补充，以提高他们的磷酸肌酸储备水平。人们认为肌酸补充可以增大肌肉体积并增强运动员的力量。但是，通过补充带有肌酸的膳食并不会真的使长跑运动员获益，主要原因是这种分子在 100 米以上的比赛中所贡献的能量相对较少。此外，肌酸补充可能因为加大摄入的水分和增大肌肉导致体重上升。因此携带多余的体重会加快耗尽长跑运动员的能量。

如果只靠有限的磷酸肌酸储备的话，1 英里才跑完前 50 米，我们创造新纪录的前景就开始黯淡了。但是不要绝望——食物和氧气会产生足够的能量来帮助你。

来自食物和氧气的能量

在百米比赛中，跑者（或运动员）所储存的 ATP 和磷酸肌酸能够满足他们的

给父母们的建议

你可能认为关于跑步生理学的知识只对科学家和教练很重要。但是，为了将知识发挥应有的支持作用，父母们也需要对这个课题有所了解。

- **你要知道这句谚语"孩子不是成人的缩小版"**

  正如第 1 章所强调的，孩子与青少年各自有其独特的生理特征，并且会随着成长而改变。有些教练和青少年跑者为了赢得冠军，会忽视这个事实。他们采用的训练方法更适合成人，而且这么做了以后，需要冒身体伤病和心理倦怠的风险。我们鼓励你去和孩子的教练谈话，了解他们是如何设计和采用专门针对青少年的训练计划的。

- **帮助你的孩子理解：出色的跑步成绩并不仅仅依靠心理素质**

  许多青少年跑者将比赛的成败主要归因于一些心理因素，比如积极性和意志力。尽管跑者的心理素质非常重要，但它只是一个方面。孩子们需要理解的是，他们的跑步潜能在很大程度上取决于他们的天赋、代谢能力以及生长发育状态。他们还需要理解训练如何能改善生理机能。你可能需要强调这些要点，尤其当你的孩子因没有达到成绩目标而感到挫败并寻找如何实现这些目标的答案的时候。

- **为青少年期的动态变化做好准备**

  这个建议是在第 1 章中提出的，在该章里，我们详细介绍了关键的青春期变化。例如，青春期的男孩常常会长肌肉，而女孩常常长脂肪。青春期阶段肌肉和脂肪的正常增加不应该对跑步成绩产生负面影响。另一方面，不成比例地增加大量肌肉和脂肪的孩子可能会经历暂时性或长期的成绩下滑。意识到这些生理上的事实，当你的孩子正在经历生理变化并影响跑步成绩的时候，你就可以提供理性以及精神上的支持。

- **鼓励你的孩子不断学习跑步生理学**

  学习这个课题的价值远远超过青少年体育本身。许多对跑步生理学有兴趣的孩子自然会养成一个毕生的习惯——照顾好自己的身体。这些孩子在成长过程中会有目的地选择健康膳食、确保充足睡眠以及避免养成不健康的习惯，比如酗酒和滥用药物。为了鼓励对人体的工作方式进行终身学习，你需要与孩子一起学习，然后经常讨论这些问题。

大部分能量需求。相比之下，中距离（800 ~ 1,500 米）和长距离（3,000 ~ 5,000 米）跑者最依赖的是营养代谢，也就是分解储存的食物能量以补充 ATP（这就是为何第 3 章的主题"均衡营养"对长跑运动员如此重要）。长跑运动员最主要的能量营养来源是碳水化合物和脂肪。很多食物富含碳水化合物，比如面包、意大利面、大米、土豆、水果和蔬菜。脂肪主要来自肉类、黄油和植物油。

　　人体通过碳水化合物和脂肪代谢补充 ATP 的能量转化途径有 3 条：无氧糖酵解、有氧糖酵解以及有氧脂解。这些途径由两个因素来区分。第 1 个因素是在重组 ATP 的过程中是否需要氧气。使用氧气的能量途径被称为有氧，不需要氧气的被称为无氧。区分这些途径的第 2 个因素是它们是使用碳水化合物还是脂肪作为能量来源。

- 无氧糖酵解是肌肉在缺少氧气的情况下分解碳水化合物形成 ATP 的过程。膳食中碳水化合物以糖原的形式储存在肌肉和肝脏中，糖原由被称为"葡萄糖"的小分子组成。在 400 米以下的短距离竞速比赛中，无氧糖酵解过程提供了大部分能量。
- 有氧糖酵解是肌肉在有氧气的情况下分解碳水化合物形成 ATP 的过程。在 800 ~ 5,000 米的青少年跑步比赛中，这是主要的能量转化途径。
- 有氧脂解是肌肉在有氧气的情况下分解脂肪形成 ATP 的过程。在距离更长、速度相对较慢的长跑比赛中，这种途径提供了大部分能量，比如马拉松（26.2 英里）。

　　在能量代谢的比赛中，氧气真的是"明星球员"。它就像身高 7 英尺 6 英寸的中锋，只要有他在场上，他所在的球队就能在进攻端轻松得分。但是这个大个子有时候上场的速度不够快，当这种情况发生时，球队得的分数就没有那么多了。当肌肉细胞中缺少氧气时，无氧途径只能产生少量 ATP。与无氧糖酵解相比，在分解相同数量葡萄糖的情况下，有氧途径产生的 ATP 比无氧多 18 倍。同样分解一个脂肪分子，有氧脂解产生的 ATP 比无氧多 65 倍。这些数字在一定程度上解释了为何高水平的有氧能力（换句话说，即身体使用氧气补充 ATP 的机能）在长跑中如此至关重要。在第 1 章中我们提到有氧能力的最高水平是通过最大摄氧量来评价的。

自然呼吸

因为工作肌肉中氧气越多就能产生越多的 ATP，你可能会问：跑者是否应该调整他们的呼吸以摄入最多的氧气。最佳建议是让呼吸自然而然地发生，更可取的是同时通过嘴巴和鼻子呼吸。研究表明，在一般情况下，跑者通过自然呼吸模式摄入肺部的空气绰绰有余，其中包含的氧气能够完全满足血红蛋白的需要，而血红蛋白是在血红细胞中负责搬运氧气的。改变呼吸模式不会给血红蛋白带来更多的氧气，因此也不会有更多的氧气被运送到肌肉中。

能量途径的作用

在长跑中，所有 3 个能量途径都参与补充 ATP 的过程。但是，它们的贡献程度各有不同。这主要取决于两个因素：跑步的距离以及强度，即速度和努力的程度。随着距离的缩短和跑步强度的增大，经无氧途径（相对于有氧）提供的能量比例越来越大。在极端高强度的运动中，心血管系统（心脏和血管）无法提供足够的富氧血液以完整地维持有氧代谢。另外，随着距离增加和强度降低，有氧途径发挥的作用越来越大。图 2.4 对这个重点进行了图解。

你可能会问，在青少年跑者参加的比赛中，无氧和有氧途径产生的能量分别有多少？这个问题问得好，因为问题的答案能给我们提供制订训练计划的关键信息，让跑者能通过训练提高特定的生理机能。例如，让我们来思考一下各种能力转换途径在 1 英里跑或 1,500 米比赛中的作用。对竞技跑步运动员的研究已经表明，在这些距离的比赛中，75% ~ 85% 能量是通过有氧途径提供的，而 15% ~ 25% 是无氧途径提供的（Gastin，2001；Spencer and Gastin，2001）。在 5,000 米比赛中，有氧途径贡献的能量可能增加至 95%。表 2.1 分别列出了 800 ~ 5,000 米比赛中有氧和无氧途径大致的能量贡献范围。注意，即使在较长距离的比赛中，跑者也会依赖一部分的无氧能量，尤其是途中加速、终点冲刺以及上坡跑。

表 2.1 中的百分比数据来自对成年职业跑者的研究。由于缺少研究，我们不知道在青少年跑者体内来自各种途径的能量确切有多少。但是，正如我们在第 1 章谈到的，已经有研究表明，不管是儿童还是青少年，他们通过无氧途径产生 ATP 的能力有限。与成年跑者相比，青少年跑者更加依赖于有氧代谢。

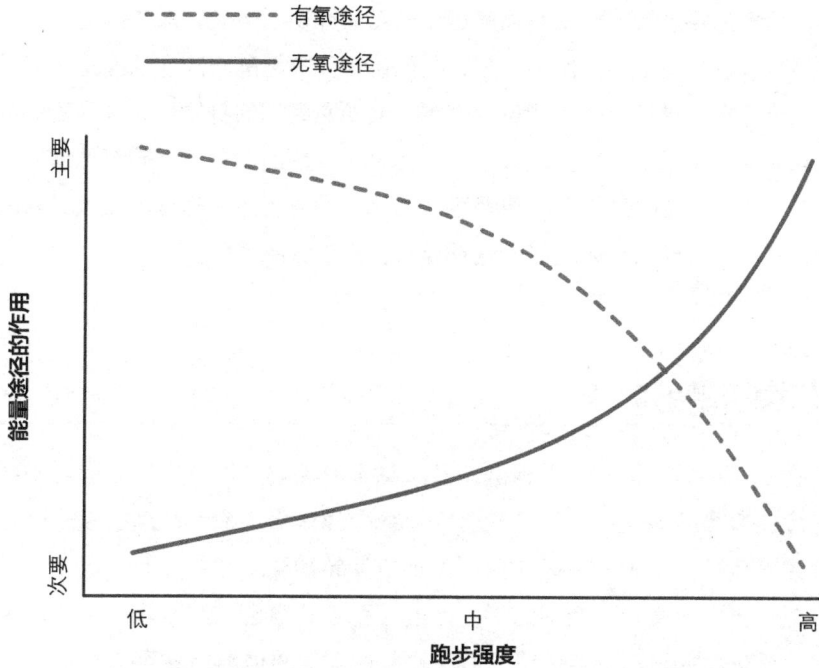

图 2.4　在低强度到高强度的跑步中各种能量途径的作用

表 2.1　各种能量途径的大致贡献范围

距离（米）	在产生 ATP 过程中的贡献百分比	
	有氧途径	无氧途径
800	60% ~ 65%	35% ~ 40%
1,500	75% ~ 85%	15% ~ 25%
3,000	85% ~ 90%	10% ~ 15%
5,000	90% ~ 95%	5% ~ 10%

　　这些数据来自对有训练经验的成年跑者的研究（Gastin，2001；Spencer and Gastin，2001）。还没有研究能确定精英级青少年跑者体内每种能量途径的贡献百分比。

有氧能力关系重大

　　在 800 ~ 5,000 米比赛的起跑阶段，如果你的有氧能力不足而且跑得太快，你的肌肉就会被迫严重依赖无氧代谢。当心血管系统无法向肌肉快速提供足够的氧气的时候，无氧途径会快速产生高强度运动所需的能量。但是，对长跑运动员来说，无氧途径有一些主要缺陷。回想一下，我们讲到无氧糖酵解产生的能量相对较少。此外，这个途径依靠糖原作为能量的来源。问题是我们的身体，尤其是我们的肌肉和肝脏只储存了少量的糖原。例如，一个体重 110 磅的女孩全身储存的糖原可能只有 200 ~ 250 克。在经过几天的高强度训练后，如果无法从膳食中摄入足够的碳水化合物，这可能会导致糖原耗尽。这是导致长跑疲劳的主因。

加快代谢引擎的转速

在一个生理过程中，长跑运动员最基本的挑战是维持最快速度且不会导致过度疲劳和减慢速度。要完成这个挑战，他得尽可能地依赖有氧途径。但是，氧气运送系统（即心脏和血管）加快运转需要一定的时间。因此，如果不经过适当地热身就开始训练课或比赛，跑者肯定会严重依赖无氧代谢提供 ATP，直到心脏开始泵出足够的血液，并由血管将血液运送至工作肌肉。在比赛的开始阶段就过于依赖无氧能量的主要后果是乳酸堆积，这会导致疲劳。第 6 章将介绍如何在训练和比赛开始前正确地热身。

杰夫·梅塞尔，博士

沙漠远景中学
亚利桑那州菲尼克斯市

杰夫·梅塞尔（照片中前排右数第 2 位）是一名出类拔萃的教练，他擅于运用跑步的生理学为青少年耐力运动员制订训练计划。他持有运动生理学博士学位，并在梅萨社区学院教授这门学科，他还是这所学院的人体运动实验室主任。在 2013 年成为沙漠远景中学女子越野校队主教练之前，梅塞尔博士曾是泽维尔大学预科学校（菲尼克斯市）越野队的联合主教练，这所学校的越野跑比赛成绩常年在全美排名前列。这里，梅塞尔博士谈到了训练对提高有氧能力的重要性。

你如何应用关于生理能量途径的知识为青少年跑者设计比赛计划？ ——运动生理学领域的研究已经向教练们提供了有用的信息，让他们了解有氧和无氧能量系统对比赛成绩贡献的大小（Gastin，2001；Spencer and Gastin，2001）。例如，我们已经了解到在 1,500 米比赛中，产生 ATP 所需的能量约有八成来自有氧途径。在 3,000 米和 5,000 米比赛中，有氧代谢分别提供了 90% 和 95% 的能量。基于这个信息，我们知道青少年训练计划应该首先重视提高有氧能力。一条重要的原则是，长跑运动员对有氧代谢的依赖程度可以通过训练进行发展。

提高有氧能力的最佳训练方法有哪些？ ——理想的训练方法包括节奏跑、进阶跑以及只有少量恢复时间的往返跑。例如，针对一位目标在 11 月（届时我们将参加州际越野跑锦标赛）的 5,000 米比赛中跑进 18 分 36 秒的 16 岁女子跑者，我们可以给她设计 3 英里的节奏跑。7 月，当我们开始越野跑训练的时候，给她设计的节奏跑速度将比她在比赛中的目标速度慢 15%。为了跑进 18 分 36 秒，她将需要以平均 6 分钟的时间跑完 1 英里。所以，7 月她的节奏跑速度将是每英里 6 分 54 秒上下。到 10 月，我们将节奏跑的速度降低到比目标比赛速度低 5 ~ 7 个百分点，也就是每英里 6 分 18 秒 ~ 6 分 25 秒。或者，与其在 10 月进行匀速的节奏跑，我可能会采用进阶跑，其中包括降低节奏。为了让跑者达到在 18 分 36 秒内跑完 5 千米的目标，我们会将 3 英里分成 3 个分段计时，每英里用时分别是 6 分 25 秒、6 分 20 秒和 6 分 15 秒。

你如何教育你的运动员在正确的训练强度下提高有氧能力？ ——我提示我的跑者们注意他们身体发生的变化，比如他们的呼吸频率与脚掌着地关系。例如，在一次节奏跑中，如果他们每着地两次呼吸一次，他们就有可能过度依赖无氧代谢。我还教育跑者们自行评估他们的能量水平并相应地调整强度。在长达 1 小时的有氧跑步开始之前，我会告诉他们在最后阶段他们应该有似乎还能继续跑 10 分钟的感觉；或者，在一段 3 ~ 4 英里的节奏跑最后阶段，他们应该还能以相同的速度再跑半英里。如果他们无法再坚持半英里，那么他们的强度就太大了。另一方面，如果他们能轻易地继续跑 1 英里，那么他们就没有竭尽全力。

你如何确保运动员能同时提高无氧能力和速度？ ——我制订训练计划的原则

是共轭周期，也就是说我们会常年训练与长跑有关的每项影响成绩的能力。在比赛中的某些阶段，长跑运动员需要调用快肌纤维以达到最快速度。所以，在整年的训练计划中，我们每周会进行两次短跑训练。例如，在节奏跑的最后阶段，我们的运动员们会做 5~6 组往返跑，速度快于比赛速度。他们也可能做 100 米往返跑，在中间的 60 米全速冲刺。

　　无氧途径的另一个缺陷是它的一个副产品——乳酸。实际上，在高强度下，这种物质对产生能量至关重要。但是，在跑步过程中，乳酸在肌肉中的堆积是造成疲劳的主因。乳酸中的酸性成分会以物理的方式干涉蛋白纤维的重叠，从而阻碍肌肉产生拉力。乳酸还会限制酶的活跃性，这些酶会参与 ATP 的形成过程。基于这些原因，在长跑比赛中，高水平的有氧能力是长跑成功的主要生理学因素。

　　回到我们尝试为打破高中 1 英里跑纪录的梦想中，假设你已经以目标速度跑完了 800 米。如果你具备非常高水平的有氧能力，那么在这个阶段，你的肌肉会将它们对无氧途径的依赖程度降到最低。结果就是，你将避免乳酸堆积。在这个距离，乳酸堆积是造成疲劳的主要原因。不过，由于有氧途径提供的 ATP 只占 1 英里跑所需的一部分，因此为了保持速度，尤其在落后的时候加速赶上，你还需要高水平的无氧能力。我们将在本章后面的内容中谈到无氧能力。

提高最大有氧能力

　　让我们面对现实吧：除非你是一名世界级的长跑运动员，否则以你目前的有氧能力，很快就会被玛丽·凯茵或阿兰·韦伯在 1 英里跑比赛中远远甩在身后。但是，青少年跑者的有氧能力可以通过训练得到很大提升。许多研究通过测量青少年时期最大摄氧量的改变与训练之间的关系证明了这一点（Bar-Or and Rowland，2004）。没有经过训练的女孩的平均最大摄氧量在 35 ～ 45 毫升 / 千克 / 分左右。没有经过训练的男孩，平均在 40 ～ 50 毫升 / 千克 / 分之间。经过适度训练之后 [每周 15 英里，并持续 2~3 个月]，没有经过训练的青少年最大摄氧量能提高大约 15%。随着训练时间的增加，以及常年接受强度更大的训练，青少年跑者可以将他们的最大摄氧量提高到 50 ～ 60 毫升 / 千克 / 分（女孩）和 60 ～ 70 毫升 / 千克 / 分（男孩）。成人顶尖长跑运动员的最大摄氧量纪录大约是 75 毫升 / 千克 / 分（女子）和 85 毫升 / 千克 / 分（男子）。

训练专项性原则

本章介绍的两个关键概念强调了为何成功的教练需要研究运动生理学。首先，人体通过 3 个能量途径产生长跑所需的能量，其次，长跑中的多个代谢因素会导致疲劳。因此，训练必须综合全面，要重视每个能量途径。而决定这个度的是每种途径在特定的比赛项目中贡献的能量有多少。例如，一位参加 5,000 米比赛的跑者比参加 1,500 米的跑者需要更多的有氧能力训练。而且，因为在 1,500 米比赛中乳酸堆积是造成肌肉疲劳的主要原因，教练们必须设计训练课，让 1,500 米跑者的身体能够延缓乳酸的堆积，并且在它不可避免地开始堆积的时候忍耐它带来的疲劳感。这两个概念与一条重要的训练原则相关，即训练的专项性，即生理对训练方式、强度和持续时间具有特定的适应性。在本书第 2 部分中，你将了解如何在制订训练计划的过程中应用这条原则。

训练之所以会引起最大摄氧量的增加，是因为跑者的心脏、血管和肌肉细胞的适应性（见表 2.2）训练使跑者的心室增大、肌肉壁变厚，从而使肌肉的收缩力量变大。这些改变使心脏将更多的血液泵至工作肌肉。尽管训练通常不会对最大心律（在最大强度运动期间心脏每分钟跳动的最高次数）产生影响，但是它能降低次最大高强度运动和休息时的心律。训练有素的长跑运动员在安静时的心律能低至每分钟 35 ~ 45 次，远低于正常人大约 70 次的心律。

表 2.2　对训练的生理适应过程

通过训练得到加强的能量途径	生理变化
有氧	↑ 最大摄氧量 ↑ 最大心律输出量 ↓ 安静和次最大心律 ↑ 输送给肌肉细胞的血流量和氧气 ↑ 毛细血管密度 ↑ 清理肌肉内的乳酸 ↑ 线粒体的大小和数量 ↑ 有氧酶的浓度和活跃度 ↑ 脂肪代谢机能
无氧	↑ 无氧酶的浓度和活跃度 ↑ 最大乳酸产生 ↑ 延缓乳酸产生的机能

身体对耐力训练的其他反应发生在骨骼肌中。为了应对高强度跑步过程中增加的血液供应，血管的适应方式是将更多血液输送至工作肌肉，并从不需要大量氧气的组织和器官把血液运出。这个过程中会形成新的毛细血管，使更多氧气能到达肌肉细胞，并清除更多肌肉中的乳酸。在肌肉细胞内部，对训练最重要的适应过程是线粒体数量和大小的增加，氧气就是在线粒体中被用来生成 ATP 的。此外还有线粒体酶的增加，线粒体酶能催化有氧能力转换反应。这些适应性使跑者得以加大强度而不用继续依靠无氧途径，从而避免糖原耗尽和乳酸堆积。你会在第 6 章和第 7 章看到，提高心肺功能和最大有氧能力的训练方法包括持续有氧跑、节奏跑以及有氧间歇训练。

有助于提高耐力和速度的肌纤维

尽管高水平的有氧能力对长跑至关重要，但是同样重要的还有其他因素，其中有一些是由基因决定的，而不是训练。其中一种最重要的基因因素是肌纤维类型。我们都遗传了两种主要的肌纤维类型，一般称为 I 型肌纤维和 II 型肌纤维。I 型肌纤维还被称为慢肌纤维，因为它们产生收缩速度较慢，力量也较小。慢肌纤维的作用是耐力，它们包含许多线粒体和大量肌红蛋白，这种分子将氧气运输至线粒体中。慢肌纤维需要消耗有氧途径形成的 ATP，而且它们可以在中低强度的运动中抵抗疲劳。

相比之下，第 2 种纤维也被称为快肌纤维，这种肌纤维收缩快且有力，但是它们的疲劳速度比慢肌纤维快。快肌纤维还可以细分为许多种，它们分别被称为"快速糖酵解纤维"（FG）和"快速氧化糖酵解纤维"（FOG）。快速糖酵解纤维只依靠通过无氧代谢产生的 ATP，而快速氧化糖酵解纤维可以在有氧条件下收缩，这意味着它们兼具慢肌纤维和快肌纤维的特性。

表 2.3 显示了不同运动项目的高水平运动员体内的慢肌纤维和快肌纤维通常的比值。天生具备较高百分比慢肌纤维的人更擅长耐力性运动，而那些天生具有高百分比快肌纤维的人更擅长那些需要在短时间内爆发性的运动。

注意看，表 2.3 中的高水平中距离跑步运动员（参加 800 ~ 1,600 米比赛）的肌纤维比例为 50 ：50。假如你恰好就是天生具有非常高的快肌纤维比例（75%），而且是决定速度的快速糖酵解类型，如果你尝试打破全美高中 1 英里跑的纪录，起跑后的 300 ~ 400 米对你来说简直是小菜一碟，因为这个速度要比你的最高速度慢不少。但是，你的快速糖酵解纤维不是专为耐力而生的。它们含有的线粒体

表 2.3　不同运动项目的高水平运动员体内的慢肌纤维和快肌纤维的一般比例

运动员类别	慢肌纤维	快肌纤维
自行车手	50%	50%
游泳运动员	50%	50%
越野滑雪运动员	75%	25%
短跑运动员（田径）	26%	74%
中距离跑步运动员	50%	50%
长距离跑步运动员	80%	20%

源自 Noakes，（2003 年版）。

利用心律确定最佳训练强度

为了发展某种特定的能量途径，训练必须在某个临界区间刺激生理压力。低于临界区间下限的训练不会起到预期效果，训练强度太大也同样不会。为了提高有氧和无氧途径，你如何才能知道自己的训练是否在临界区内呢？最客观的反馈来自一个运动生理学实验室对氧气消耗量和血液中乳酸浓度的测试。但是，这类测试既不实用，也不符合跑者的日常训练需要。为了得到有用的生理数据，你只需要一块手表以及数脉搏的一些经验，脉搏能反映你的心脏跳动有多快。心律是生理过程的一个有效衡量指标，因为它随着肌肉的氧气需求成比例地加快。

由于特定范围内的心律与特定的能量途径适应性相关，你就可以用心律指导自己确定目标训练的强度和节奏。例如，研究表明，训练时达到最大心律65% ~ 75% 的新手跑者的最大摄氧量会提高。因此，如果一位新手每分钟的最大心律是 204 次，那么她需要在跑步过程中以 133 ~ 153 次 / 分的心律节奏才能提高她的最大摄氧量（204×0.65=132.6，204×0.75=153）。在本书的第 2 部分，我们会向你展示如何测量脉搏、确定你的最大心律以及计算训练节奏以发展能量途径。

数量较少，而且只有少量肌红蛋白，所以它们使用氧气制造 ATP 的过程非常低效，因此只能依靠无氧糖酵解，而这个过程会产生乳酸。

另一方面，假如你天生具备很高比例的慢肌纤维，你也许能够以不逊色于全美高中 1 英里跑纪录的速度跑完前面的 200 米，这是有可能的。鲁斯·佩特是本书的作者之一，高中阶段的他冲刺速度并不快，他的 1 英里跑最佳成绩是 4 分 44 秒，这个成绩虽然不错，但还达不到打破纪录的水平。但是，在近 30 岁的时候，鲁斯已经是一名世界级的马拉松跑者，个人的最好成绩是 2 小时 15 分。他还把 1 英里跑的个人纪录提升到了相当不错的 4 分 17 秒。1975 年，在他 28 岁的时候，鲁斯参与了一项里程碑式的运动生理学研究，这项研究对史蒂夫·普利方丹和弗兰克·肖特等世界级跑者进行了测试，以评价他们的最大摄氧量和肌纤维类型。一个取自鲁斯小腿的活体组织切片显示他的慢肌纤维成分是 90%，这可能是他在较长距离跑步比赛中取得佳绩的原因所在。

一般来说，拥有相对较高快肌纤维百分比的运动员更适合短跑和中距离比赛（800 米 ~ 1 英里），而慢肌纤维百分比较高的运动员可以在较长距离比赛（3,000 ~ 5,000 米）中发挥他们的最大潜能。但是，长跑运动员的命运并不完全由基因说了算。通过扎实的训练，运动员可以弥补基因缺陷。此外，在多年的有针对性的训练之后，一些肌纤维实际上可以转换它们的收缩和代谢特性，从一种类型转变为另一种。

无氧能力同样也很重要

让我们回到跑道，继续尝试打破全美高中 1 英里纪录。假设你拥有最佳的慢肌纤维和快肌纤维比例，而且通过训练，你已经提高了最高有氧能力，在跑完前面 800 米的时候，你还保持着足以打破纪录的速度，男子的分段成绩是 1 分 56 秒，女子是 2 分 11 秒。尽管你在舒适地奔跑，而且感觉自己强健有力，但是维持这个速度跑完接下来一圈的难度绝对非常大。即使是世界级跑者，在 1 英里跑的 800 ~ 1,200 米之间的速度足以激活大量的快肌纤维，而且还需要通过无氧途径产生相当多的能量。以打破纪录的速度进入比赛的最后一圈就像在一条乳酸汇成的河面上走钢丝绳，要么在钢丝绳上保持平衡，要么掉入河中，这取决于你的无氧能力。

在产生少量乳酸的时候，血流可以轻而易举地将之清除。乳酸被运出产生它的肌肉细胞，然后被运至其他的肌肉细胞、肝脏和心脏。所有这些组织都能在重组 ATP 的过程中使用乳酸。如果你已经听说过乳酸是导致肌肉疲劳的罪魁祸首，那你可能会感到困惑。乳酸确实是一种高价值的能量来源，但是当它达到一个阈值，即产生速度超过清理速度，那么它确实会导致疲劳。随着跑步强度的增加，所有跑者都会达到所谓的乳酸阈。

许多长跑训练计划强调用与乳酸阈值相对应的速度奔跑。对青少年跑者来说，他们可以在训练中连续跑 20 ~ 35 分钟，每英里速度比他们的 1 英里个人纪录慢 30 秒 ~ 1 分钟。久而久之，生理对这种训练的适应性会提高乳酸阈值，使跑者可以在乳酸开始堆积之前维持更快的速度。一个关键的适应性是产生新的毛细血管，这种微小的血管可以把氧气输送给肌肉细胞。有了新的毛细血管和更多的氧气，肌肉就可以产生更多的有氧能量，从而减少对无氧能量的需求，并降低乳酸堆积的可能性。新形成的毛细血管还会参与清理乳酸，并将其从肌肉细胞输送到血流中去。

恢复和睡眠：提高体能的关键

为了通过训练提高跑步成绩，一个包含两个阶段的周期必须常年重复。在第 1 阶段，人体的生理系统被要求过高的训练而过载或压力过大。然后，在第 2 阶段，人体重新补充消耗的能量，并重建它的生理机能至更高水平。记住这个过载 - 重建周期，然后发现一个关键点：有助于提高跑步成绩的训练适应性并不在训练过程中产生。它们通过恢复过程，在训练的间歇期发生。恢复过程包括产生新的血红细胞和血红蛋白分子，以输送更多的氧气至肌肉。通过在高要求的练习间歇进行休息和恢复，人体还可以制造新的蛋白质分子，以强化肌肉纤维，并形成酶类进行更高效的能量产生过程。

人体部分最重要的恢复过程和对训练的适应性发生在睡眠期间。例如，在深度睡眠阶段，脑垂体释放出大量重建肌肉组织所需的生长激素，形成新的血红细胞，合成用于产生能量的蛋白质以及辅助免疫功能。研究已经证明，生长激素的分泌在动物和人体内被抑制，但是在睡眠阶段会被释放（Morris, Aeschbach and Scheer，2012）。此外，不断有研究证明，得不到充足睡眠的运动员的许多生理和运动能力会下滑（Halson，2014）。

专家的共识是，大多数青少年需要 9 ~ 10 小时的夜间睡眠时间。至少在上学日，大多数青少年别无选择，只能早起。所以，为了得到充足的睡眠，他们需要早点上床。由于需要做家庭作业以及参加社交活动和参与业余爱好活动，许多青少年喜欢熬夜。当然，在青少年阶段，人体的昼夜生理节奏（即生物钟）会经历一个特征性改变，将睡眠信号延缓至深夜。决心拿出最佳表现的青少年跑者绝对不会让自己的睡眠不充足。通过自律、奉献以及出色的时间管理技巧，态度认真的跑者确保自己在晚上得到充足的睡眠，以保证他们的身体重新储存能量并提高竞技能力至越来越高的水平。考虑到青少年学生运动员面临许多日常的要求，时间管理技巧就显得尤其重要。在琼巴·埃利奥特（维拉诺瓦大学传奇教练，从20 世纪 50 年代一直执教到 80 年代）看来，要想取得成功，跑者的生活必须"像钟一样规律"。

在上学期间，运动员如果能自行醒来并在一整天里感觉有精神，那么他的睡眠是充足的。如果他们得靠闹钟才能起床，并且在上课的时候昏昏欲睡，那么他们就需要早点上床才能确保充足的睡眠。下面是养成良好睡眠习惯的一些建议，可以帮助你保持最佳的状态和健康。

- 在睡觉前 1 小时内不要喝含咖啡因的热饮。
- 在平日里定一个晚间时间表，要有足够的时间做家庭作业，并将看电视和上网的时间压缩到最短。
- 设一个闹钟提醒你去睡觉。
- 提醒朋友和家人尊重你的睡眠时间表，将其作为你训练计划的一部分。
- 确保周末睡眠充足，或者打个小盹补上平日里的失去的睡眠时间。

通过扎实的跑步技术节省能量

如果你正在一条汹涌的河上走钢丝绳，只要迈错一步或做错一个动作就可能让你掉下去。同样，在跑步时的无用动作可能把你推入乳酸汇聚成的河流中。想想看，如果一位跑者在跑步时右臂摆到身体前方，刚好越过胸前假想的中间线，这种交叉摆臂动作的结果就是，每迈一步，他的躯干就会转向左侧。为了纠正这个不平衡，跑者不得不调动一些肌肉，而正确的跑步步伐原本不需要这些肌肉。这些多余的肌肉收缩会消耗氧气，而这些氧气原本是输送给推动身体向前和向上主要工作的肌肉。如果我们对这位跑者在比赛期间的氧气消耗量进行测量，就会发现与一位速度相同但姿势更好的跑者相比，他的耗氧量更大。运动生理学家们将此称为"跑步经济性"。较差的跑步经济性（比如跑步技术错误以及缺少神经肌肉控制技巧）会加大有氧系统的负担，导致跑者过度依赖无氧能量途径，进一步导致过早疲劳。我们会在第 5 章中更详细地介绍跑步技术和跑步经济性。

选择正确的跑步服装

随着你对长跑生理学的了解越来越深入，你将知道许多因素会通过影响人体的生理系统从而影响跑步成绩。一个很好的例子是跑者在各种天气条件下穿的服装。举个过度着装的例子，在一个又热又潮湿的天气里，跑者穿着长袖厚棉 T 恤和全长的紧身裤。随着跑者的核心温度升高，他的服装抑制了散热，循环系统会将多余的血液从工作肌肉中分流到皮肤，这个过程通过蒸发汗液来降低体温。但是，在这种情况下，工作肌肉失去了必不可少的富氧血液以及能量来源。此外，当体温过高的时候，体内用于产生能量的蛋白质会失去它们的形状与功能，进一步影响比赛成绩。当然，更多的汗液可能导致脱水。这就是为何在又热又潮湿的天气里最好穿轻便、宽松的"会呼吸的"合成纤维材质上衣，使人体的热量可以散发到环境中去。本地和在线跑步装备商店都有透气衣服出售，这是温暖天气下的理想服装。

在寒冷的天气里，如果核心温度降幅过大，血液会被从工作肌肉转移到躯干。再次，这个效应让肌肉失去了必不可少的能量。所以，有必要增添保暖衣物以锁住身体的热量，把血液重新分流到肌肉中。此外，在冷天里穿得不够暖的跑者会冻得发抖，这会浪费宝贵的能量。在冷天里，最佳的穿衣建议是多穿几层衣服，在身体变暖之后再脱掉。

跑步服装的一个新趋势是弹力装备，也就是由弹性材料制成的紧身装备，可以将压力应用在皮肤和肌肉上。长跑运动员最常使用的弹力装备有小腿袜、短裤和臂套。提倡使用弹力装备的人宣称它可以通过多种生理机制提高跑步成绩。例如，他们说弹力袜的作用就像一个泵，可以加速把血液从下肢通过血管泵回心脏。理论上说，这个效应会增加心脏泵出的血流量，然后以更快速度把富氧血液输送给肌肉。弹力装备的另一个作用是它能增强肌肉的收缩张力。

但是，关于弹力服装对长跑成绩影响的研究结果形形色色，而且潜在的心理（安慰）效应没有被打折扣（Born, Sperlich, and Holmberg, 2013）。在本书付印之时，还没有人就紧身装备对儿童和青少年的跑步成绩的影响展开研究。在有证据清晰表明紧身服装有助于提高跑步成绩且没有任何副作用之前，我们不会向青少年跑者推荐它。

最后 1 圈生理学

随着我们快进到 1 英里跑的 1,200 米，最后一圈的铃声已经敲响。为了增加趣味性，想象一下你已经落后纪录速度大约 2 秒。现在，你得在 56 秒（男孩）或 63.6 秒（女孩）内跑完最后的 400 米。为了进入最后冲刺阶段，你需要调用更多的快肌纤维，这同样意味着会产生更多的乳酸。现在的难题变成了是游过去还是沉下去。在肌肉和血流中，可以通过清除和缓冲或中和乳酸来克服这个难题。

人体的缓冲系统使用名为"碳酸氢盐"的化学物质，它可以从肝脏和肾脏中进入血流。碳酸氢盐使人体的 pH 升高，以减少酸性。乳酸中的酸性成分通过限制能量催化酶的活性和干涉肌肉收缩过程，导致肌肉疲劳。缓冲乳酸的化学反应会产生碳酸（H_2CO_3）。血流把肌肉中的这种物质运输到肺，在那里它会分解为二氧化碳和水。二氧化碳是人体换气的强刺激产物，这就是为什么当你开始最后一圈冲刺时呼吸那么急促原因。

你是否能坚持冲刺到终点，这取决于你的身体产生和缓冲乳酸的效率有多高。在高速奔跑时，你的身体肯定会产生乳酸（因为你需要用它制造 ATP），这时你需要缓冲它，然后将它以二氧化碳的形式排出体外。这些机能可以通过加强无氧途径的训练得到提高。具体地讲，高强度间歇训练会使乳酸堆积到较高的水平，然后让身体忍受它的疲劳效应，从而增加无氧酶类和碳酸氢盐水平（见表 2.2）。我们会在第 7 章详细介绍提高无氧能力的训练方法。

现在，你已经到了最后一圈非终点的直道上了，我们想象中的 1 英里跑比赛还剩下 200 米。你已经追上了第 3 圈落后的 2 秒。但是现在，突然间，你感觉双腿和双臂就像被人戴上了枷锁一样沉重。你的大脑尖叫着命令你的双腿强有力地蹬离地面，把双膝抬得更高以及更有力地摆动双臂。但是，大脑和身体之间的沟通渠道因为疲劳而受到阻塞。当然，你需要最高的生理机能才能坚持冲刺到终点。现在，超出以往任何时候，保持节奏和维持跑步姿势还是首先要考虑的事情。你需要用上所有的意志力、专注度以及勇气，才能放大大脑的命令，让你的肌肉不断产生有力的收缩，并且维持正确的冲刺姿势。

当你越过最后一个弯道的时候，现在还剩下 100 米，你也许会发现你的最高意志力克服了身体的疲劳感。忽然之间，束缚双臂和双腿的枷锁被解开了，你已经突破到了一个全新的能量和速度水平。你是否注意到在世界级长跑比赛的最后阶段，越过终点线的获胜运动员看上去与起跑的时候一样精神焕发，他们尽情地欢呼，笑得合不拢嘴。在我们的幻想中，当你越过梦幻般的 1 英里跑的终点以及创下全美高中新纪录的时候，就应该有这种感觉。

大步向前

我们已经到达跑步生理学简短课程的终点线了。一路上，也许你已经身临其境地体验了创造全美高中 1 英里跑纪录的快感。学习生理学的最佳理由是为了将之应用在训练计划中，我们将在整个第 2 部分讲到这一点。但是，在我们开始第 2 部分之前，我们先把生理学的课程延伸至营养学。在第 3 章里，你会学到如何均衡摄入人体的主要能量来源——碳水化合物、脂肪和蛋白质，以及其他营养物质，如维生素和矿物质。

均衡营养

从我们还是青少年跑步选手的时候到现在，我们已经见证了 800 米到马拉松比赛中多项全国和世界纪录的诞生。考虑到我们对运动科学的兴趣，我们自然会好奇为何今天的运动员比我们那个年代的纪录保持者快那么多。毫无疑问，训练方法上的进步在一定程度上解释了差异。今天的跑者还拥有更先进的装备，比如更高效的高性能跑鞋。在当今体坛，另一个理应得到关注的因素是营养和膳食。在过去，关心自己饮食的长跑运动员非常少。现在一切已经发生了翻天覆地的变化。基于营养科学领域的发展，我们现在知道跑者吃的食物种类和数量，以及他们喝的液体能对他们的成绩产生巨大影响。确实，我们怀疑在过去几十年里，更好的营养在快速提高跑步纪录的过程中发挥了巨大作用。

在本章中，我们解释为何均衡营养对青少年跑者如此重要，并指导他们保持一个健康的、有助于提高成绩的膳食。本章还将讨论一些有争议的话题，包括流行食品和膳食补充剂。我们会基于研究证据和专家建议谨慎地给出建议。在这过程中，我们会回答这些问题。

- 跑者应该从它们的日常饮食中摄入多少热量？
- 膳食中碳水化合物、脂肪和蛋白质的比例应该是多少？
- 维生素和矿物质补充剂是否有必要？
- 比赛前和比赛后用餐的最佳食物是什么？
- 跑者是否需要特殊的运动饮料，还是说水是补水的最好选择？
- 取得最佳成绩以及维持理想的健康状况的营养补充的关键是什么？

营养、膳食和成绩

　　瑞克参加的州际越野锦标赛开赛时间很早——上午 7：30。为了多睡一会儿，那天早上他没吃早饭。由于赛前紧张，前一天他也没吃什么东西，只是早早地吃了一小块干酪汉堡当晚饭。从 5,000 米比赛的起跑开始，瑞克就感觉筋疲力尽，最后的成绩几乎比他预期的慢了 1 分钟。

　　梅琳达在课间休息的时候常常从水瓶里喝几口水。但是在一项大型田径运动会当天，梅琳达忘记把水瓶带到学校，而且她没想到用水龙头喝水。在 1,600 米比赛跑完前 400 米后，计时钟显示已用时 80 秒，这是梅琳达的目标速度，但是她感觉与 75 ~ 76 秒的速度一样疲劳。

　　为了备战高三年级越野跑赛季，阿利西亚一整个暑假都在训练。从 6 月到 8 月，她几乎跑了 500 英里，平均每周 40 英里。这段时间内，她也减掉了 9 磅体重，她将之归因为素膳食。但是从 9 月中旬开始，阿利西亚感觉不对。她无时无刻不感到疲惫，在学校很难集中注意力，而且没办法训练——即使简单的热身慢跑也会让她筋疲力尽。

　　以上每个故事都有一个相同的不幸结局：由于在营养和膳食上的疏忽，跑者没有充分发挥他们的潜力，而且导致了负面的健康状况。对瑞克来说，在比赛开始之前不吃早饭导致了低血糖。这个能量来源对大脑和肌肉功能至关重要。当我们禁食的时候，以糖原形式储存在肝脏中的葡萄糖会被释放到血流中。肝脏只能储存少量糖原，用来进行分解以维持血糖水平，而且在睡眠中也会分解。在一晚上不进食后，肝脏内的糖原和血液内的葡萄糖水平下降，尤其当每日膳食的碳水化合物含量较低的时候。第 2 章中，我们说到富含碳水化合物的食物包括面包、燕麦（谷物）、意大利面、豆类、水果和蔬菜。

　　对梅琳达来说，忘记喝水导致了脱水，这会影响血流量和循环。血液的主要成分是血浆，而血浆的大部分是水和血红细胞。当身体脱水时，血红细胞的浓度上升。血液的黏稠会使含氧血红细胞输送到工作肌肉的速度减慢，迫使肌肉细胞在无氧状态下工作，导致过早疲劳。脱水还会严重损害人体通过出汗进行散热的机能。正如你在第 2 章中所了解的，核心温度过高会减慢能量产生速度，因为热量会使能量产生酶发生分解。

　　医生对阿利西亚的诊断结果是缺铁性贫血。与这个坏消息一起到来的，还有停止跑步 3 个月的命令——越野赛季剩下的时间——为了让她体内的铁含量恢复到正常水平。铁元素在形成血红蛋白的过程中发挥着重要作用，血红蛋白在血液中输送氧气，而肌红蛋白则在肌肉中输送氧气。当铁含量降低的时候，人体很难给肌肉细胞供氧，这就是为何阿利西亚丢失能量并无法训练的原因。当阿利西亚开始吃素膳食的时候，她剔除了最佳的铁元素来源：红肉、鸡肉和鱼肉。素膳食不会导致贫血，特别是如果它包括含有铁元素的植物性食物，比如面包、谷类、豆类以及某些蔬菜和水果。但是，正如我们会在下面讲到的，跑步会降低人体的铁含量。有些跑者，尤其那些素膳食的跑者，需要摄入铁元素补充剂才能预防贫血。

这 3 个案例都是常见的例子，它们展现了营养和膳食不良会对跑步成绩和健康产生负面影响。现在，让我们来谈谈对待营养和膳食的积极态度，让青少年跑者取得最佳成绩。我们从介绍能量平衡的概念开始，这对了解青少年跑者需要吃多少食物非常关键。

每日热量需求

青少年跑者的一个最重要的营养目标是吃足够的食物以补充训练、其他日常活动和基础代谢（制造能量）过程中消耗的热量。当能量摄入不能满足能量需求时，各年龄层次的跑者更有可能发生不健康的体重下降、患病、受伤和表现不佳。这种不良的能量平衡状况对儿童和青少年特别危险，因为他们在正常生长发育过程中需要大量的能量。当能量摄入超过人体的需求时，结果就是积极地平衡能量。在极端案例中，身体脂肪的过度堆积会造成成绩下降。

那么，青少年跑者每天需要多少热量呢？艾奥瓦州立大学的研究人员试图回答这个答案，他们对年龄在 10 ~ 19 岁的 20 位男性和 8 位女性跑步选手每天的热量消耗量进行了估算（Eisenmann and Wickel，2007）。这些跑者的平均年龄是16.7 岁。他们都是非常健康的耐力运动员，研究人员发现他们的最大摄氧量很高（男生和女生分别是 68 毫升 / 千克 / 分和 56 毫升 / 千克 / 分）而且体脂肪含量很低（男生和女生分别是 10.4% 和 17.7%）。在为期 3 天的研究中，跑者们每隔 15分钟评估并记录他们的活动水平。分级从 1（不活动）到 9（最激烈的体育活动）。从这些活动分数中，研究人员通过计算对跑者每天的能量总消耗进行估测，计算训练、体育活动和基础代谢过程中消耗的热量。

研究人员发现每日平均总能量消耗是女生 2,467 千卡（1 千卡 =1 000 卡，约为 4,186 焦耳，此后不再标注），男生 3,609 千卡。但是，热量消耗有一个较大的范围。女生每天消耗的热量范围在 1,843 ~ 3,050 千卡。男生每天消耗的热量范围在 2,306 ~ 6,442 千卡。跑者之间的这种差异可以归因为他们在个头、训练负荷以及影响代谢的遗传因素上的不同。这个研究对我们有用的信息是，青少年跑者每天消耗因而需要补充大量的热量。他们的膳食必须丰盛，甚至还得吃些零食，才能补充每天消耗的 2,467 ~ 3,609 千卡。

碳水化合物摄入

在第 2 章中，我们谈到过碳水化合物是长跑的能量来源。让我们复习一下要点。

- 在 800 ~ 5,000 米比赛中，碳水化合物是制造 ATP 的关键能量来源。
- 人体的碳水化合物储备——血糖、肝糖原和肌糖原——非常有限，在还未发育成熟的青少年体内尤其如此。
- 在连续几天的高强度训练后，如果没有通过富含碳水化合物的食物补充，肌糖原储备会降低。

在 800 ~ 5,000 米比赛中，鉴于碳水化合物在提供能量中发挥的关键作用，运动营养学家建议中长跑运动员保持富含碳水化合物的膳食，这并不奇怪。对成年跑步选手来说，许多专家建议每天总热量的 55% ~ 70% 应来自碳水化合物。不幸的是，目前还没有关于青少年碳水化合物摄入的研究。对一般活跃的青少年来说，为了保持健康，主流营养组织通常建议碳水化合物占到总热量的 50% ~ 70%。给运动员的另一套指导是每天的碳水化合物（克）与体重（千克）之间的比例（要将体重换算为千克，只需把以磅为单位的体重除以 2.2）。对成年耐力运动员来说，每天的高碳水化合物的膳食可以为每千克体重补充 7 ~ 10 克这种能量来源。在青少年运动员中，每天建议摄入的碳水化合物一般在每千克体重 6 ~ 9 克。

表 3.1 介绍了 12 ~ 18 岁跑者的建议碳水化合物摄入范围。得出这些值的基础是，碳水化合物占每日总热量的 50% ~ 70%，或者每千克体重 6 ~ 9 克。这些数值还给予对一般活跃的青少年的每日能量消耗的估测，这是通过美国医学研究所的食品和营养委员会的大量研究成果计算出来的。我们已经在每天 3 ~ 6 英里的跑步训练需要的能量中应用了这些估算数据。

为了指导你理解这个表格，请先看第一行，这一行显示的是体重大约 92 磅的 12 岁女孩每天跑 3 英里的能量消耗数值。如第 4 列所示，她大概需要的总热量是每天 2,458 千卡。为了计算应该有多少热量来自碳水化合物，我们首先将跑

表 3.1　青少年跑者的建议碳水化合物摄入范围

年龄	性别	参考体重 kg（lb）	估算的每日能量需求		
			每天的总热量（千卡）	碳水化合物（千卡，基于总热量（千卡）摄入的 50% ~ 70%）	碳水化合物（克，基于每天每千克体重 6 ~ 9 克）
12	女生	41.6（91.6）	2,458	1,229 ~ 1,721	250 ~ 374
12	男生	40.5（89.2）	2,703	1,352 ~ 1,892	243 ~ 365
13	女生	45.8（100.9）	2,556	1,278 ~ 1,789	275 ~ 412
13	男生	45.6（100.4）	2,893	1,447 ~ 2,025	274 ~ 410
14	女生	49.4（108.8）	2,609	1,305 ~ 1,826	296 ~ 445
14	男生	51.0（112.3）	3,104	1,552 ~ 2,173	306 ~ 459
15	女生	52.0（114.5）	2,937	1,469 ~ 2,056	312 ~ 468
15	男生	56.3（124.0）	3,588	1,794 ~ 2,512	338 ~ 507
16	女生	53.9（118.7）	2,943	1,472 ~ 2,060	323 ~ 485
16	男生	60.9（134.1）	3,727	1,864 ~ 2,609	365 ~ 548
17	女生	55.1（121.4）	2,928	1,464 ~ 2,050	331 ~ 496
17	男生	64.6（142.3）	3,801	1,901 ~ 2,661	388 ~ 581
18	女生	56.2（123.8）	2,911	1,456 ~ 2,038	337 ~ 506
18	男生	67.2（148.0）	3,838	1,919 ~ 2,687	403 ~ 605

　　源自美国国家科学院出版的《能量、碳水化合物、纤维、脂肪、蛋白质和氨基酸的膳食摄入参考》，得出每日总热量需求估算值的方式是在一般活跃的青少年的基础上分别加上 300 千卡（12 ~ 14 岁）和 600 千卡（15 ~ 18 岁）。增加的 300 千卡和 600 千卡是每天跑步 3 英里和 6 英里所需消耗的大概能量。

者的总热量需求量乘以 50% ~ 70%。在每天 2,458 千卡中，1,229 ~ 1,721 千卡应该来自碳水化合物（2,458 千卡 ×0.50=1,229 千卡；2,458 千卡 ×0.70=1,720.6 千卡）第 5 列显示了这些数量。基于每天每千克体重 6 ~ 9 克碳水化合物的方针，最后一栏列出的是建议的摄入量区间。一个体重 91.6 磅的 12 岁女孩每天应该消耗 250 ~ 374 克碳水化合物（41.6 千克 ×6 克 / 千克 =249.6 克；41.6 千克 ×9

克 / 千克 =374.4 克）。

请记住，表 3.1 内的数值仅仅是建议的区间。你可以把它们当作一般性的指南，帮助你了解青少年跑者需要吃多少富含碳水化合物的食物，而不要当成严格的处方。如果你能找到一个运动生理或体育营养实验室，你就可以去那里进行评估，准确地知道自己每天的热量消耗量和碳水化合物需求量。不过，更实际的做法是通过日常监控体重、能量水平和总体健康状况确定自己的膳食需求。他们可以在表 3.1 给出的区间内试验不同水平的碳水化合物摄入，看他们的身体有什么反应，以及是否在某些水平的状态更好。

要想知道膳食中的碳水化合物含量，你可以研究一下食品包装上的营养标签。作为另一个指南，表 3.2 和表 3.3 列出了不同食物中的碳水化合物含量，以克和千卡为单位。注意，1 克碳水化合物含有 4 千卡。这些食物是通过碳水化合物、复合或单一种类分类的。复合碳水化合物（见表 3.2）因它们的葡萄糖分子长链而得名，可以从含淀粉食品、谷物产品和大多数蔬菜中摄入。单一碳水化合物（见表 3.3）可以从含糖食物和水果中摄入。两种形式的碳水化合物都可以为肌肉活动提供葡萄糖；但是，复合碳水化合物和水果往往更加健康，因为含有它的食物也同时富含维生素、矿物质和纤维。在经过加工的食物中，这些营养物质往往被丢失了，比如糖果和甜甜圈。出于这个原因，专家建议深加工甜食在总热量摄入量中的占比不应超过 10%。

通过表 3.2 和表 3.3，让我们计算一下高能量早餐中碳水化合物的重量和热量。

2 块杂粮煎饼 =28 克（112 千卡）

2 大汤匙糖浆 =30 克（120 千卡）

1 根香蕉 =28 克（112 千卡）

1 杯橙汁 =26 克（104 千卡）

1 杯低脂牛奶 =12 克（48 千卡）

124 克（496 千卡）

这样一顿含有碳水化合物样品的早餐能提供 496 千卡（124 克），然后让我们计算一下这顿早餐在一个体重 134.3 磅的 16 岁男子跑者每天需要摄入的碳水化合物中的占比。你可以在表 3.1 中看到他每天的建议碳水化合物摄入量是至少 365 克。算一下的话，你会发现这份样品早餐提供了他每天的建议碳水化合物摄入量的 34%。请注意，这些数值都仅作为一般性的指南。

表 3.2　高碳水化合物食物：复合碳水化合物

食物	食用份量	碳水化合物重量（克）	来自碳水化合物的热量（千卡）
面包、谷类、意大利面和米饭			
面包、全麦	1 片	12	48
百吉饼、肉桂葡萄干	1 片	39	156
玉米饼	1 片	20	80
煎饼	1 片	14	56
冰冻华夫饼干、热即食	1 片	13	52
谷类、热即食、麦圈	1 杯	22	88
谷类、热即食、蜂蜜坚果和麦圈	1 杯	46	184
燕麦片、即食、枫糖和红糖	1 包	31	124
意大利面或通心粉，煮熟	1 杯	40	160
白米饭、煮熟	1 杯	45	180
蔬菜			
煮熟的西蓝花	1/2 杯	4	16
生胡萝卜	1	7	28
冷冻玉米	1/2 杯	21	84
卷心莴苣	1 杯	1	4
冷冻荷兰豆	1/2 杯	11	44
烤马铃薯	1	43	172
豆类和坚果 *			
罐装烤豆类	1/2 杯	26	104
煮熟的黑豆	1/2 杯	20	80
罐装炸豆泥	1/2 杯	19	76
干焙杏仁	1 盎司	6	24
干焙花生	1 盎司	6	24
葵花籽	1 盎司	7	32
零食 *			
爆米花	1 杯	6	24
薯条	1 盎司	15	60
玉米片	1 盎司	18	72

　* 这些食物虽然富含碳水化合物，但是它们也富含脂肪和钠盐（换算：1 英寸约为 2.54 厘米，1 盎司约为 28.3 克，此后不再标注）。

表 3.3　高碳水化合物食物 : 单一碳水化合物

食物	食用份量	碳水化合物重量（克）	来自碳水化合物的热量（千卡）
水果和果汁			
苹果	1	21	84
香蕉	1	28	112
车厘子	10	11	44
葡萄	10	9	36
橙子	1	15	60
梨子	1	25	100
葡萄干	1/3 杯	38	152
橙汁	1 杯	26	104
葡萄汁	1 杯	38	152
苹果汁	1 杯	29	116
奶制品			
低脂牛奶（2%）	1 杯	12	48
原味酸奶	1 杯	16	64
水果酸奶	1 杯	43	172
饮料			
运动饮料	12 盎司	16	64
软饮料	12 盎司	38	152
早餐甜食			
蜂蜜	1 汤匙	17	68
糖浆煎饼	1 汤匙	15	60
果酱和果胶	1 汤匙	13	52
蔗糖	1 汤匙	4	16
甜食小吃			
巧克力糖果	1 根（2 盎司）	34	136
商店里买的巧克力碎饼干	4 片	28	112
糖衣甜甜圈	1 片	27	108

脂肪摄入

正如第 2 章讲到的，随着速度的减慢，脂肪在跑步的总热量需求中的贡献会升高。所以，在中低强度的训练跑和较长距离的比赛中，脂肪发挥着关键的供能作用。第 2 章还讲到，身体能燃烧大量脂肪的中长距离跑者比较占优势。脂肪是一种高度集中的热量来源：1 克脂肪含有 9 千卡，远远超过 1 克碳水化合物（4 千卡）和 1 克蛋白质（也是 4 千卡）。此外，当肌肉燃烧脂肪的时候，人体储备有限的碳水化合物就能节约下来。节约碳水化合物在长跑中非常重要，因为它可以延缓糖原耗尽引起的疲劳。脂肪还是正常生长发育过程必不可少的营养物质，包括生长激素的提高。

与碳水化合物不同，人体储备着大量脂肪。在健康的非运动员青少年体内，脂肪占男孩体重的 12% ~ 15%，女孩的 21% ~ 25%。研究表明，青少年长跑选手的体脂肪率非常低，男孩是 8% ~ 12%，女孩是 12% ~ 16%。如果一位跑者的体重是 132 磅，体脂肪含量只有 12%，那么他的脂肪储备所能提供的能量足够他慢跑大概 600 英里。当然，过量的脂肪会浪费能量，由于它的自重，肌肉得更加努力地驱动身体。

至于青少年跑者应该吃多少脂肪的问题，目前还没有经过实证的指南。但是，营养专家通常建议儿童和青少年从脂肪中摄取 20% ~ 30% 的每日总热量。基于这个区间，表 3.4 给出了每日脂肪摄入的一般建议，分别以千卡和克为单位。如表中所示，如果一位 17 岁的男孩每天跑 6 英里，那么他每天得吃 760 ~ 1,140 千卡的脂肪。再次提醒，这些都只是估算出来的数字——各人在能量需求上可能存在很大差异。但是，就了解青少年跑者需要从不同能量来源摄入多少食物来说，这些估算数字还是有用的。

表 3.5 列出了有些常见食物的脂肪含量。例如，你可以看到奶制品（比如芝士和冰激凌）的脂肪含量较高。对于每日热量需求的三成以上来自脂肪的跑者而言，他们应该考虑换到脱脂或低脂奶制品。至于肉类，即使瘦牛肉和猪肉也还有很多脂肪。低脂备选肉类有鸡肉和鱼肉，但是如果用黄油或食用油烹饪，那么这些肉类的脂肪含量会飙升。例如，从快餐店买的芝士炸鱼三明治大概含有 29 克脂肪。鱼肉本身可能只有 1 克或 2 克脂肪，但是每汤匙用来炸鱼的油大概含有 15 克脂肪。燕麦是一种即富含碳水化合物又含有大量脂肪的食物。表 3.5 中，谷类食物的脂肪含量在 1 ~ 17 克；许多谷类燕麦位于这个区间的上限。为了避免摄入不需要的脂肪，运动员应该仔细阅读谷类食物包装盒上的营养标签。

表 3.4　青少年跑者的建议脂肪摄入

年龄	性别	参考体重千克（磅）	每天的总热量	脂肪（千卡，基于每日热量摄入量的 20% ~ 30%）	脂肪（克/每天）
12	女生	41.6（91.6）	2,458	492 ~ 737	55 ~ 82
12	男生	40.5（89.2）	2,703	541 ~ 811	60 ~ 90
13	女生	45.8（100.9）	2,556	511 ~ 767	57 ~ 85
13	男生	45.6（100.4）	2,893	579 ~ 868	64 ~ 96
14	女生	49.4（108.8）	2,609	522 ~ 783	58 ~ 87
14	男生	51.0（112.3）	3,104	621 ~ 931	69 ~ 103
15	女生	52.0（114.5）	2,937	587 ~ 881	65 ~ 98
15	男生	56.3（124.0）	3,588	718 ~ 1,076	80 ~ 120
16	女生	53.9（118.7）	2,943	589 ~ 883	65 ~ 98
16	男生	60.9（134.1）	3,727	745 ~ 1,118	83 ~ 124
17	女生	55.1（121.4）	2,928	586 ~ 878	65 ~ 98
17	男生	64.6（142.3）	3,801	760 ~ 1,140	84 ~ 127
18	女生	56.2（123.8）	2,911	582 ~ 873	65 ~ 97
18	男生	67.2（148.0）	3,838	768 ~ 1,151	85 ~ 128

一般活跃青少年的基础上分别加上 300 千卡（12 ~ 14 岁）和 600 千卡（15 ~ 18 岁）。
增加的 300 千卡和 600 千卡是每天跑步 3 英里和 6 英里所需消耗的大概能量。

与碳水化合物一样，脂肪也有不同形式，有些形式的脂肪比其他更加健康。饱和脂肪和胆固醇主要从动物产品中摄入，如牛肉、培根和奶制品。历史研究已经表明，吃大量这类脂肪的人罹患心脏病的概率更高。在许多营养专家看来，每日脂肪中来自饱和脂肪的来源应该不超过 10%。其余脂肪应该来自富含不饱和脂肪的食物，比如植物油（菜籽油、玉米油、红花油和橄榄油）、酱油和鱼类。适量摄入的话，非饱和脂肪对你的心脏、其他器官以及许多生理功能有益，包括对抗疾病的免疫系统。研究甚至表明，一种名为 ω-3 脂肪酸的健康脂肪可以减少炎症并加快在大运动量训练之后的恢复速度。富含 ω-3 脂肪酸的食物包括鱼肉、亚麻籽、坚果和各种食用油。

表 3.5 常见食物中的脂肪含量

食物	食用分量	脂肪(克)	来自脂肪的热量(千卡)
面包、谷类、意大利面和米饭			
面包，全麦	1 片	1	9
百吉饼，肉桂葡萄干	1 片	1	9
谷类	1 杯	1	9
谷类，热即食，麦圈	1 杯	17	153
燕麦片，即食，枫糖和红糖	1 包	2	18
意大利面或通心粉，煮熟	1 杯	1	9
白米饭，煮熟	1 杯	0.5	4.5
奶制品			
牛奶，2%	1 杯	5	45
牛奶，全脂	1 杯	8	72
酸奶，全脂	1 杯	7	63
酸奶，低脂	1 杯	3	27
芝士，切达干酪	1 盎司	9	81
芝士，奶油	1 汤匙	5	45
黄油	1 汤匙	12	108
冰激凌	1/2 杯	12	108
肉类、禽肉、鱼肉、豆类、坚果和蛋类			
绞碎的牛肉，烤熟(15% 脂肪)	3 盎司	16	166
猪排，煮熟	3 盎司	11	99
鸡胸肉，去皮，煮熟	4 盎司	5	45
鱼肉，金枪鱼，加水罐装	3 盎司	2	18
鱼肉，鳕鱼	3 盎司	1	9
罐装烤豆类	1 杯	1	9
干焙杏仁	1 盎司	14	126
干焙花生	1 盎司	14	126
花生酱	2 汤匙	16	144
蛋类	1	5	45
零食			
爆米花，油炸	1 杯	3	27
薯条	1 盎司	9	81
玉米片	1 盎司	7	63
商店里买的巧克力碎饼干	4 片	10	90

给父母们的建议

父母是最适合帮助青少年跑者养成积极营养习惯的人。以下是提供给这个非常重要的角色的几个建议。

- **关注营养不良的信号**

  营养不良的例子包括体重的急剧下降或多余体脂肪的堆积——这些信号表明你的孩子的总热量摄入可能需要调整。同时，始终关注孩子的嘴唇和皮肤是否干燥，这是脱水的重要信号。过度的长时间疲劳可能表明关键维生素和矿物质不足。

- **与教练保持联系**

  关于营养的问题，父母、教练和青少年跑者必须共同努力。教练需要知道孩子的日常膳食以及任何计划的改变。为了让孩子获得最均衡的营养，一些膳食变化要求训练计划也做出相应改变。

- **考虑家庭成员的膳食差异**

  一个要点是，当爸爸或妈妈在减肥，饮食中的热量、脂肪和钠盐含量低的时候，家里的青少年跑者可能需要额外补充这些营养物质。解决办法是在孩子那一侧的餐桌上备一个盐瓶，然后给他准备几个高热量的副菜。

- **做一个正面的均衡营养的榜样**

  在教导儿童和青少年养成健康的营养习惯过程中，父母自己怎么做往往比他们怎么说更加重要。通过多吃新鲜的、富含营养的食物，传达你毕生的营养健康价值观，做一个正面的榜样。

- **在你对膳食有疑问的时候，咨询你的家庭医生**

  当你的孩子和你为他的体重感到担心的时候，这条建议会显得尤其重要。如果你们俩都同意增加或减少体重可以带来更健康的身体和更好的表现时，那么你的儿子或女儿和你应该跟你的医生谈谈安全有效的膳食指南。如果你的医生不是这方面的专家，那就请他推荐一位营养专家，比如一位有运动背景的注册营养师。

蛋白质摄入

当人体内有足量的碳水化合物和脂肪的时候，在跑步过程中很少会用到蛋白质作为能量来源。只有极端不健康的糖原耗尽和饥饿情况下才会发生大规模的蛋白质代谢。但是，跑者必须每天补充蛋白质，因为它在人体内会被不断分解。蛋白质是维持正常的生理功能必不可少的营养物质，包括能量代谢以及生长发育，还有肌肉组织修复。正如第 2 章讲到的，肌肉纤维是由蛋白质构成的，所以运动员需要用这种营养物质修复和强化在训练中撕裂的肌肉组织。蛋白质还是血红蛋白和肌红蛋白的组成成分，这两种物质对耐力水平非常关键，因为它们负责给肌肉细胞运输氧气。在能量转换途径催化反应的酶也是由蛋白质组成的。

构成蛋白质的化合物叫氨基酸。合成蛋白质需要 20 种氨基酸。尽管人体能够合成其中的 11 种，但其余 9 种被称为必需氨基酸需从膳食中获取。动物产品是最好的蛋白质来源，比如瘦肉、鱼肉、禽肉、蛋类和牛奶。来自动物的蛋白质被认为是完整的，因为它们包含所有必需氨基酸。许多植物性食物也是很好的蛋白质来源，但是这些蛋白质要么是不完整的，要么缺少 1 ~ 2 种必需氨基酸。即便如此，通过组合蛋白质补充，或者通过吃各种植物性食物（包括豆类、坚果类、玉米、大米、面包和意大利面等全谷类制品）。素食跑者可以得到完整的必需氨基酸补充。对于走素膳食这条路的跑者，我们强烈建议咨询一位注册的营养师，最好是一位专门研究运动营养的专家。

对于不参加训练但比较活跃的男孩和女孩，蛋白质的每日供给量（RDA）是每千克体重 0.85 ~ 0.95 克。如果一个人的体重是 130 磅，那么他每天需要 50 ~ 56 克蛋白质。RDA 是一个自由标准，运动员可以通过包含肉类的膳食轻易地达到这个标准。1 块 3 盎司份量的牛肉、鸡肉或鱼肉含有 20 ~ 24 克蛋白质（见表 3.6）。再加上一份通心粉（约 7 克蛋白质），上述食物的上面再放 1 盎司芝士（约 7 克蛋白质），还有一杯牛奶（约 8 克蛋白质），对于一般活跃、体重 130 磅的青少年来说，一顿饭吃这些食物总计可以补充 42 ~ 46 克蛋白质，已经接近建议的每日摄入量。

处在发育中的跑步选手，由于他们的肌肉组织在训练中经常微撕裂，所以需要的蛋白质要比活跃度一般的同龄人稍微多一点。至于成年跑者，达到蛋白质均衡可能需要每天每千克体重 1 ~ 1.8 克蛋白质。还没有研究成果可以为青少年跑者的蛋白质补充提供指南。但是，一些运动营养专家建议青少年运动员每天每千克体重需要多达 1.6 克蛋白质。尽管，与一般活跃度的青少年相比（他们不需要

表 3.6 常见食物中的脂肪含量

食物	食用分量	蛋白质（克）	来自蛋白质的热量（千卡）
面包、谷类、意大利面和米饭			
面包，全麦	1 片	2	8
百吉饼，肉桂葡萄干	1 片	7	28
谷类，盒装，即食，冷冻麦片	1 杯	6	24
谷类，盒装，即食，锅巴	1 杯	2	8
燕麦片，即食，枫糖和红糖	1 包	4	16
意大利面或通心粉，煮熟	1 杯	7	28
白米饭，煮熟	1 杯	4	16
奶制品			
牛奶，2% 脂肪	1 杯	8	32
酸奶，全脂牛奶	1 杯	8	32
芝士，切达干酪	1 盎司	7	28
芝士，奶油	1 汤匙	1	4
冰激凌	1/2 杯	3	12
肉类、禽肉、鱼肉、豆类、坚果和蛋类			
绞碎的牛肉，烤熟（15% 脂肪）	3 盎司	22	88
猪排，煮熟	3 盎司	24	96
鸡胸肉，去皮，煮熟	3 盎司	24	96
鱼肉，金枪鱼，加水罐装	3 盎司	20	80
鱼肉，鳕鱼	3 盎司	20	80
罐装烤豆类	1 杯	12	48
罐装炸豆泥	1 杯	15	60
干焙杏仁	1 盎司	6	24
干焙花生	1 盎司	7	28
花生酱	2 汤匙	8	32
蛋类	1	7	28
零食			
薯条	1 盎司	2	8
玉米片	1 盎司	2	8
商店里买的巧克力碎饼干	4 片	2	8

表 3.7　14 ~ 15 岁男子跑步选手的样品菜单

总热量：3,300 千卡
碳水化合物的百分比：60%
脂肪的百分比：25%
蛋白质的百分比：15%

早餐	1/2 ~ 2 杯切里奥斯麦圈（即食谷类制品） 2 片全谷粮烤面包，加 2 汤匙人造黄油和 2 汤匙果酱 1 根香蕉 12 盎司橙汁 1 杯脱脂牛奶
上午点心	1 块百吉饼 1 瓶苹果汽水（或其他水果汽水） 水
午餐	鸡肉三明治（3 盎司去皮烤鸡胸肉，2 块全粮面包，生菜，芥末） 1 小袋薯条 1 片哈密瓜（或其他水果） 1 根胡萝卜 12 盎司运动饮料（例如，佳得乐）
下午点心	1/2 杯罐装水果或 1/4 杯干水果（例如，葡萄干） 6 片全麦饼干 水
晚餐	芝士汉堡(3 盎司绞碎的瘦牛肉或土鸡肉、全麦面包、番茄和生菜丁、 1 片芝士、番茄酱和芥末） 1/2 杯烘豆 大拌凉菜（2 杯生菜或生菜沙拉，1 杯蔬菜沙拉，比如番茄、黄瓜、 胡萝卜、胡椒、蘑菇、2 汤匙低脂沙拉酱） 冰红茶（不含咖啡因的）
晚餐后点心或甜点	1 杯低脂水果酸奶 6 块香草华夫饼

注意：如果早餐和晚餐的食物量太大，运动员可以用三明治、水果或蔬菜点心作代替。

吃蛋白质补充剂，如蛋白粉），青少年跑者的蛋白质需求可能高很多。通过包含足量热量的均衡膳食，他们就可以轻易地满足额外的蛋白质需求，以补充那些在训练中燃烧掉的蛋白质。

目前为止，本章介绍了很多有关碳水化合物、脂肪和蛋白质的信息。作为总结，我们设计了一份样品菜单（见表 3.7），以满足 14 ~ 15 岁男孩的能量需求，他可能每天要跑 5 英里，或者从事其他同等能量需求的训练。样品菜单内的总热量是 3,300

千卡，各能量来源的占比是碳水化合物 60%，蛋白质 15%，以及脂肪 25%。

其他关键营养物质：维生素、矿物质和水

除了这 3 种能量来源之外，食物中还含有其他重要营养物质——即维生素、矿物质和水。这些营养物质不直接给肌肉收缩提供能量。反而，他们发挥重要的生理功效，比如催化能量转换途径中的反应、支持把营养物质和氧气输送给工作肌肉、加快发育和恢复以及预防疾病。本部分内容会介绍这些营养物质以及它们对长跑成绩的贡献。

获取维生素和矿物质

维生素是肉类、水果、蔬菜和奶制品中含有的有机化合物。长跑选手需要摄入足量这些营养物质，因为它们在能量产生过程中发挥着重要作用。例如，多种复合维生素 B 会加速碳水化合物和脂肪的代谢。维生素还有其他作用，许多水果

跑者应不应该吃维生素和矿物质补剂

由于维生素和矿物质对健康和运动成绩非常关键，所以许多人认为他们应该吃这些营养物质的补剂。但是，大多数营养专家认为，如果青少年运动员保持一个完整、均衡的膳食，那么他们就不需要维生素和矿物质补剂。还没有有力的科学证据证明跑者可以通过额外摄入维生素和矿物质提高成绩。事实上，人体就能分泌大部分维生素和矿物质，而且分泌的量超过人体所需。例如，维生素 C 和复合维生素 B 在人体内是通过水输送的。当每日摄入量超过人体所需的时候，这些维生素和其他水溶性维生素会通过尿液排出体外。相比之下，脂溶性维生素——A、D、E 和 K——是储存在脂肪中的。如果摄入过量，这些维生素可能导致中毒。尽管保持均衡膳食是最佳途径，但是大多数营养学家也认为吃一些复合维生素和矿物质补剂也无妨，只要不超过每日供给量的 100%（RDA，每日供给量；这些产品上的信息标签列出了它们提供的 RDA 比例）。

金伯利·穆勒, MS, RD, CSSD

能量方面的营养指导

加利福尼亚州

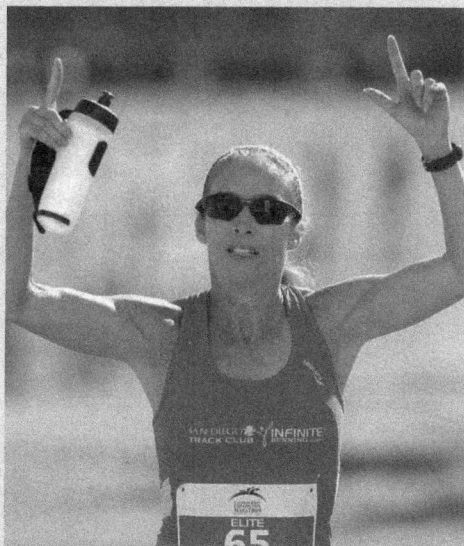

金伯利·穆勒是一位顶级马拉松选手、注册营养师、通过职业认证的运动膳食专家，她拥有给长跑选手的营养策略提供咨询服务的丰富经验，能帮助他们增强耐力、促进最佳的恢复以及预防出现竞技状态不佳。金伯利的临床经验远近闻名，而且在多部运动营养学著作中贡献自己的专业知识。她是《运动员的运动补剂指南》一书的作者。

你认为典型的青少年跑者膳食有哪些重要的方面需要改善？——给每个人的建议都不一样，但是我发现许多青少年运动员摄入的热量不仅不足以满足训练需求，而且难以促进正常的发育。尤其在女性青少年跑者中，热量摄入量不足的现象非常普遍。为了保持媒体宣扬的理想体形，她们可能会感受到压力，而且他们还可能受到他们自己认为的高水平跑步成绩所需要的理想体重或体形的影响。热量摄入不足不仅会阻碍正常的生长发育和影响跑步成绩，还会增加营养缺乏、应力性骨折以及其他伤病的风险。因此，教练和父母不仅应该教育青少年跑者吃合适的食物，还应该吃足量的食物，才能支撑他们的生长发育、健康和成绩，这非常重要。

对那些吃很多垃圾食品的青少年运动员，你能给他们的父母提供什么建议？——不可避免地，当孩子们在外面的时候，他们会吃一些没有营养的食物，也就是我们通常叫作垃圾食品的东西。所以，父母们需要做的第一步就是不要把垃圾食品带到家里，而要准备一些更健康的食物。父母可以通过积极地准备有营养的食物鼓励孩子的健康膳食。一个建议是，在结束训练和晚餐之间，立刻让青少年跑者喝1杯简单的混合果昔。你可以混合1杯未加糖的杏仁乳加半杯低脂肪希腊酸奶、1根香蕉和1杯浆果。父母可以在孩子结束训练后把果昔饮料准备好，避免他们去吃低营养的小吃，这些小吃可能会让他们没有胃口吃晚饭。另一个建议是，在去接孩子的时候，在保温箱里放1杯低脂巧克力牛奶和1根香蕉，一接到孩子就让他食用。

青少年跑者应不应该吃维生素或矿物质补剂？——这要看每个跑者的具体情况而定，但是总体来说，膳食均衡的青少年运动员不需要吃维生素或矿物质补剂。有一个的特例是，如果检验结果显示某些维生素和矿物质缺乏，那么运动员需要吃一些补剂。例如，如果血检显示缺铁或维生素 D，那么跑者就应该在有资质的健康专家的指导下服用一些补剂。

你推荐跑者在比赛前吃哪些食物？——跑者们应该把注意力放在易消化、低纤维的碳水化合物上，比如大米或玉米等谷类、原味百吉饼、原味意大利面、白米饭、白面包、甜瓜、香蕉、不含果肉的果汁、运动饮料、能量棒、脆饼干和土豆。我还建议在比赛前摄入少量蛋白质，在 10 ～ 20 克。每摄入 200 ～ 300 千卡，需要有 1 小时的消化时间。

针对担心青少年跑者体重的教练和父母，你有什么建议吗？——与其把精力放在强调棘手的体重问题上，教练和父母们还不如教育孩子们选择健康的食物。例如，在赛季开始的时候，教练们可以邀请注册营养师为孩子们进行一次临床营养诊断。在有资质营养专家的指导下，教练也可以将营养信息整合在一起，给每名运动员一些指导。至于怎么维持健康体重的资料以及其他关于运动营养的话题，我建议父母、教练和青少年跑者们参考美国营养和膳食协会网站上的免费讲义。

和蔬菜中含有的维生素 C 能强化骨骼和结缔组织。一些研究表明，这种维生素还可以通过增强免疫系统保护人体不受到感染和远离感冒。肉类、谷类和坚果类食物中的维生素 B_1（硫胺素）有助于形成血红蛋白。其他维生素也是青少年跑者必不可少的（比如维生素 D），因为它们有助于正常的生长发育。奶制品和蛋类中含有的维生素 D 在促进骨骼发育上发挥着重要作用。

矿物质是水、蔬菜和动物食品中含有的无机微量元素。矿物质有助于骨骼生长、形成酶类、输送神经信号以及产生肌肉收缩。对青少年跑者来说，最重要的一种矿物质是钙，它能促进骨骼发育，帮助肌肉收缩。补充钙质的来源包括奶制品、蔬菜和全谷物。跑者需要的另一种重要矿物质是铁元素，它是血红细胞内形成血红蛋白的重要因素。红色肉类、绿色蔬菜、蛋类、坚果类和全粮类食品中含有铁元素。如果通过膳食摄入的铁元素不足，那么长跑选手们就很可能出现缺铁和血红蛋白偏低的情况。这是因为出汗会消耗铁元素，而且在跑步的时候，双脚不断着地带来的冲击力会使血红细胞破裂，丢失血红蛋白。青春期女孩来月经的时候也会丢失铁元素。有些研究表明，超过五成的青少年女子跑者每天膳食摄入的铁元素量无法满足每周的需求。14～18 岁的女性每天应该摄入 15 毫克铁元素。正如在本章开篇的阿利西亚一样，极端缺铁可能导致贫血，在这种衰弱状态下，人体的血红细胞和血红蛋白会导致危险的低水平。

女性运动员三联征

在竞技长跑领域，受伤与生病的风险时刻伴随着。很少有运动员一整个赛季不受伤，他们多少会有点轻微的肌肉拉伤或头痛。从积极的一面来看，这些轻微的挫败能教会跑者们吸取重要的教训，比如正确地热身、保证充足睡眠以及摄入营养的食物。但是，跑步的一些风险更加极端，而且会给跑者的成绩和健康造成长远的负面影响。对女子跑步选手来说，其中一个风险就是女性运动员三联征。这种身体症状有 3 个互相关联的紊乱组成：能量不足、闭经以及骨质疏松。第 1 个紊乱指的是人体缺乏维持正常功能的能量储备。对跑者来说，这种危险的状态可能导致有意或无意地限制热量摄入、训练过度，或二者皆有。第 2 个紊乱是因为闭经，闭经可归类为（1）原发性闭经，也就是初潮延迟；（2）继发性闭经，即连续 3 个月以上停止来月经；（3）月经稀发，指月经周期超过 35 天（Nattiv et al., 2007）。三联征的第 3 个紊乱是骨质疏松，这与骨骼的矿物质成分低于特定年龄段的正常水平有关（主要是钙和磷）。

研究已经发现，青少年女性跑者患女性运动员三联征的概率很高。在一项针对青少年的研究中，研究人员测量了 90 位长跑运动员和 93 位非耐力运动员的骨密度（Barrack, Rauh and Nichols, 2010）。结果发现，骨质疏松的跑步运动员（39.8%）远远多于非跑步运动员（10%）。一个特别令人不安的发现是，13～14 岁的跑者的骨密度与 17～18 岁很接近。这就意味着患有骨质疏松的跑者可能无法积累足够的骨量以在青春期后期达到正常水平。这是一个严峻的健康问题，因为人类终身的骨骼发育有大约一半是在青春期发生的。与女性运动员三联征相关的低骨密度会增加骨骼受伤的风险，包括应力性骨折，以及晚年时期患上骨量减少和骨质疏松等骨骼疾病。

与同龄的非运动员相比，青少年女性运动员（包括跑者）月经功能异常的概率也更高。报告称有 20%～50% 的青少年女性运动员有这种症状。女性的雌性激素在月经功能以及骨骼与心血管健康中发挥着重要作用。许多受到一种或多种三联征紊乱影响的女性运动员雌性激素水平低得不正常。尽管还没有人研究过经期紊乱和低雌性激素对青少年跑者的长期影响，但是专家担心三联征有造成不育和心血管疾病的潜在风险。

尽管可能造成女性运动员三联征的因素有很多，但是专家们认为膳食紊乱是罪魁祸首。尽管这种症状可能由过度训练导致，但是造成青少年女性跑者患三联征的主要原因与膳食有关，尤其是慢性的热量摄入不足。这种症状可能源自运动员的无意膳食限制，她们要么不清楚自己每天的能量需求，要么经常因为繁忙的训练安排而不吃饭。但是，有些女性跑者是主动限制热量摄入的，因为她们相信瘦一点有助于提高成绩。在极端案例中，膳食紊乱是由饮食习惯的紊乱导致的，比如禁食、吃减肥药以及暴饮暴食后的呕吐。

要想预防女性运动员三联征，首先得确保每日摄入的热量满足能量需求。研究人员发现一些营养物质可以减少青少年和成年跑者遭受应力性骨折的风险，并证明可以通过膳食预防女性运动员三联征。研究人员请 125 女性跑步选手（18 ~ 26 岁之间）完成一份食物频率问卷，并要求她们在平均近两年的时间里报告是否遭受过应力性骨折。在接下来这段时间里，125 名跑者中有 17 人至少经历过一次应力性骨折。研究人员发现，每日摄入钙质、脱脂牛奶、全脂牛奶和奶制品量较多的女性跑者发生应力性骨折的概率要低得多。每天每多喝 1 杯脱脂牛奶，骨折的风险就降低 62%，而且每增加 1 份奶制品，骨折的风险就降低 40%。

领先的医疗组织建议医生们在每年的体检中对青少年女性运动员进行筛查，以确定她们罹患女性运动员三联征的风险。在美国家庭医生学会、美国儿科学会以及美国运动医学学院的支持下，一家名为女性运动员三联征联盟的组织已经开发出了一个筛查工具。

针对患一种或多种三联征的跑者，要根据潜在的原因决定最佳的治疗方法。例如，患有饮食习惯紊乱的青少年运动员应该咨询生理学家或业内的其他健康专家。在极端的月经不调或低骨密度案例中，可能需要药物治疗才能恢复正常功能并避免负面的长期健康问题。

保持补水

对一般活跃的青少年来说，专家估计 9 ~ 13 岁的女孩每天需要补充 7 杯液体，

9 ～ 13 岁的男孩是 8 杯，14 ～ 18 岁的女孩是 8 杯，14 ～ 18 岁的男孩是 11 杯（1 杯等于 8 盎司或 0.24 升，此后不再标注）。与非运动员青少年和成年跑者相比，青少年跑者需要摄入更多液体。他们的出汗量比非运动员的同龄人大，而且他们身体的冷却效率比成年跑者的身体要低。在能喝到液体的时候，大多数青少年运动员（不需要去催）会为了避免脱水而尽量多喝。但是，如果跑者出现脱水信号，包括嘴唇干燥、眼睛凹陷以及肌肉痉挛，教练们应该坚持让他们多喝水。如果跑者注意到自己排尿次数减少或者尿液呈暗黄色，他们就应该增加液体的摄入量。在每堂训练课和每次比赛，教练们绝对应该提供足够的水。

以下是满足青少年跑者液体需求的一般性指南。考虑到具体的情况，包括天气状况和个体在出汗速度上的差异，进行一些修改是必要的。

- 训练或比赛开始前两个小时：18 ～ 24 盎司水。
- 训练期间：每 15 ～ 20 分钟喝 5 ～ 9 盎司水。
- 比赛期间：在 800 ～ 5,000 米比赛中，如果跑者在比赛开始前已经充分补水，那他们就不需要在比赛进行过程中喝水。
- 训练和比赛结束之后：体重每减少 1 磅补充 16 ～ 25 盎司水或喝 1 瓶运动饮料。

在一般情况下，水是青少年跑者最好的饮料，但是在某些案例下，含有 4% ～ 8% 碳水化合物和电解质溶液的运动饮料也是不错的选择。例如，在剧烈运动和比赛后，跑者没有胃口吃固体食物，那就应该喝点运动饮料补充他们的糖原储备。此外，不喜欢喝水的跑者可能不会充分地给他们的身体补水。他们可能更喜欢喝自己喜欢口味的运动饮料。

用于比赛的能量：比赛前和比赛后进食

经常有跑步选手因为在比赛开始前 1 个小时吃了不该吃的东西或没有吃该吃的东西而导致成绩糟糕，这是一个非常普遍而不幸的事情。就像瑞克，如果运动员在比赛当天错过一顿饭，那么他就可能经受低血糖、一般性的疲劳以及肌肉疲劳，甚至比赛还没开始就会有这些感觉。此外，在比赛开始之前吃得太晚或吃错食物也会导致胃部不适。

甜菜根汁能不能帮助你赢得比赛？

　　当许多人认为某种健康的蔬菜有提升成绩的功效时，跑步领域就会注意到，而它确实应该注意到。这就是几年前发生的一幕，当时有一些研究表明与安慰剂相比，吃了甜菜根或喝了甜菜根汁之后的耐力运动员的成绩提高了（Cermak, Gibala, and Van Loon, 2012; Murphy et al., 2012）。除了富含多种维生素和矿物质之外，甜菜根汁还含有硝酸盐，这是体内天然存在的一种化合物。硝酸盐对血管功能、肌肉收缩和能量产生有积极的效果，这是得到公认的。现在，已经有许多研究表明甜菜根汁有助于提高耐力运动的成绩（这些研究的综述请见 Hoon et al., 2013）。尽管研究结果有好有坏，但是有证据表明它有助于提升成年自行车运动员和跑者的生理功能和比赛成绩。

　　到本书付印之时，还没有跑者（在训练课和比赛中）如何喝以及什么时候喝甜菜根汁的指南。最重要的是，还没有研究解释甜菜根汁是如何影响青少年跑者的比赛成绩。我们知道的是甜菜根汁确实是一种营养丰富的天然食品。所以如果你喜欢喝而且负担得起（它很贵），我们建议你喝甜菜根汁。但是，我们不认为甜菜根汁是青少年跑者取得最佳成绩不可或缺的食物。

　　一般来说，长跑运动员应该在比赛开始前吃一顿高能量的饭，而且大约六成的热量应该来自碳水化合物。如果比赛是早上，那么理想的早餐食物有牛奶麦片、面包片夹果冻以及煎饼或华夫饼蘸糖浆。吃一点含有脂肪和蛋白质食物换换口味也无妨，比如黄油和培根。如果比赛在下午或晚上，有些跑者喜欢吃一盘原味意大利面，因为它的碳水化合物含量高，而且易于消化。除了这些指南之外，最佳的建议是选择效果最好的食物。如果比赛之前吃了什么东西让他们感觉不错，而且状态也很好，那就应该把食物记下来。然后，他们应该在将来继续把这些食物作为比赛前用餐。

　　膳食构成对运动员的恢复非常重要，尤其是长跑比赛后的恢复（3,000 ~ 5,000米）。比赛后用餐的主要目的是补充已经消耗掉的糖原，所以它应该富含碳水化合物。此外，比赛后用餐还应该包括蛋白质，用作重建受损的肌肉以及重新合成能量转换途径中的酶。正如我们之前谈到的，一般来说，跑者的正常膳食足够作为比赛后用餐，但是有些专家认为用餐的时机是关键。他们指出，如果运动员在筋疲力尽的训练或比赛之后两小时内吃一顿富含碳水化合物的饭，那么他们体内的糖原再合成速度会更快。

大步向前

在第 4 章之前，让我们重新回顾一下有关营养、膳食和成绩的重点。

- 由于碳水化合物是 800 ～ 5,000 米比赛中的主要能量来源，它应该在青少年跑者的膳食结构中占大头，占比大概 50% ～ 70%，或者每千克体重 6 ～ 9 克。
- 只要跑者保持均衡的膳食，而且膳食中含有足量的水果和蔬菜，他们就不需要吃维生素和矿物质补剂。
- 教练们应该保证在训练课和比赛中为运动员提供充足的水。
- 跑者在比赛开始前两小时的理想用餐应该富含碳水化合物。比赛后用餐应该富含碳水化合物和蛋白质。
- 用激进的方法改变体重或身体成分可能对成绩和健康产生负面影响。父母和教练应该向医生或专业的营养专家咨询有效的膳食策略，并密切关注想要减肥或增肥的跑者。

第4章

冠军心智

扫码看专家为你解读
跑步后如何高效恢复

我们在第 2 章中谈到了长跑运动员的生理机能，同时，我们还引领你通过想象尝试了打破全美高中 1 英里跑纪录。让我们回到比赛的起跑线，这次，我们把注意力转换到长跑的心理因素。在这个创造纪录的努力中，你的情绪、思想和策略计划会如何影响你的成绩？为了发挥你的全部潜能，哪些是必不可少的心理素质？当你的身体开始疲劳的时候，你将如何克服负面的情绪和思想？我们会在本章回答这些问题，并涵盖长跑的所有重要心理因素。

强大的身心联系

回想一下我们的梦幻 1 英里跑中的场景：今天是挑战 1 英里跑高中纪录的绝佳时机——最适合的天气、最好的赛道以及人山人海的体育场和满怀兴奋与期望的观众。广播员刚刚介绍完场地，发令员已经开始让选手们各就各位。用一点点时间想象你自己在现场，感受你的情绪，然后注意穿过你脑海的想法。想象中的你对自己的实力有充分自信，并且有很强的动力去面对这个挑战。你的注意力放对了地方。你没有因观众和对手而分心，反而把这当作动力。也许你有一点紧张，但是没关系。你感觉紧张代表你真的重视这场比赛，而且想要尽你所能。而且，就像好的热身一样，一点点紧张甚至会让你的身体做好准备，以满足比赛的能量需求。

但是，如果你的思想不受控制会怎样？毕竟，你将要开始毕生中最重要的一场比赛。如果成功，你将成为新的 1 英里跑全国纪录保持者。看台上有数千名观众，包括你的亲朋好友（我们有没有告诉你国家电视台会直播这场比赛？）。也许你的心里悄悄打起了退堂鼓，因为你不知道自己是否真的已经做好了挑战全国纪录的准备。你拼命地把疑虑抛在一边，提醒自己集中注意力。但是，你应该把注意力集中在什么事情上呢？在你竭尽全力想要集中注意力的时候，你已经完全把比赛策略抛之脑后，而且感觉你的肌肉正在绷紧。心里的紧张感已经到了地震级别。你紧张到了如此程度，以至于双腿都开始颤抖。你的心跳在加快，而且呼吸开始急促。你的身体正在开始浪费宝贵的能量，而这些能量是在你在最后一圈冲刺的时候需要的。在这种情况下，原本已经做好思想准备的状态你已经丧失了信心。尽管你还与对手们一起站在起跑线上，但是比赛还没开始，你可能就已经落后了 100 米。

在你创造 1 英里跑纪录的梦幻开局设置这么一个负面的场景，我们表示抱歉，但是我们的初衷是好的。我们所营造的是一个再普通不过的情况，在这种情况下的青少年跑者的身体状态虽然处于巅峰，但却无法完全发挥他们的潜能，因为他们缺少高水平的心理素质。长跑心理素质训练的难度丝毫不亚于身体素质训练。正如你在第 2 章了解到的，身体训练包括提高有氧功率、建立无氧能力、打磨技术以及提高速度。在其他目标中，为了增强心理素质而进行的训练包括提高动力和意志力、建立信心、调整注意力以及完善比赛策略。尤其对青少年跑者，这些心理素质是可以通过训练加强的，而且它们对比赛表现有很大影响。

提高动力和意志力

尝试过的人都知道，长跑比赛需要高水平的意志力和动力。强大的动力（也就是对成功的极度渴望）来自于定义清晰的目标，以及对达到目标满足感的渴望。对跑步的动力还源自真正享受比赛而且认识到它的人生价值。拥有强大动力的跑者自然拥有强大的意志力，这种意志力体现在跑者大胆地与疲劳抗争，并在比赛和训练中全身心地挑战自己。

为了用最佳的方式激励青少年跑者，教练们必须首先了解每个人参与跑步运动的原因，然后相应地为他们制订个性化的训练计划和执教风格。对教练和父母来说，还有一个重大的挑战是激发正确的价值观，以激励青少年跑者为了最佳的目标——来自专注、努力拼搏和自我完善的内心满足感参与这项运动。运动心理学家告诉我们，相比于内在满足感，外在的奖励（比如奖杯、绶带以及其他奖品）对增加动力的效果往往要差一些。但是，在伴随着内在满足感的时候，奖品就会提醒跑者成功能带来满足感，由此激励运动员。代表完成夏季训练计划的一件T恤，进入大学校队的字母夹克，甚至是创造新个人纪录（PR）的一张证书都可以成为很好的激励奖品。

建立信心

对长跑来说，信心明显是不可或缺的心理素质因素。缺乏自信是阻止运动员在训练和比赛中设置较高目标和挑战自己的障碍。建立信心的 3 个关键点是：强化对自身实力的正面信念、平息自我怀疑以及制订每日训练计划以确保成功完成。

有的时候，我们可以通过自言自语这么简单的方式提醒自己完全有能力达成目标，从而提高自信并遏制自我怀疑。此外，通过经常表达并强化对运动员的信心，教练和父母可以在培养这种心理素质的过程中发挥关键作用。来自队友和朋友的鼓励也会对跑者的信心产生很大影响。当训练和比赛不顺利的时候，跑者尤其需要教练、父母和朋友帮助他们修复伤心的情绪。善意地提醒失败只是暂时的挫折，许多成功的机会就在眼前，运动员就会重拾信心。

不过，也许最有效的是通过不断的成功建立难以撼动的自信。过去曾在困难的情况下达成较高目标的运动员很少质疑或从不质疑他们在将来也能做到同样的事情。记住，成功有助于建立自信，这在训练青少年长跑选手的过程中尤其关键。在接下来关于制订高效训练计划的几个章节中，你会看到许多个这样的例子。目前，让我们来考虑如何通过设置目标和规划每日训练课培养自信，以确保在一个越野跑或田径赛季中逐步提高。

一个训练计划制订得好还是不好，要看在赛季结束、锦标赛开始的时候，运动员是否处于他们的巅峰状态或拿到最好的成绩。要想给逐步提高和一连串的出色成绩打下基础从而建立信心，赛季早期目标的难度应该相对较低。例如，在每个赛季的最初几场比赛中，运动员应该致力于完成技术和策略目标。随着赛季的进行，跑者应该把每场比赛看成通往在锦标赛中打破个人纪录或取得好名次的垫脚石。秉着这个态度，随着赛季的进行，跑者将会建立起越来越高水平的自信。在赛季末尾取得出色成绩所获得的自信将一直持续到下个赛季的开始阶段。

给父母们的建议

在他们的日常角色中，父母自然而然地需要给孩子们提供心理和精神支持。要想给孩子的跑步生涯提供支持，他们只需要了解这项运动的心理挑战的基础，下面是一些关键点。

- **找到真正能激励孩子的因素**

  为了最好地帮助青少年跑者提高心理素质，你需要知道驱使他参与这项运动的因素。最能鼓舞他的是赢得比赛，还是其他激励因素，比如为了保持身体健康，或享受与队友在一起的美好时光。当你知道真正激励你的孩子的因素时，你就可以通过最适合的方式支持孩子，让他们保持最佳的心理状态。

- **鼓励设置目标**

  即使跑者的主要动机不是赢得比赛，他们也应该设置一些比赛目标。与教练一起，你可以帮助青少年跑者设置并达成合适的目标。这些目标应该是具体的、可衡量的而且有挑战性的，却又可以通过聪明的、高要求的训练达成。你需要对孩子在不同田径比赛中的时间目标和越野比赛中的目标名词表达出自己的兴趣。还要知道你的孩子为了达成成绩目标所需要付出的努力——刻苦训练、均衡膳食以及健康的生活方式（有关设置最优训练和赛季比赛目标的详细指导，请见第 8 章）。

- **成为强大心理素质的榜样**

  通过跑步比赛，你的孩子会得到提高心理品质的珍贵机会，这些品质对他们毕生的幸福和成功至关重要。你可以通过自己在家里的行为强化孩子的这些品质。让孩子看到作为父母在日常工作中的意志力的专注度。当你面对无法达到目标的失望时，在孩子面前要表现出更加努力奋斗的自信和坚定决心，然后以更聪明的方式达成它们。最重要的是，成为一个正面情绪的榜样。

- **在安全限度之内逼迫他们努力**

  在第 1 章中，我们描述了儿童和青少年长跑运动员的潜在健康风险。许多青少年选手在远没有达到他们的身体极限之前就减慢了速度甚

至停下了脚步。但是，对青少年跑者来说，如果他们的主要动力是赢
得比赛，那么重大的心理突破往往发生在发现自己的极限的时候。所
以，鼓励孩子在训练和比赛中更加努力，这并无大碍，只要教练和你
知道哪些情况有受伤的风险。

- **赞扬孩子的训练过程和成果**

  赞扬对儿童和青少年的心理发育有非常积极的影响。但是，根据青少
  年运动员的努力过程和成果进行赞扬的效果往往最好，而不是赞扬运
  动员本身。例如，与其告诉运动员说"你是个优秀的选手"，不如"你
  之所以能取得这么好的成绩是因为你按计划保持了均匀的节奏"的效
  果更好。

设置训练目标

在每天的训练课中，青少年跑者们必须认识到成功并不意味着领先队友完成
比赛或创下个人新纪录。反而，成功意味着在任何时候都能够以指定的配速完成
预先设定的目标。要实现这个目标，教练必须清晰地告诉运动员每天的训练目标
以及如何实现这些目标。

假设周二的训练计划是 3 英里，而前一天刚刚完成一组高强度的间歇训练。
在教练的意图中，周二是一个恢复性的训练。在训练课开始之前，教练必须清
晰地告诉运动员，如果他们把自己逼得太过导致跑得太快，他们就无法完成当
天的训练目标。他们需要知道的是，在恢复性训练课中全力奔跑所获得信心会
稍纵即逝，因为如果不好好地恢复，他们就没有足够的能量完成即将到来的高
强度训练。

在训练过程中和训练结束之后，教练们应该提供足够的回馈，让跑者们知道
自己是否完成了当天的训练目标。这个反馈包括：告诉跑者是否达到了间歇训练
中的分段时间目标、跟每个跑者一起过一遍他的技术动作视频以及对记录每名运
动员训练进步的图表进行回顾。

提高专注度

心理训练的一个主要目的是通过集中注意力来控制情绪和思想——换句话说，通过提高专注度。教练经常要求跑者集中注意力，但是这到底是什么意思呢？跑者到底应该把注意力集中在什么事情上？如果你知道有多少心理暗示（目标和感觉）在争相获取长跑运动员的注意力，你就知道集中注意力并不是一件容易的事情。运动心理学家们通过这个标准对这些心理暗示进行分类：它们是身体外在的（外部心理暗示）还是内在的（内部心理暗示）（见表 4.1）。

表 4.1　集中注意力

内部心理暗示	外部心理暗示
跑步姿势	相对于对手的位置
疲劳感和其他身体感觉（呼吸急促、肌肉紧绷或核心温度上升）	来自教练的反馈（分段时间或改变比赛策略的指导）
关于速度和力度的视觉和肌肉回馈	赛道要求（前方的转弯、上坡或地形改变）
有关比赛策略的想法	观众的喝彩

在长跑比赛中保持专注的关键是在正确的时机把注意力集中在正确的心理暗示上。你可以把这个技巧看成是调整光束的聚焦点。光束的方向和宽度都可以进行调节。跑者们可以通过把注意力集中在内部或外部的心理暗示转移注意力的方向，或者通过把注意力集中在狭窄的少数几个或广阔的许多个心理暗示改变注意力的广度。所以，狭窄 – 内部注意力的跑者可以专注于他的跑步技术，排除其他内部和外部心理暗示。对比之下，广阔 – 外部注意力的跑者关注的点可能包括其他对手、教练的指示以及观众的喝彩。

心理素质需求能在需要的时候快速调整注意力方向和宽度的能力。例如，在越野跑比赛中为了征服一个陡坡，你的注意力应该是内部和狭窄的。为了专注于良好的跑步技术，运动员可以把注意力集中在双腿蹬地时的感觉上。在进入良好的上坡跑姿势后，运动员可以关注一些外部心理暗示，比如与前方任何选手之间的距离或到下一个转弯处的距离。如果只关注技术，可能会导致在上坡时被对手超越。

在很大程度上，影响专注度的是运动心理学家所谓的觉醒。它指的是心理能量水平。当运动员的心理能量低并且不是很兴奋的时候，注意力光束就会扩散，而且

专注力训练

高水平运动员有一种特殊的集中注意力的能力。他们敏锐地察觉到身体和心理内部和外部的情况。通过关注最相关的心理暗示，顶尖运动员得以抑制分散注意力，并中和负面想法。针对这种心理素质有一个流行的术语——专注力。认识到它的价值之后，近来已经有许多运动项目的教练和运动员开始在他们的训练计划中整合专注力训练。

作为跑步选手的专注力训练范例，假设有一天的训练计划是 25 分钟中速跑，训练的生理目标是保持有氧能力。让我们在这个训练计划中加入心理素质训练，以提高专注力技巧。我们将把 25 分钟训练跑分成 5 个分段，每个分段 5 分钟，并在每个分段中致力于将注意力和意识集中在特定的内部或外部心理暗示上。第一个 5 分钟的指示是保持你的呼吸意识。不要故意去控制它，只要感觉呼气和吸气的节奏。聆听呼吸的声音，然后在脑海中把它相关的难易度记下来。你也可以注意胸腔和下肢肌肉收缩和放松的感觉。一样，你的目标只是保持呼吸意识，而不是通过任何方式控制它。

在 25 分钟跑的第 2 个 5 分钟里，把你的注意力指向肩部、颈部和面部肌肉。这些肌肉不参与跑步步幅的推进动作，所以它们的过度紧张会起到负作用而且浪费能量。扫描你的肩部、颈部和面部肌肉，对任何肌肉紧张保持警觉。在专注力训练中有一个关键指示是避免负面的判断和膝跳反射。所以如果你感受到肩部肌肉极度紧张，感觉它们正在耸起，一个良好的初始反应是在心理上注意到这种感觉。你可以这么对自己说："肩部肌肉紧张。"这个响应可以避免一个普遍的负面反应——"噢，不！我的肩部肌肉紧张得像打了个结一样。我的跑步姿势完全走形了，我必须慢下来。能坚持到终点线算我走运。"在意识到肌肉紧张后，更有技巧的反应是冷静地调整并把双肩放下，感受肌肉放松。

在第 3 个 5 分钟里，将你的注意力集中在摆臂动作。你的双臂前后摆动方向是否与身体的前进方向一致？或者，你是否感觉到一个扭曲的动作导致你的双臂在身前摆动？你也可以集中注意力感受你的双手是否轻轻地在短裤两侧掠过。同样，首要目标是获得一个高度敏感的感官。如果有必要做出调整，这是必不可少的第一步。

在下一个 5 分钟里，专注于你的脚掌着地以及小腿的肌肉和关节动作。特别注意双脚着地的位置。鞋底的哪一部分率先着地——脚跟、脚掌还是脚趾。下一步，当你的双脚离开地面的时候，感觉脚踝的动作。正如你会在第5章中了解到的，跑步运动表现强烈依赖于有效的脚掌着地模式以及小腿肌肉和关节的动作。

在专注力训练的最后 5 分钟里，把注意力转移到外部事务和事件上。例如，注意队友的跑步姿势和呼吸声音。这在比赛中是聪明的做法，注意竞争对手的这些线索可以帮助你做出战略决策，比如什么时候加速或开始你的冲刺。它还能让你对外部环境的意识更加敏捷，比如前方的转弯、上坡和地形变化。这个意识还能给战略决策提供指引。

只要方式正确，专注力训练能提高你在任何时候将注意力转移到需要的事务上的能力，让你加深对目前正在发生的事情的意识，并且在跑步姿势、速度和策略上做出适当调整。此外，专注力训练自然而然地能抑制注意力分散，并防止负面思想占据你的大脑。

很难集中在重要的心理暗示上。对比之下，当心理能量过高，注意力光束就会变得狭窄，并且不能轻易地转变方向，所以跑者可能错过重要的线索。在微调心理能量以保持最佳专注度时，可以应用"金发姑娘原则"：不要过于消极，也不要过于兴奋。教练们应该仔细观察运动员的心理能量水平，这样才能给他们回馈，进行良好的调整。

带着积极的心态进行准备

对长跑选手进行心理素质训练的目的是给他们创造好成绩的条件。这包括用积极的心态为训练和比赛做准备，也就是说专注于良好结果的态度。培养一个积极的心态可不止乐观主义或痴心妄想那么肤浅。反而，它要求运动员遵守心理训练方法和战略计划的纪律。

视觉化成功

一种非常强大并真正强调积极心态的心理训练方法是视觉化。这包括在脑海中演练自己在比赛中的情形。以下是如何进行视觉化的方法：安静地坐下来（要么躺下，要么坐下），闭上你的双眼，然后想象自己正站在下一场比赛的起跑线上。

感受你身体的放松，然后感觉增强你的动力和自信的过程。打个比方，在想象中，你听到发令员的指令，你看到自己起跑后处于一个不错的位置。在想象中用眼睛看、用耳朵听，然后感觉自己通过比赛的每个阶段，就好像你真的在跑一样。这么做的目的是视觉化执行比赛策略并达成积极的结果和赢得比赛。例如，在你的想象中，你的跑步姿势正确，你听到教练说你达到了自己的目标分段时间，并感觉自己体内迸发出强力冲刺的能量。另一个有效的方法是在脑海里回放一下成绩最好的一次比赛。在一个星期内多练习几天视觉化，每次只需要练习 5 ~ 10 分钟，你就可以形成一个强大、积极的心态。

研究比赛

对高水平跑者来说，心理准备的很大一部分工作是研究对手，了解他们的优点、弱点和偏好的比赛策略。早在 1977 年，本书的作者之一（拉里·格林）通过他制订的一个比赛计划赢得了佛罗里达州高中越野跑锦标赛冠军，他的比赛策略就是以己之长攻彼之短。拉里拥有强大的节奏技巧，但是他的先天冲刺速度并不出色，而且经常在比赛的最后阶段被对手反超。通过观察前几场比赛中的主要对手，并与教练一起制订了详细的计划，拉里猜测锦标赛中的几个领先的选手在开始阶段会跑得很快，在中段会大幅减慢，然后在临近终点的时候强力冲刺。所以他的计划是在比赛的开始阶段就进入节奏，并在 3 英里跑的半程追上领先的选手，然后在接下来半英里冲刺到领先位置。拉里预料到自己在最后半英里会减慢速度，所以他计划在那个阶段到来之前至少建立 10 秒的领先优势。这个策略非常成功。拉里以 6 秒的优势赢得了比赛。

除了了解对手之外，一个做好心理准备的跑者还会研究越野跑赛道的情况和要求。例如，在州越野跑运动会上，拉里之所以很早进入节奏是因为比赛当天刚好非常凉爽，这种天气在佛罗里达中部是可遇不可求的。他知道在这么好的天气下，所有选手都会奋力冲刺。拉里在比赛前一天对赛道进行了了解，然后挑选了一个开始冲刺的关键点，也就是一个山谷口，他认为其他领先选手会在这里减慢速度。

在备战本地的越野跑比赛时，教练们应该为他们的队伍规划一些在赛道上的高要求训练课。针对需要过夜的客场比赛，队伍应该在比赛前一天尽早去赛道踩场，了解它的难度在哪里。

了解赛道的情况能帮助选手们对比赛中出现的变化有所准备。例如，如果提前知道终点线前不远有一段400米长的上坡跑，那么选手就会在这个时间到来的时候准备好力量并集中注意力保持最佳的跑步技术。通过了解赛道，跑者还可以进行视觉化，想象自己在这条赛道上会有什么样的表现。

遵循相似的套路

在为训练课和比赛做准备时，要想提升积极的心态，优秀的跑步选手会遵循他们在以前的比赛中行之有效的套路。比如，在比赛前吃一顿既能提供充足能量又不会让胃部不适的饭。此外，开发出一套始终如一的赛前热身程序，其中也许包括固定几分钟的慢跑，做一套固定顺序的拉伸动作，或跑固定的步数。通过在训练课开始前做这些套路，选手们可以将它们牢记于心，尤其在那些模拟实战的身体和心理要求的训练。许多职业跑步选手的实践证明，始终一致的热身套路对集中注意力和避免担心比赛准备有非常好的效果。

比赛策略

史黛西是一位高水平跑步选手，她唯一的比赛策略就是从起跑就处于领先位置。在小型的对抗赛中，这种领跑策略的效果非常好，因为史黛西的实力比对手们都要强。她在起跑后就能建立很大的领先优势并一直保持到终点，即使她会在最后阶段慢下来。但是，当她在锦标赛上面对实力和身体素质都不比她逊色的对手时，这个策略往往适得其反。不管多么努力，史黛西都无法拉开与对手之间的距离。选手们拥挤在一个集团里摩肩接踵，这种不熟悉的体验分散了她的注意力，并减弱了专注度。随着比赛的进行，当她不能把其他选手甩在身后的时候，她就开始怀疑自己的实力能否赢得比赛。最终，当其他选手开始加速的时候，史黛西毫无反应——她没有最终加速冲刺的能力，因为她从来没有练习过。

史黛西的经历告诉我们，通过身体和心理素质训练开发一套久经考验并且有效的比赛策略是多么重要。成功的比赛意味着为特定的情况选择最佳策略，要考虑的因素有很多，比如其他选手的身体水平、目标、实力和策略以及天气和赛道条件（在越野跑中）。以下内容是跑步选手需要熟练掌握的策略：匀速、后程加速节奏、以时间为比赛目标、以名次为比赛目标。

格雷戈里·A. 戴尔，博士

杜克大学

北卡罗来纳州

戴尔博士是杜克大学的一位运动心理学和体育伦理学教授，并担任运动心理学和领导力项目主任。作为美国田径协会的运动心理学会成员，戴尔博士已经出版了多部著作。

青少年长跑选手最应该提高的心理素质和健康品质有哪些？——我首先想到的两个品质是洞察力和信心。我一直敬重跑步选手的敬业和自律。但是当他们的训练和比赛成绩不好的时候，要保持敬业和自律不是件容易的事情。所以，我们需要帮助青少年跑者建立对这项运动的洞察力。这意味着他们要学会把每次训练和比赛看作通往长期目标的一步。教练们需要知道的是每名选手各有不同，不要总是把他们与其他选手相比较。另一个非常关键的品质是信心。一名跑者可能在比赛前一周完成了高质量的训练，但并不一定感觉有信心。

有什么帮助青少年选手建立自信的实用方法吗？——我鼓励跑者们记训练日志，把心理历程写下来。例如，在每天的训练开始前，他们可以写下几个目标或重点提示。然后，在训练结束后，他们可以评估下是否达成了目标。通过这种方式，跑者们可以看到与成功有关的因素。然后，他们就可以依靠这些因素完成难度大的训练和比赛。这是一种建立信心的方法。教练们需要帮助跑者们明白信心不是可以从其他人那里得到的东西。他们不应该从别人那里寻求鼓励，而应该从自己内心找到信心，这样才能更有可能获得成功。

信心来自于知道自己已经做好准备。当选手们训练方法得当，膳食和睡眠合理的时候，他们就会更加自信。但是，他们需要停下来好好想想是不是做好了准备。很明显，信心也来自过去的成功，而成功的定义应该是达成过程目标，比如拥有某种心态或遵循一套比赛计划。自我对话是另一个建立自信的关键。当运动员想和一位他们尊重的队友谈话的时候，我尝试让他们与自己对话。你不会跟队友说这样的话："你的双腿迈不开，而且你本周的训练表现不佳，所以你今天的比赛成绩会很差。"取而代之的，你会把注意力集中在与比赛相关的积极因素上。最后但并不是最不重要的一条是，有的时候在成功之前，你得自欺欺人。也就是说让你自己表现得很有自信。

对想要在孩子的训练中出份力的家长，你有什么建议吗？——在训练的早期阶段，家长们就应该成为孩子的支持者，有的时候给孩子制订比赛计划，也许还要代替孩子与教练沟通。但是，到中学阶段，家长的作用应该更像是顾问。到这个时候，孩子们需要开始有主人翁意识，家长应该在孩子需要的时候提供建议。例如，如果有任何关于训练的问题，中学和高中阶段的孩子应该直接去和教练沟通。让孩子与教练和其他监护人员沟通他们的担忧会是一节非常有用的人生课程。

如果孩子征求建议，那么家长扮演教练的角色，让孩子练习与教练沟通某些问题和担忧的方法。父母们需要理解的是，如果不断质疑教练和训练计划，那么他们就会在孩子心中种下缺乏自信的种子，这一点很重要。父母们还应该让孩子们知道的是他们无条件地支持他们。他们不应该基于比赛成绩对孩子说三道四。而且当比赛成绩不理想的时候，他们应该给孩子一点私人空间。

越野跑教练如何才能激发一个强烈的团队合作精神？——给教练们的最重要的建议是花点时间建立一个团队协作的文化。他们必须把这个当作优先工作来抓。有句话说得好："没有好的文化，再好的战略也于事无补。"如果教练没有建立一个健康的团队文化，使队员们可以协同合作，彼此支持，并且为彼此负责，那么这个队伍就无法发挥他们的全部潜能。团队建设的一个好的做法是，在每名运动员背后贴一张纸，然后让队员们写下他们最敬佩或尊重彼此的东西。让选手们缺乏自信或质疑自己对团队的作用的时候，这张锁在更衣柜内的纸条就会弥足珍贵，它让队员相信自己的表现不错。还有一个方法可以教育运动员们为人要诚实并且为彼此负责，那就是让队员们两两组对，让他们告诉彼此一件他们做得不错的事情，还有一件可以做得更好的事情，以帮助队伍获得更大的成功。

以时间为比赛目标

以时间为比赛目标包括设定与调整节奏，以达到中间赛段的目标时间，以在最终目标时间内完成比赛。从青少年跑步选手开始训练的时候，他们就应该练习

熟练掌握节奏技巧

在长跑中，节奏意味着控制力量和速度以连续达成各个赛段的时间目标（也就是分段目标）。所有高水平跑者都有非常出色的节奏技巧。他们会调整自己的注意力，感受来自双眼、肌肉和关节的信号——通过这些信号了解自己跑得有多快。为了决定是否保持匀速、加速还是减速，最出色的选手会持续不断地处理这些感官暗示，将它们与自己的力度、能量水平和疲劳程度关联起来。一定程度上说，控制节奏是一个感知（或思维）技巧。例如，为了达成径赛的时间目标，选手们必须牢记每个赛段的分段时间，在听到实际的分段时间后，他们应该计算一下自己达到了还是落后了目标节奏。

两个决定节奏技巧的关键因素是年龄和经验。经过常年的尝试和犯错，大多数青少年跑者控制力度和节奏能力自然会提高。但是，考虑到这个技巧的复杂程度，要想熟练掌握，目的性强以及重点突出的专项训练还是必不可少的。

给新手们举个例子，假如他们要进行一个简单但有效的 10×100 米训练，每个间歇需要走或慢跑 100 米。我们把目标时间作为运动员完成 3,200 米的目标节奏。假如一位跑者针对这场比赛定下的赛季目标是 12 分 00 秒，也就是平均 22.5 秒完成 1 个 100 米往返。在训练课上，如果他完成第 1 个 100 米往返跑用了 24.5 秒，那么在下一个往返跑的时候，教练就要让他加快速度。如果他的第 2 个 100 米往返用时 21.8 秒，运动员就会知道可以在第 3 个往返跑稍微减慢一点速度。通过关注自己的力度和速度，将之与教练的反馈相关联，并做出调整以更持久地达成目标时间，运动员就可以提高他的节奏技巧。这种训练方法还有很多变化。例如，教练可以每 50 米作为一个分段，这样运动员就得在每个 100 米往返跑过程内调整节奏。或者，在得到教练的反馈之前，运动员可以挑战下估计自己的时间。在本书后面的内容中，我们将介绍更多提高节奏技巧的专项训练课建议。

这种策略。新手需要学会按照自己的节奏进行比赛，而不是盲目地遵循别人的比赛计划。此外，以时间为比赛目标强调出色的节奏技巧，帮助新手避免在起跑阶段速度过快或过慢。最后，只要熟练掌握这个策略，选手的心理素质就会有很大提升。当码表显示他们已经达成了自己的时间目标，或创下了一个新的个人纪录的时候，他们就能为将来的比赛积攒自信和动力。

要想以时间为比赛目标，教练和运动员需要制订一个既有挑战性又可以达成的目标时间，在制订这个目标时间时要把运动员目前的身体水平、赛季的阶段以及其他因素（比如天气）考虑在内。假如米歇尔的目标是 1,600 米跑进 5 分 24 秒，这就要求他平均每 81 秒跑完一个 400 米。如果米歇尔保持匀速，那么她的分段时间是 81 秒（400 米）、2 分 42 秒（800 米）和 4 分 03 秒（1,200 米）。从生理上说，匀速奔跑更有优势，因为它可以防止跑者起跑速度过快或过早疲劳。但是，尤其是在 800 ～ 3,000 米的比赛中，运动员在起跑阶段会非常兴奋，所以很难在第一圈保持匀速，所以米歇尔也可以这样设定分段时间：71 ～ 80 秒（400 米）、2 分 41 ～ 2 分 43 秒（800 米）以及 4 分 03 ～ 4 分 04 秒（1,200 米）。如果领先的选手完成第一个 400 米的时间是 74 秒，那么米歇尔可以让他们先跑。如果米歇尔在比赛开始阶段的速度达到目标，但是比对手们快，那么她就会处于领先位置。最重要的是，她得一边保持自己的比赛节奏，一边还得关注对手在做什么。

以时间为比赛目标还有另一个方法，那就是后程加速，也就是说比赛后半段的速度要比前半段快。从生理上说，这是个行之有效的策略，因为它可以让选手避免过早疲劳。从心理上说，后程加速是一个淘汰赛策略，尤其是在较长距离的比赛中，没有经验的选手在起跑阶段会跑得过快，随着比赛的进行，他们的速度会急剧减慢。采取后程加速策略的运动员可以在后半程追上对手，每超越一位选手，他就会获得信心。

如果你研究一下专业长跑选手创纪录的分段成绩，你就会发现他们往往在前半段保持匀速，然后在快到终点的时候开始加速。图 4.1 是一个好例子，它展示了埃塞俄比亚选手凯内尼萨·贝克勒的 1 千米分段时间，他在 2004 年创造了男子 5,000 米世界纪录。贝克勒完成比赛的时间是 12 分 37 秒 35，平均 2 分 31 秒 47 完成 1 千米。从第 1 千米到最后 1 千米，贝克勒的分段时间分别是 2 分 33 秒 24、2 分 32 秒 23、2 分 31 秒 87、2 分 30 秒 59 和 2 分 29 秒 42。注意，他每千米的分段时间都比前 1 千米快，而且第 1 千米和第 5 千米之间的时间仅相差 3.8 秒。如果你在网上看过这场比赛的视频，你会发现贝克勒每跑完 1 千米就会变得更有动力和能量。针对较长距离的田径比赛，他的节奏策略是青少年选手可以模仿的完美模板。

不过，以时间为比赛目标还有一个重要的告诫：选手们必须灵活变通，即使需要在比赛中途放弃这个计划。想象一下这样一个场景，一位选手在比赛开始阶段保持了完美的节奏，紧紧跟在领跑者后面，而且感觉越来越好。当领先的选手们开始加速的时候，这名选手就必须决定是保持目标节奏还是跟上领先的选手。如果他彻底无视对手并只关注自己计划好的分段时间，他可能错过一个挑战自己获得重大突破的良机。当他在比赛中段感觉良好的时候，他也许可以试验一下忘记分段时间，并专注于比赛。但是，他必须牢记于心的是，在大多数情况下，当选手在前半段保持良好节奏的时候，他会在比赛的末段感觉最好。

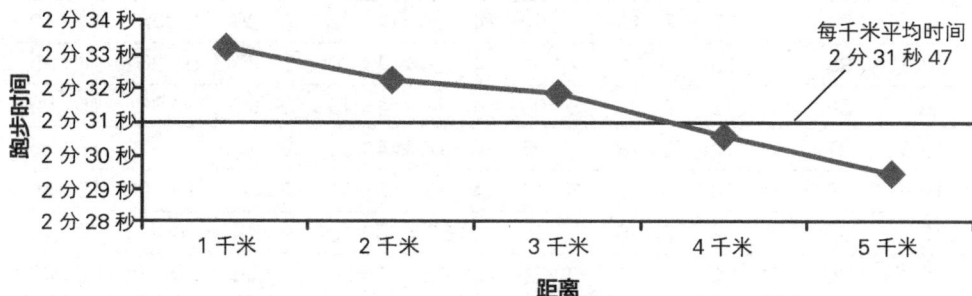

图 4.1 凯内尼萨·贝克勒于 2004 年 5 月 31 日在荷兰亨格罗
创下 5,000 米世界纪录时的 1 千米分段时间

有关节奏技巧，青少年跑者不会自学成才。教练们必须教会他们这些技巧，然后对他们进行训练以强化这些技巧。作为第一步，选手们应该学会对比赛进行分段，以达到他们的目标时间。教练们可以参照表 4.2 制订一个节奏图标，然后考察运动员，确保他们牢记自己的分段时间。在第 8 章中，我们会谈到如何将提高节奏和策略技巧的训练方法整合到专门针对比赛的训练课中，比如有氧和无氧间歇训练。

以名次为比赛目标

以时间为比赛目标和保持匀速并不总是有效的比赛策略，尤其在越野跑比赛中更是如此。取而代之的，有的时候最好的策略是以某个名次为比赛目标。假如布拉德的目标是进入越野跑比赛的前 25 名。布拉德得了解赛道的要求，然后对每个分段用多少努力程度进行规划。在比赛过程中，他必须根据自己相对于对手的位置衡量是否达成了目标。如果布拉德处于领先集团内，并且感觉速度太快，他就得需要慢下来。或者，到比赛中段的时候，他发现自己排在 50 名

表 4.2　节奏图表

单位：米									
100	200	400	800	1,000	1,500	1,600	3,000	3,200	5,000
:15	:30	1:00	2:00	2:30	3:45	4:00	7:30	8:00	12:30
:15.5	:31	1:02	2:04	2:35	3:52.5	4:08	7:45	8:16	12:55
:16	:32	1:04	2:08	2:40	4:00	4:16	8:00	8:32	13:20
:16.5	:33	1:06	2:12	2:45	4:07.5	4:24	8:15	8:48	13:45
:17	:34	1:08	2:16	2:50	4:15	4:32	8:30	9:04	14:10
:17.5	:35	1:10	2:20	2:55	4:22.5	4:40	8:45	9:20	14:35
:18	:36	1:12	2:24	3:00	4:30	4:48	9:00	9:36	15:00
:18.5	:37	1:14	2:28	3:05	4:37.5	4:56	9:15	9:52	15:25
:19	:38	1:16	2:32	3:10	4:45	5:04	9:30	10:08	15:50
:19.5	:39	1:18	2:36	3:15	4:52.5	5:12	9:45	10:24	16:15
:20	:40	1:20	2:40	3:20	5:00	5:20	10:00	10:40	16:40
:20.5	:41	1:22	2:44	3:25	5:07.5	5:28	10:15	10:56	17:05
:21	:42	1:24	2:48	3:30	5:15	5:36	10:30	11:12	17:30
:21.5	:43	1:26	2:52	3:35	5:22.5	5:44	10:45	11:28	17:55
:22	:44	1:28	2:56	3:40	5:30	5:52	11:00	11:44	18:20
:22.5	:45	1:30	3:00	3:45	5:37.5	6:00	11:15	12:00	18:45
:23	:46	1:32	3:04	3:50	5:45	6:08	11:30	12:16	19:10
:23.5	:47	1:34	3:08	3:55	5:52.5	6:16	11:45	12:32	19:35
:24	:48	1:36	3:12	4:00	6:00	6:24	12:00	12:48	20:00
:24.5	:49	1:38	3:16	4:05	6:07.5	6:32	12:15	13:04	20:25
:25	:50	1:40	3:20	4:10	6:15	6:40	12:30	13:20	20:50
:25.5	:51	1:42	3:24	4:15	6:22.5	6:48	12:45	13:36	21:15
:26	:52	1:44	3:28	4:20	6:30	6:56	13:00	13:52	21:40
:26.5	:53	1:46	3:32	4:25	6:37.5	7:04	13:15	14:08	22:05
:27	:54	1:48	3:36	4:30	6:45	7:12	13:30	14:24	22:30
:27.5	:55	1:50	3:40	4:35	6:52.5	7:20	13:45	14:40	22:55
:28	:56	1:52	3:44	4:40	7:00	7:28	14:00	14:56	23:20
:28.5	:57	1:54	3:48	4:45	7:07.5	7:36	14:15	15:12	23:45
:29	:58	1:56	3:52	4:50	7:15	7:44	14:30	15:28	24:10
:29.5	:59	1:58	3:56	4:55	7:22.5	7:52	14:45	15:44	24:35
:30	:60	2:00	4:00	5:00	7:30	8:00	15:00	16:00	25:00

　　每行显示围绕标准赛道进行节奏跑所用的分钟数与秒数。

开外，而且感觉良好，那么他就得加快节奏。随着比赛的进行，他可以从教练那里得到自己排名的反馈，然后进行调整，以确保在进入最后一圈的时候留下的能量太多或太少。

以第 1 名为比赛目标

以第一名为比赛目标的选手可以选择一种比赛策略，比如前程领先、中段加速和后程冲刺。第一个策略是前程领先，这是一把双刃剑——它可以通过动摇对手的信心和心气把他们甩在身后，但是如果使用不当，它也会让前程领先的跑者被对手追上。前程领先的跑者必须拥有极佳的身体素质，并自信自己能在整个比赛中保持领先。另一个选择是采用中段加速策略，采用这种策略的跑者会逐渐加快速度，以动摇并击溃对手的信心。选手开始加速的时机必须选在对手措手不及的时候，让他们认为她正在控制比赛。

另一个策略是后程冲刺。出色的冲刺选手会隐藏在一群人内，利用其他选手的能量和动力完成前半段。然后，在最后阶段，他们利用自己的体能和速度从对手中间脱颖而出。选手们应该练习在离终点线不同距离的地方开始冲刺。例如，针对缺乏基础速度的跑者，他可以从离终点线 400 ～ 600 米的地方开始冲刺。速度出众的跑者可以等到离终点线 100 ～ 200 米的地方才开始充满爆发力的冲刺。

不断地实践是熟练掌握比赛策略的关键。如果不能根据不同比赛情况采取合适的策略，跑者就只能在最适合自己的条件下才能取得好成绩，限制了他们的发展。此外，在每场比赛中都是用相同的计划会让他们感到厌倦，并限制他们的比赛动力。如果擅长多种比赛策略，跑者就有潜力在每次比赛中取得佳绩，而且经常尝试不同的比赛方法也是件很有意思的事情。

大步向前

长跑选手必须具备良好的心理素质才能充分发挥潜能。心理素质的要素包括意志力和动力、自信、灵活的注意力方式以及节奏和策略技巧。但是，最重要的一点是：心理素质可以通过训练得到提高。心理素质的提高依赖于精心计划的训练以及比赛经验的积累，仅仅调整身体的生理系统是不够的。确实，每次训练课对心理素质和身体素质应该同等重视。当我们在第 2 部分详细介绍训练设计的时候，我们会给出许多种整合心理素质训练的方法。首先，让我们先谈谈一个更加重要的基础课题：跑步技术，也就是跑步姿势。

第 5 章

跑步姿势基础

扫码看专家为你解读
跑步后如何高效恢复

在大多数运动中，运动员都会把大量训练花在提高技术上，也就是做技术动作的最佳姿势。习惯用右手的高尔夫球手会努力在挥杆时让左臂保持笔直，篮球运动员会花大量时间练习跳投中的随球动作，跳高运动员会通过专项技术训练练习他们的过横杆技术。跑步技术对长跑选手非常重要，因为它会对能量消耗和伤病风险造成很大影响。但是，在设计训练计划的过程中，许多教练没有充分重视跑步技术。一个常见的误解是，跑步与其他"技术类"运动不同，因为它的动作模式是"与生俱来的"，而且不能通过学习和练习进行改善。在本章中，我们不仅要说明为何跑步姿势很重要，还会给出改善它的要点，帮助跑者达到更好的成绩并预防伤病。

良好的跑步姿势 = 好成绩

想象你自己正在一个 400 米田径跑道上进行一场 3,000 米比赛。你正在跑过弯道，并来到直线跑道上。从技术角度上讲，你的目标是在下一个 100 米中保持目标速度，并尽可能消耗最少的能量。为了到达下一个弯道，你最有效的路线是沿着直线跑，也就是沿着田径赛道上的跑道线跑。所以，为了达到最高效率，你的整个身体必须前倾，你的四肢——包括双脚、小腿、大腿、双手和双臂——必须朝正前方移动。现在想象一下，出于某些奇怪的原因，你决定向后退几步。为了做到这一点，你需要把整个身体完全停下，然后开始向后踏步。在发现向后跑不是正确的方向后，你再次停下脚步，然后重新向前加速。在接下来的 30 米，你不知道为什么想沿着之字线前进。所以，你开始突然往两侧变向，每次穿过 3~4 条跑道。当然，这是一个极端的例子，在真实比赛中不会出现。但是它说明了一个道理：朝错误的方向移动会减慢跑者的速度，而且会浪费宝贵的能量。在 3,000 米比赛的过程中，选手得迈出数千步。每个错误方向上的微小动作可能累积起来影响成绩。

为了进一步证明跑步姿势的重要性，让我们来看看没有经验的青少年跑者经常犯的两种错误的后果：过大的跨步和布偶式的摆臂。这两种错误动作都会增加跑步的能量消耗，加快导致疲劳的生理过程（比如糖原耗尽和乳酸堆积），从而对跑步成绩产生负面影响。当脚掌着地点离重心距离过远的时候，跨步就会过大。重心是万有引力将身体拉向地面的最集中点。跑步选手的重心就位于骨盆中点上方。在步幅过大的情况下，前脚对身体有支撑和制动作用（见图 5.1）。尽管不会达到停止和后退的程度，但是这个动作会让跑者向前的势能停止，并让肌肉消耗过多的能量才能重新加速将身体推离地面。在本章后面的内容里，我们会提供帮助跑者纠正步幅过大这类错误的建议。

正如它的名字所暗示的，布偶式摆臂指的是朝所有方向松垮地摆臂。由于青少年跑者的躯干、腹部和腰部肌肉缺少核心肌肉力量，他们的手臂摆幅往往会越过身体的中线，导致上肢扭动。虽然这种错误姿势比不上突然跑到别的跑道上那么糟糕，但是这种适得其反的动作也会消耗大量能量。通过核心肌肉力量训练和专项练习（将在本书后面的内容中介绍），青少年选手可以纠正布偶式摆臂的错误，由此提高他们的比赛成绩。

图 5.1　步幅过大是一种浪费能量的错误跑步技术

技术和伤病预防

　　除了提高跑步经济性和成绩之外，良好的技术对预防伤病也是必不可少的。每迈一步，跑者的身体就要承受自身体重 2~3 倍。考虑到奔跑迈步的重复性，错误的动作模式会对肌肉、骨骼、肌腱和韧带造成很大压力。一个恰当的例子是步幅过大。正如图 5.1 所示，在步幅过大时，首先触地的部位是脚跟。就在脚跟着地的那一刹那，撞击力会像震荡波一样传递给小腿骨骼和关节。突如其来的制动和震击动作会向膝关节的髋关节传递一股强大的力量，导致它们受伤。

　　当不良的跑步技术加上结构异常（尤其是脚、胫骨、大腿骨和骨盆错位）的时候，受伤的风险就会特别高。当腿骨在垂直方向上不是直线的时候，骨骼两侧的肌肉受力不均匀，导致关节或结缔组织受伤。扎实的跨步技术可以帮助确保肌肉群或关节结构不会过度受力。

　　为了让你理解结构异常和技术错误是如何导致伤病，让我们来看一下脚和小腿在着地那一瞬间的生物力学（见图 5.2）。在正常的着地过程中，脚掌会内翻，也就是在踝关节处向内旋。轻微的内翻是有好处的，因为它可以降低整只脚离地面的高低，有助于缓解冲击力。但是，过度的内翻会让脚和小腿不对齐（见图 5.2b）。这会给支撑踝关节和膝关节的脚弓、跟腱和结缔组织施加压力。扁平足、足弓较低、膝外翻和踝关节脆弱的选手往往会过度内翻，造成受伤的风险，比如脚和胫骨的应力性骨折、足底筋膜炎（足弓疼痛）、跟腱炎和跑步膝。

　　在脚掌着地时的另一个生物力学缺陷是过度外翻，也就是脚向外旋（见图 5.2c）。在正常的落地过程中，旋后在内翻之后发生，它让脚部进入一个大力推进的姿态。在落地那一刹那，有的跑者不让脚先内翻吸收冲击力而直接外翻。这

图 5.2　脚掌着地部位：（a）正常，（b）过度内翻，以及（c）过度外翻

会给踝关节、膝关节和髋关节的侧面造成过度压力。而外翻过度的跑者则会遭受很多伤病，比如髂胫束综合征（膝关节和髋关节外侧疼痛）、跟腱炎和小腿肌肉拉伤。

从很大程度上讲，骨骼和关节结构是先天的。对结构异常的跑者来说，改善跑步技术可不是改变四肢动作模式那么简单。反而，这些运动员可能需要特殊的跑步装备和训练方法。以扁平足而且内翻的跑者为例。他们可以选择一双支撑足弓的动作控制跑鞋，防止脚向内翻。为了避免受伤，过度内翻的跑者可能需要矫正鞋垫，这种鞋垫用缓震材料制成，能够引导脚掌进入最有效和压力最小的动作模式。双腿不完美对称的跑者可以通过进行特殊的拉伸和强化训练提高他们的技术并降低受伤风险。我们会在第 6 章介绍一些这种训练方法。对父母来说，如果你的孩子有严重的结构不对齐和关节不稳定，那你应该咨询运动医生，获取有助于避免受伤的跑步装备和训练方法的进一步指导。

分解复步周期

稍等片刻，我们会给你介绍 10 个技术秘诀。要想在训练课中运用这些秘诀，教练们需要善于分析跑步时的跨步。复步的两个主要阶段是触地和摆腿。触地阶段由脚掌着地时的动作组成，而摆腿阶段由两条腿都离地并且身体处于空中时的动作组成。为了讲解这两个阶段，我们在图 5.3 中对 4 张照片进行了编号，这些照片展示了一位跑者的半个复步周期，从右脚掌落地开始，到左脚掌离地结束。

当脚掌接触地面的时候，触地阶段开始，当脚掌做出推进动作把身体推离地面时，触地阶段结束。触地阶段可以分解为落地、半支撑和离地 3 个子阶段（见图 5.3a）。在观察一个处于落地子阶段的跑者时，教练应该把注意力集中在脚掌着地部位以及踝关节、膝关节和髋关节等屈曲程度上（也就是弯曲程度）。在评估脚掌着地部位时，教练应该查看跑者是中性着地，或她是否内翻还是外翻（从跑者身后拍摄的视频非常有必要），从侧面可以观察跑者是不是步幅过大。在另一个对落地分阶段的评估中，教练需要观察在腿部关节在脚掌着地一刹那的弯曲程度，以评判跑者的臀部在落地时是否降得过低，这是青少年跑者比较常见的技术错误。

在落地之后，臀部会立刻位移到脚前方，离地分阶段开始。发力腿蹬地产生的向后和向下的力量把身体推向前和向上（见图 5.3b）。在这个子阶段，教练的注意

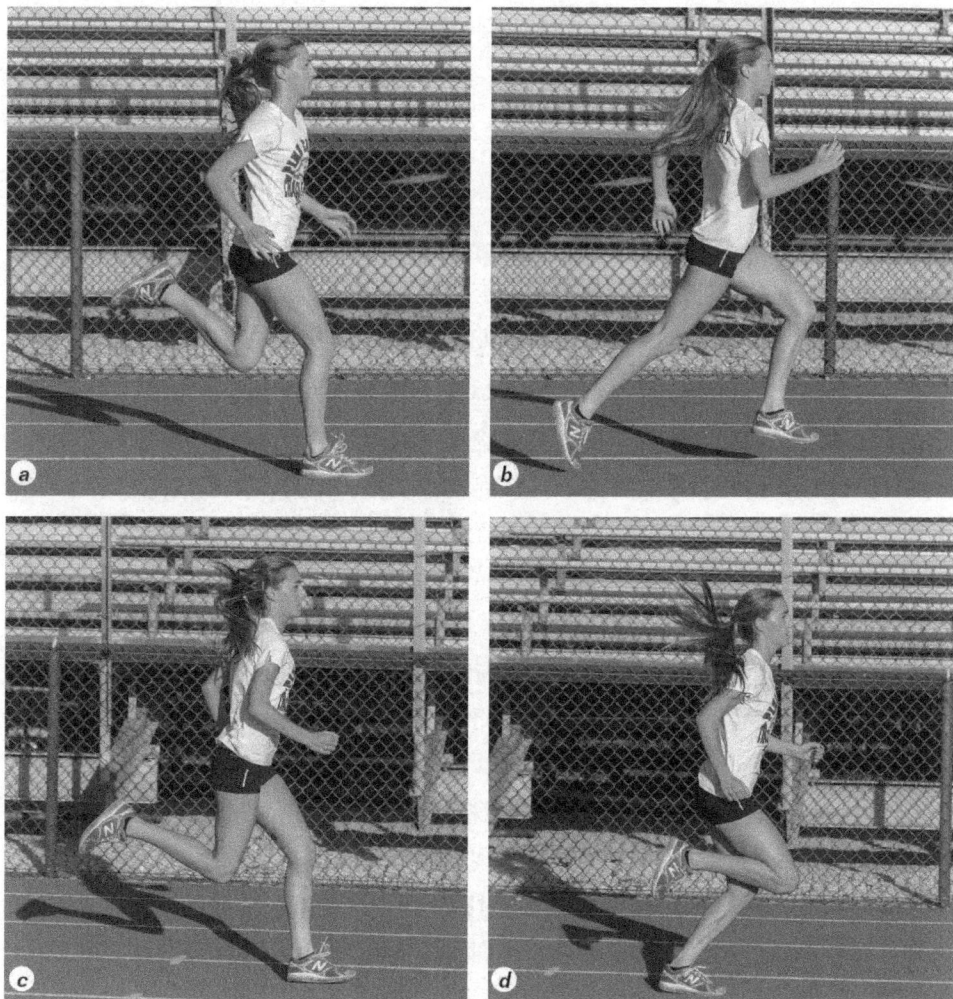

图 5.3　复步周期的阶段 (a) 落地，(b) 离地，(c) 跟进和 (d) 前摆

力应该指向跑者的踝关节、膝关节和髋关节，以评估这些关节的拉伸程度，也就是伸直程度。随着速度的加快，这些关节的拉伸程度应该更大，以产生更大的推进力。

在离开地面后，为下一次落地做准备的摆腿阶段开始了。这个阶段可以按先后次序分为 3 个子阶段：跟进、前摆和落地。图 5.3c 展示了右腿蹬离地面后的跟进阶段。

在离地后的一瞬间，伸直的腿应该在膝盖部位弯曲，使这只脚保持与身体之间的近距离，在跟进那条腿上产生一个短杠杆。在前摆阶段（见图 5.3c 和图 5.3d），脚掌应该向前移动，并朝臀部上摆。在前摆阶段结束的时候，根据跑步速度调整适当的膝盖高度。较高的膝盖位置可以增加步长，提高跑步速度。在膝盖达到最高点后，落地子阶段开始。在这个动作中，大腿快速下降，膝关节几乎不做任何动作。

技术秘诀

有没有一个所有跑者都可以模仿的理想跑步姿势？在大多数专家看来，这个问题的答案是"没有"。为了证明这点，下次你观察处于同一个集团内的顶尖长跑选手的时候，注意观察他们各有千秋的跑步技术。比较和对比他们上肢的姿态、步长、膝盖抬起的高度以及他们摆臂的幅度。你就会发现高水平跑步选手的技术特点千差万别。事实上，为了模仿某种理想的跑步姿势而激烈地改变自己的技术特点可能会让某些跑步绩效更差，比如跑步经济性。但是，大多数高水平跑者确实有一些能带来更好成绩并降低受伤风险的共同特点。在为青少年跑者制订训练计划时，教练们应该把有助于提高这些特点的训练方法包括在内，以下是我们强调的 10 条技术秘诀。

1. 放松在跑步动作中不活跃的肌肉。就像棒球教练指导球员盯住球、高尔夫球教练建议运动员把头低下一样，越野跑和田径教练往往会让长跑选手放松。但是，如果教练们不把道理说明白的话，疲惫不堪的跑者会很容易把这个提示误解为让他们减慢速度。他们可能放松全身的肌肉，包括产生推进力的手臂和腿部肌肉。如果跑者全身放松，他们腿部肌肉产生的收缩力就会减小，步幅会缩短，步频降低，速度减慢。对跑者来说，缓解对跑步动作毫无裨益的肌肉紧张非常重要，因为这些肌肉的进展会产生反作用。同时，他们必须让主要的运动肌肉保持高水

使用录像评估跑步技术

对跑步技术中的优缺点进行评估很有挑战性，因为奔跑牵涉到如此多的身体部位同时快速移动。观察到步幅过大和踝关节伸张不足等错误技术的难度很大，因为它们都是在电光火石间发生的。对这个难题的解决方法是使用录像机把技术训练课、间歇训练和比赛录下来。一部智能手机的摄像头就能达到这个目的。例如，在间歇训练的恢复阶段，教练和跑者可以慢放视频，在复步周期的关键节点暂停。在识别到可以改善的姿势后，运动员可以随着训练的进行做出必要的调整。

给父母们的建议

　　和团队里的任何其他人相比，最应该对跑鞋有所了解的或许是青少年跑者的父母。可供选择的跑鞋品牌非常多，而且价格可能非常昂贵，父母们自然而然地对孩子的跑鞋的关键功能了如指掌。以下是几条建议，指导父母们为他们的孩子找到最适合的跑鞋，以跑出最好的成绩并减少受伤的概率。

- **在买跑鞋之前先做好功课**

  有关跑鞋的学问很大，一本书都写不完。了解跑鞋知识的最佳教材是《跑者世界》杂志，它定期介绍新上市的跑鞋。在它的网站上，《跑者世界》的一些文章和工具可以帮助跑者挑选适合自己特点的跑鞋，比如体重和脚型。在美国足科医学协会和美国足科运动医学学院的网站上，你也可以找到其他很棒的学习资源。

- **找一家口碑好的跑步装备店**

  如果你家附近有家专营跑步装备的店，你就可能碰见专业的店员，能够给你答疑解惑，并向你提供有关跑鞋的建议。最专业的跑步装备店会备有跑步机和视频设备，可以让你进行生物力学分析，指导你挑选跑鞋。你可以在跑步专卖店花更多的钱买到更好的跑鞋，享受最好的质量、建议和服务。

- **准备好购物**

  如果你准备前往本地的一家跑步装备店购物，让你的孩子带上一双现在穿的跑鞋。店员可能会根据这双跑鞋的特点给你提出建议。记住把孩子在跑步时候穿的袜子、鞋垫和矫正鞋垫也带上。

- **询问产品的功能**

  专家建议在 300 ~ 500 英里后更换跑鞋。所以，平均每周跑 30 英里的青少年跑者每年需要 3~5 双跑鞋。假设一双不错的跑鞋可能花费 100 美元或更多，你就能理解明智地购物有多么的重要了。在你付钱买一双跑鞋之前，可以问店员以下关键问题：这双鞋的设计与你的孩子的脚型是否相符？鞋底的耐磨性如何？它的抓地力如何？孩子是否需要缓震的鞋底夹层？在鞋底夹层失去缓震效果之前能跑多少英里？你的孩子需要的是一双控制型跑鞋，还是一双"极简风格"的跑鞋？（在本章后面的内容中，注意看侧边栏上有关光脚跑的辩论。）

- **挑选舒适与合适的尺寸**

  在这个时代，跑鞋品牌的营销广告和同龄人的炫耀会影响青少年跑者的购买意愿，使他们去买最时尚的跑鞋。当然，对父母来说，跑鞋的时尚与否并不是优先考虑的因素父母优先考虑的清单。在买跑鞋时，确保让你的孩子多试几双，然后在店里试着跑几步进行对比。感觉一下跑鞋是不是太紧、有刺痛感或摩擦脚面，确保脚掌不会前后滑动，甚至脱脚。专家建议最长脚趾和鞋尖之间的空隙应该是大约半英寸，或者成人食指的宽度。

平的收缩张力。所以，教练在指导跑者放松时，应该详细说明让哪部分身体放松，比如肩部和双手。

2. **让上身基本保持直立，两肩放平，目视前方。** 良好的跑步姿势特点是：稳定、笔直的上身，不要有任何浪费能量的转动和摆动动作。在良好跑步姿势中，上身略微前倾，双肩放平，这样双臂才能自由地摆动以抵消、髋部旋转产生的力量。头部保持水平，不要摆头或摇头，双眼目视前方 20 ~ 30 米处。要想保持良好的身体姿态，最重要的因素之一是核心力量，也就是为髋部和脊柱提供支撑的腹部和背部肌肉力量。此外，保持良好姿势还需要坚定的意志力，以避免无精打采和过度的上身动作。如果跑者显得无精打采，为了帮助他们专注于跑步姿势，教练们可以提示他们将双肩后拉，就好像被一根系在头顶的绳子往上拉一样。

3. **让摆臂和迈步方向与身体的前进方向一致。** 为了保持身体平衡并抵消旋转力，手臂动作应该与步伐保持协调。图 5.4 展示了良好的手臂动作的重要性。当跑者的右腿膝盖抬到身体前方的时候，臀部会自然地从右向左旋转。为了抵消因抬高右膝导致的臀部旋转动作，左臂需要前摆，让上身保持稳定。当左臂与右腿保持同步的时候，跑者就能保持平衡，反之亦然。在对摆臂动作进行评估时，将注意力集中在摆臂动作发生的部位。为了将上肢的不必要动作幅度降到最小，应该让双臂自然地在肩关节处摆动，而不是在肘关节处开合，摆动的幅度应该保持在大约 90 度。跑者还应该专注于摆臂动作的方向和幅度。尽管双手可能轻微超过身体前方，但是不应该穿过那条分隔左右半身的假想垂直线。最佳的摆臂幅度要视跑步速度而定。跑步速度快时，双臂应该剧烈摆动：在手臂后摆时，手掌应该越过臀部；手臂上摆时，手掌甚至应该与肩齐平。

图 5.4 正确的上肢姿态和摆臂动作能够提高跑步效率

在脚掌离地的那一刹那，以及离地子阶段的过程中，脚尖应该指向正前方，而不是朝内或朝外。对天生内八字或外八字脚的跑者来说，让他们的双脚指向正前方可能很难。尝试改变这些运动员的落脚点可不是什么好主意，因为它可能导致膝关节和髋关节因扭曲而产生痛感。当改变跑步技术会导致关节疼痛时，最好还是让跑者使用自己感觉最舒适的姿势。

4. 适应你自己的天然步长和步频。除非跑者很明显地步幅过大或者过短，或者不断改变步频，他们就不应该有意识地在匀速奔跑的时候改变他们的步幅。随着训练和经验的积累，大多数跑者会自然而然地选择一个能让他们获得最佳成绩的步长和步频。但是，教练们应该仔细观察跑者在中段加速和后程冲刺阶段加速的方式。针对青少年跑者的比赛距离，在一般情况下，加速的最佳策略是通过在离地子阶段产生更大的推动力，有意识地增加步长。要想熟练掌握这个技术，跑者需要接受增强力量、柔韧性和神经肌肉技巧的训练。在第 6 章中，我们将接

乔伊·迪查理, PT, SCS

俄勒冈州

乔伊·迪查理是一位国际知名专家，专门分析跑步和其他运动的生物力学。作为活跃的临床医生和研究者，迪查理曾执教过多名国内外的运动员。他是美国田径教练教育项目的一名指导员，还是《像运动员一样奔跑：解锁您的健康、速度和伤病预防潜力》一书的作者。在他与长跑选手的独特共事方法中，迪查理旨在识别、纠正并控制身体姿势中的不平衡，以改善成绩并避免伤病。

影响青少年长跑选手的跑步姿势和训练需求的发育因素有哪些？——教练员尤其要对青少年的快速生长发育了如指掌——在这个阶段，青少年运动员的四肢会经历一个快速生长期。他们现在拥有了长手长脚，但是肌肉和肌腱的发育还要过段时间才能赶上来。在这个过渡阶段，一定要避免让身体过载，这很重要。训练应该专注于保持身体健康，让它以适当的方式适应训练。只要你保持适当的训练量，对身体的压力就会降到最低。所以，对处于快速生长发育的青少年来说，我们需要强调适当的身体控制和运动模式。

在你看来，青少年跑者常见的错误姿势有哪些？——有两个常见的问题，分别是步幅过大和身姿不笔直。在步幅过大的错误中，脚掌着地距离太远，往往导致膝盖受伤。要想纠正这个问题，只需要让脚掌着地时更靠近身体。多年来，这条经验法则百试不爽。作为一条避免步幅过大的提示，我会让跑者想象他们正在冰面上跑步，这样他们就会自然地缩短步幅。人们经常讨论脚掌的哪个部位应该率先着地——是脚跟、脚掌中段、还是前脚掌。实际上，没有证据表明任何一种着地模式比其他模式更好。但是为了提高成绩和减少受伤风险，关键是让着地点靠近身体——在保证你的跑步速度的情况下尽可能地靠近身体。

另一个大问题是身姿不笔直。在快速生长发育期，许多孩子的身体姿态不佳。主要原因是他们没有足够力量让他们的身体保持笔直。所以，他们的腰部会弯曲或伸长，他们的重心会后移。事实上，正是这个姿态导致了步幅过大。当孩子在比赛的末端感觉到疲惫时，步幅过大尤其明显。当你发现跑者弓背时，表明身姿发育已经被忽视了。对跑者进行调整，让他们拥有更笔直的身姿，这意味着帮助他们培养意识和出色的核心力量。孩子们需要了解良好的身姿和不良的身姿之间的差别，这样，当他们感到疲劳时就知道如何纠正他们的身姿了。不论何时，你都应该保持一个良好的身姿。

控制上肢姿态和摆臂动作的关键有哪些？——当你发现青少年跑者的上肢姿势不佳时，它往往不是由上肢本身导致的。反而，这是由下肢缺乏稳定导致的。一般来说，如果跑者的摆臂幅度过大，代表他们下肢横向上失去平衡。如果双臂在身前交叉，往往代表跑者的臀部或双脚的旋转不平衡。在你纠正下肢不稳定的问题后，上肢动作就能得到改善。拿一个双臂在身前交叉摆动的跑者举例。实际的问题可能来自较差的前足部控制力或双脚缺乏稳定性。跑者的着地点可能离脚内侧太远，导致足弓下压。然后，这会导致膝盖朝内侧下落，导致臀部和脊椎过度旋转。下肢旋转是导致双臂交叉摆动的原因。

教练们怎么才能识别出会导致不良跑步姿势的身体控制错误？——可能导致错误动作模式的因素有许多。因此，需要评估每名跑步选手以找出导致不良姿势的原因，这至关重要。如果你发现了这些问题，你就知道如何纠正他们。我建议进行一系列测试。例如，为了评估脚部控制，让跑者单脚站立。观察他们在单脚站立时的表现。着地的是脚内侧还是脚外侧？又或者脚掌转向外侧？他们是否因为不能很好地掌控大脚趾而左摇右晃？或者，脚掌是否因为缺乏力量而时常往内下压？针对以上两类问题，我们需要教会跑者如何让前脚掌和脚后跟在地面上保持稳定。要做到这一点，他们需要提高意识并重新调整对双脚的控制力。

我还建议做一次竖直按压测试，让运动员站立，然后由你轻轻地按压他的双肩。在你向下按压双肩的时候，如果背部弯曲，那说明跑者的站姿过于挺直。实际上，跑者能够感受到背部弯曲，这对纠正身姿问题非常重要。他需要将脊柱调整到中间位置，也就是确保胸腔在骨盆正上方。要做出这个调整，我会指示跑者们让他们的肋骨往下降。这样，他们的重心会往双脚的中部移动，而不是脚的后部。这个方法强调的是身体意识和控制，而不是姿势。把注意力集中在姿势上，而不是影响姿势的那些因素，有时候会不得要领。

受有助于改善这些素质的关键方法。

5．将下沉和上弹幅度降到最低。 在跑者的脚掌接触地面并且当身体移到身体前方时，教练应该仔细观察跑者的头部和臀部。这些部位是否在整个触地阶段始终保持相同的高度。还是像船锚一样上下跳动。臀部下沉反映了一个重大的技术错误：膝关节和踝关节的过度屈曲。在脚掌着地的那一刹那，当髋部下沉并且腿部关节下压时，肌肉必须花费大量的能量才能纠正向下的动作并重新把身体往上推起。导致这种下沉的原因是腿部无力、缺少神经肌肉技巧，或二者皆有。正如你在接下来几个章节将学到的，跑者们可以通过力量训练纠正这个错误，比如循环训练和负重训练，以及对脚掌着地时的腿部动作的专项技术练习，提高快速和有力的蹬伸。

教练还应该观察跑者的头部和髋部是否有过度的上下跳动。当腿部在离地分阶段对地面施加过大的竖直方向的力时，这种现象就会出现。通过技术练习，可以让上下跳动比较严重的跑者将向下的力更多的向后的推进力转变。

6．当奔跑速度较快时，用脚掌中部或前脚掌着地和离地。 脚掌着地的部位决定了跨步是否高效。首先触地的脚掌部位要视奔跑速度而定。随着速度加快，脚掌着地的部位应该越来越靠近跖骨球，也就是有厚肉的脚趾连接的骨骼结构。在距离较短和速度较快的间歇训练中，最佳的跑步技术是让着地部位接近跖骨球。然后，整只脚会自然地在一瞬间下降到地面，在此期间会发生轻微的内翻并减震。在离地子阶段，脚掌中部和前脚掌着地的跑者会用脚掌前部发力将身体推离地面。

最优秀的跑者一般是用脚掌中部和前脚掌着地的。这就是为何你经常听见教

光脚跑辩论

当我们在写这本书的时候，跑步界、科学界和医学界正在进行一场有关跑鞋和跑步姿势的激烈辩论。广为人知的是，辩论的一方是支持穿鞋跑步，另一方提倡光脚跑步，两方对哪种选择更利于预防受伤和提高成绩各执一词。辩论的话题还包括所谓的极简主义跑鞋，也就是薄橡胶鞋底的跑鞋用来保护脚掌，并且只有少量或没有缓震或脚掌中部支撑。

光脚跑步的支持者们认为人类在几百万年的进化过程中都是光脚跑步的。在 20 世纪 70 年代以后，长跑选手才开始穿高跟、刚性足弓支撑和缓

震鞋底夹层的跑鞋进行训练。光脚跑者们认为，这些功能才是导致受伤的元凶，因为它们会使双脚和双腿的肌肉退化，造成不良的跑步姿势，并抑制保持稳定和保护足部关节所需的感官回馈。相比之下，支持穿鞋跑的跑者们认为现代训练跑鞋的高鞋跟和缓冲夹层能通过在高冲击力下保护双脚和双腿，从而减少受伤。此外，他们还认为跑鞋的设计目的就是为了稳定足部和下肢以纠正可能导致受伤的身姿不正。

这场辩论吸引了多个领域的顶尖科学家们的注意，包括人类学、生物学、运动生理学、生物力学和运动医学。所有人都同意这是个相当复杂的问题，不是简单能说清楚的。而且就像鞋码一样，单一的答案并不适用于所有跑者。专家们告诉我们不管是支持还是反对光脚跑，都得考虑一些非常重要的因素，比如跑步姿势，尤其是脚掌着地的方式。用哈佛大学科学家丹尼尔·利伯曼的话说，"跑者的跑步方式可能比穿不穿鞋更重要，但是穿鞋与否也许会影响跑者的跑步方式。"（Lieberman, 2012.p.64）。

研究和观察表明，在穿传统训练鞋的时候，大多数跑者是用脚后跟着地的（Hasegawa et al., 2007；Larson et al., 2011）。也就是说，他们的脚后跟先于足中段着地。相比之下，大多数光脚跑者是用脚前掌着地的，他们的跖骨先于脚后跟着地。为什么光脚跑能促进脚前掌着地呢？要找出这个问题的答案，你可以脱掉自己的跑鞋，然后用脚后跟着地的方式在硬地上跑一段试试。很快，你的踵骨就会感到剧烈疼痛，你的踝关节和膝关节还会感到震击。所以，像其他光脚跑者一样，你也许会自然而然地过渡到用更靠近前脚掌的部位着地。在前足部着地的过程中，作为顺应脚和小腿带来的结果，有技巧的光脚跑者往往不会在落地时感到疼痛。

光脚跑和穿鞋跑过程中脚掌着地的差异与受伤风险有多大关系呢？要回答这个问题，我们得把跑步过程中双脚着地时身体吸收的力考虑在内。在后足部着地时，在着地的那一刹那就会突然产生一股来自地面的反作用力。即使穿着抬高的鞋跟并且有缓震鞋底，这股震击力会从脚跟传递给腿部，给骨骼和关节造成压力。在前足部着地时，受力曲线更加平滑——在落地后受力不会急剧增大。正如我们假设的一样，光脚跑会促进足前部着地，因为这有助于减小最大冲击力，并从而让腿部骨骼和关节不用重复地受到可能导致伤病的过度压力。

另一个有趣的观察是，比起穿鞋跑，光脚跑的步长往往更短。较短的步长和较快的频率同样是足前部着地的特点，脚掌着地位置更靠近身体的重心。

较短的步长可能会减小施加给膝关节和髋关节上的压力。但是，专家警告在光脚跑和极简主义跑步中，用足前部着地会让小腿和跟腱受到更大的力，给这些部位造成受伤的风险。此外，从传统训练跑鞋转换到极简主义跑鞋或光脚跑的跑者的双脚可能有受伤的风险，包括双脚骨骼的应力性骨折。而且，光脚跑者的双脚还更容易挫伤、刮伤和割破皮肤。

已经有研究表明，光脚跑或极简主义跑步的耗氧量低于穿鞋跑，尽管在本书出版之时，有关光脚跑是否更有利于提高成绩的问题还没有得到解答（Lieberman, 2012）。而且，还没有研究能确定光脚跑或极简主义跑步对青少年运动员的伤病风险有多大影响。

通过权衡，我们认为每位跑者都至少需要两双跑鞋。一双用于相对较硬的地面上进行较长距离的训练跑。另一双是平底鞋或钉鞋，用于较短距离的与比赛相关的训练，包括间歇训练以及比赛。与平底鞋和钉鞋相比，用于在较硬地面进行较长距离跑步的跑鞋应该有更多缓震材料和足中段支撑。缓震和支撑材料的多少由多个因素决定，包括跑者的训练经验和训练量，四肢和骨骼结构，以及跑步姿势。比如一位每周跑 60 英里的 17 岁跑者，脚后跟着地，并且由于天生双腿骨骼不正导致内翻。她如果选择极简主义跑鞋就可能有小腿受伤的风险。对比之下，对于跑步英里数还不多的新手，一双极简主义的跑鞋也许真的可以提高良好的技术特点，包括想要养成的足中段着地模式，以及预防未来的伤病。

不过，我们不建议在不穿鞋的情况下进行长跑。但是，低训练量的光脚跑可以帮助青少年跑者提高他们的脚掌着地效率，并改善总体的跑步姿势。在完成 30 ~ 40 分钟的有氧训练跑后，运动员们可以脱下跑鞋进行 100 ~ 150 米往返跑或受控的冲刺跑，以提高速度和养成良好的跑步技术。教练们应该采取一切预防措施以避免运动员的双脚挫伤、刮伤或割破脚掌皮肤。青少年跑者只可在软性地面上光脚跑步，比如草地或橡胶跑道，而且应事先把尖锐物体清除。

练们让他们的选手们脚尖最后离地。一般情况下，脚跟着地的选手触地时间太长，当他们不得不进入推进姿势的时候已经失去了向前的势能。对前脚掌或脚掌中部着地的跑者来说，他们的足弓、踝关节和跟腱必须能够承受相当大的力量，所以如果脚跟着地的跑者想要改变着地部位，他们就必须首先改善他们的力量和柔韧性。对部分跑者来说，用脚掌前部着地的难度很大，尤其是那些扁平足的跑者。如果技术的改变不适合他们的身体结构或导致疼痛，为了避免受伤，教练们永远都不应该强迫跑者改变技术动作。

7. 避免步幅过大和被动着地——用靠近臀部的那只脚着地然后向后移动。为了增加步长，有的跑者会在着地前用一个踢腿动作将小腿摆向前方，这是错的。这种错误很容易观察到，因为脚看上去就像是努力去够地面一样。这种错误往往会导致步幅过大，在我们的定义中，步幅过大是指脚掌着地位置离臀部（也就是身体的重心所在部位）距离过远。对平滑和高效的跨步来说，脚掌应该在靠近臀部的位置着地。步幅过大与另一个技术错误息息相关：向前动作，也就是在脚掌着地的时候缺少的动作。如果脚掌在着地的那一刹那往前移动，来自地面的反作用力会与身体的前进方向相反，降低跑者的速度。这就是被动着地。对比之下，如果脚掌在着地的时候已经在向后移动了，来自地面的反作用力会将身体推向前方。这种技术被称为主动着地。通过训练和有意识地"抓"跑道（也就是在脚掌下降子阶段把脚掌拉向身体），跑者可以提高主动着地技术。

8. 在离地阶段，伸展腿部关节，尤其是踝关节。想象一下，如果跑者在离地阶段只使用一个关节，那他所产生的推进力该有多小啊！高效的跨步要求 3 个主要的腿部关节协同合作——踝关节、膝关节和髋关节。要评判跑者的踝关节伸展是否达标，可以观察他们的双脚离地时脚尖是否指向地面。在快速奔跑过程中，如果膝关节和髋关节充分伸展，从跑者侧面观察的话，你应该可以从踝关节到髋关节划一条斜线。但是，在较慢的速度下，跑者并不需要完全伸直他们的腿部关节。

9. 把腿抬高以增加步长和跑步速度。在前摆子阶段，膝关节屈曲会将脚抬离地面，而髋关节屈曲可以将膝关节移到身体前方。尤其在快速奔跑过程中，把腿抬高非常关键，因为它可以让脚来到下一次着地和离地的正确位置。抬腿不高的跑者往往在离地后很短时间内就会着地。这会限制蹬地腿发力的时间，从而缩短步长。我们在第 6 章设计了好几个增加抬腿高度的训练。

10. 为上坡和下坡跑步姿势改变跑步姿态和复步技术。在艰苦的越野跑赛道上，上坡跑技术发挥着举足轻重的作用。上坡时，跑者们应该努力在不受伤情况下保持节奏和速度。对上坡跑来说，主要的技术调整是身体略微前倾，并且在蹬地腿推离地面时用更大的力量。在上坡时，摆臂的幅度也应该更大。最后，双眼应该紧盯前方 20 ~ 30 米的位置。当跑者的双眼看向地面时，毫无疑问他已经被坡道打败了。

在下坡赛段，跑者可以放松并用相对较小的力量保持速度。他们的身体应该稍微后躺，让他们的步长加大。跑步动作应该受控，而不是不顾一切地往下冲，以避免可能导致受伤的震击。优秀的下坡选手有利用坡道加速并超过对手的实力和技术。

大步向前

为了建议跑者他们应该保持或调整哪些跑步姿势，教练们必须知道如何诊断跑步技术中的优缺点。以下是需要观察的技术特点。

- 稳定的上肢
- 高效的摆臂动作
- 脚掌着地位置在臀部下方（避免步幅过长）
- 在着地时相对较硬的腿部关节（避免过度屈曲，也就是踝关节、膝关节和臀关节下沉）
- 足够的抬腿高度以匹配奔跑的速度
- 主动着地
- 腿部关节在离地子阶段的良好伸展

要想纠正错误的技术，跑者需要进行提高柔韧性的牵拉训练、改善关节稳定性的力量训练，以及改善技术模式技术训练。我们会在第 6 章中讨论这些训练方法。

第 2 部分
训练和比赛计划

让我们来聊聊训练吧！我们会在第 6 章和第 7 章开始介绍提高基础和高级身体和心理素质的训练方法。第 6 章包括 6 个基础的（也就是一般性的）素质：柔韧性、灵活性、力量耐力、神经肌肉功能、技术技巧以及心肺功能。接下来，第 7 章将介绍提高四项机能的训练方法，专门帮助跑者为比赛做好准备：有氧能力、无氧能力、比赛专项身体素质以及比赛专项心理素质。在这两个章节中，我们会介绍许多种训练方法，以提高这 10 项一般性的和比赛专项的能力。针对每种训练方法，我们会讨论训练量——也就是合适的训练量——而且我们还给不同发育水平的跑者准备了不同的案例训练课。

第 6 和第 7 章的目的是让你熟悉训练方法的重要细节。然后，为了选择和贯彻最佳训练方法以满足每名跑者的需要，从第 8 到第 10 章，我们会带你了解以下 5 个步骤流程。

第 1 步： 对初始的身心素质和训练、比赛和健康历史进行评估（第 8 章）。

第 2 步： 为比赛和训练设定目标（第 8 章）。

第 3 步： 制订大周期，也就是训练和比赛的赛季（第 9 章）。

第 4 步： 计划并贯彻训练课（第 9 章）。

第 5 步： 在需要的时候评估并修改训练计划（第 10 章）。

在第 2 部分中，你会学到训练周期，这是一个设计综合的、渐进的和个性化的训练计划的系统性过程。通过在我们的 5 个步骤内使用训练周期，教练们得以根据不同运动员的比赛目标和发育水平、身体素质和跑步经验水平为他们量身定制训练计划。此外，这个方法有助于教练设计长期的训练计划，安全并渐进地指导青少年跑者充分挖掘他们的潜能。

第 6 章

一般性训练

扫码看专家为你解读
跑步后如何高效恢复

为了挖掘他们的最大潜能，长跑选手需要进行大运动量和高强度的训练。换句话说，他们必须以较快的节奏完成较长距离的奔跑，把施加给生理能力转换途径的压力最大化。但是，特别对青少年跑者来说，维持这种高水平训练的能力高低要视他们身心素质的基础而定。构成这个基础的主要机能包括：柔韧性、灵活性、力量耐力、神经肌肉功能、技术技巧和心肺功能。在本章中，我们会介绍 12 个有助于提高这些长跑基本素质的训练方法（见图6.1）。我们之所以把它们称为一般训练方法，是因为它们并不模拟越野跑和场地赛的实际动作或生理和心理要求。此外，这些训练方法并不一定需要比赛要求的高强度。相反，它们为支持更高级的比赛专项训练奠定了基础，我们将在第 7 章介绍。坚实的基础能提高跑者的潜能，以开发高水平的比赛专项适能并减少受伤风险。由于一般训练方法是为比赛专项训练做准备的，前者更多地被应用在备战的早期阶段，随着比赛赛季的临近会变得相对较少。（随着赛季的进行，跑者应该分别进行多少一般训练和比赛专项训练？请见第 9 章。）

本章和第 7 章内列举的案例训练课适用于大多数青少年跑者。但是，考虑到个体的差异性，我们在训练课中包含了灵活变通的指南。有些跑者可能觉得这些训练太简单，而有些觉得它们太难，这都是有可能的。教练们应该调整训练负荷，使其满足运动员的专项能力、需求和训练反应。

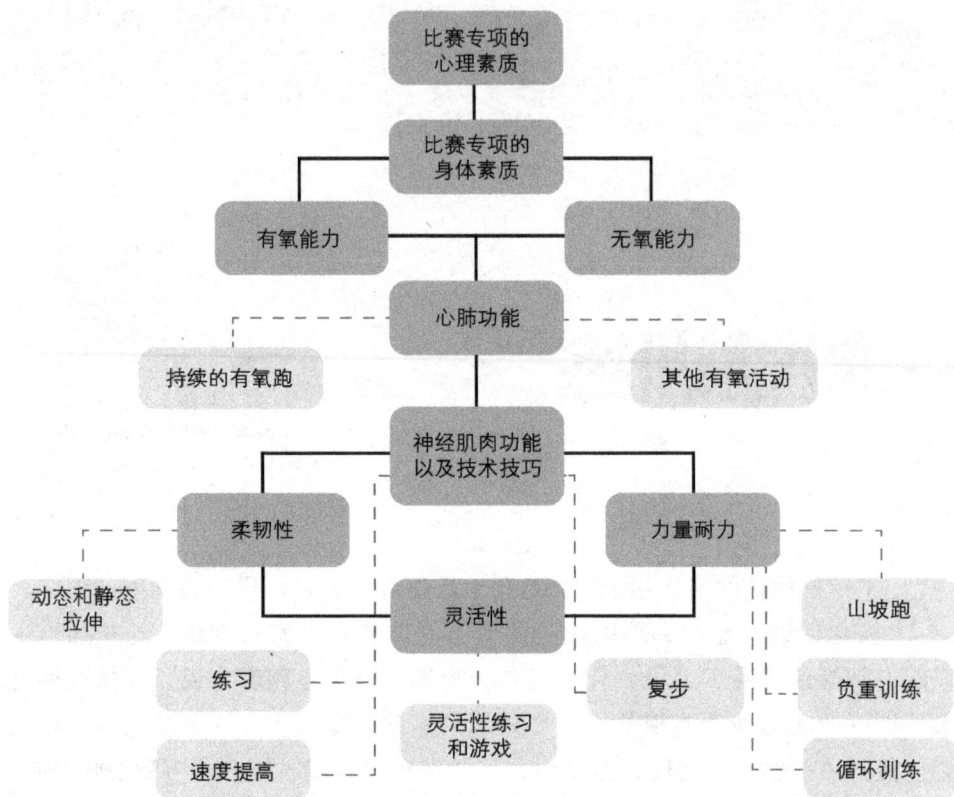

图 6.1　提高一般体能的训练方法

提高柔韧性和灵活性

柔韧性是指为了以最佳方式完成某个指定动作而在一定幅度内移动四肢的能力。灵活性是在不同平面（比如向前、向两侧以及斜向）协调动作的技巧。当然，跑步并不需要像体操和花样滑冰这类运动的柔韧性，而且跑者的四肢在大部分时间里都在一个平面上活动——与向前的方向一致。基于这些原因，有些长跑教练不会把柔韧性和灵活性的训练包括在内。但是，这些能力实际上对青少年跑者是必不可少的，尤其对预防伤病更是至关重要。

长跑会强化并绷紧不同的肌肉群，有时会在四肢和关节的反面导致失衡。例如，当跑者以相对较慢的速度进行长跑时，如果他们的抬腿高度不够，后果就是腘绳肌拉伸不足。在这种有限的动作幅度内进行重复性的动作会使腘绳肌过紧，当运动员在训练和比赛中为了加快速度而加大步长时，这会导致肌肉拉伤和撕裂。此外，有些跑者的小腿肌肉非常紧张，会遭受小腿肌肉拉伤和撕裂，以及跟腱受伤。这些例子说明，将拉伸作为一个基础性训练方法是有必要的。

本章介绍的拉伸练习主要针对腘绳肌、小腿肌肉、屈髋肌等长跑选手会紧张的肌群。但是要记住，不同运动员的肌肉紧张度不同，对拉伸练习的需求也不同。一些肌肉和关节比较松弛的跑者甚至可能因过度牵拉而导致肌肉和结缔组织受伤。在理想的情况下，应该由有资质的训练师、理疗师和专业的运动医学医生对跑者的特定肌肉群的紧张程度和失衡度进行评估。

动态和静态拉伸

以下是常见的 13 组拉伸练习，有助于维持或改善柔韧性。第 1 部分介绍的是动态拉伸，包括围绕某个关节进行大幅度活动进行持续的四肢运动。第 2 部分介绍的是静态拉伸，包括在不运动的前提下保持姿势。以下是拉伸练习的指南。

- 在拉伸之前，通过 5 ~ 15 分钟的慢跑进行热身。
- 在静态拉伸之前进行动态拉伸。我们建议按照本书中的顺序进行拉伸练习。动态拉伸可以让关节松弛，让肌肉做好静态拉伸的准备。动态拉伸的动作应该缓慢和轻柔，而不是快速和暴力。每组动态练习重复 10 ~ 15 次。
- 在静态拉伸时，保持姿势 20 ~ 60 秒而不发生摇摆和跳动。拉伸永远不要过于剧烈，以免造成肌肉颤抖或疼痛。
- 在训练和比赛时使用相同的拉伸练习。一套熟悉的拉伸练习能帮助你在赛前热身期间保持舒适和放松，在这个时候，比赛带来的紧张感会让运动员很难集中注意力进行适当的赛前准备。至少用 10 分钟进行拉伸，不得仓促。
- 在训练前后都进行拉伸。许多跑者认为拉伸只是训练前和比赛前的事情，但是训练和比赛后的拉伸对保持柔韧性和预防受伤至关重要。

动态拉伸

手臂伸展和摆臂

伸展双臂高于头顶，然后向下宽距摆动。

动态拉伸

头部转动

缓慢地转动头部，柔和地拉伸颈部肌肉。顺时针转动几圈，然后转换到逆时针方向。

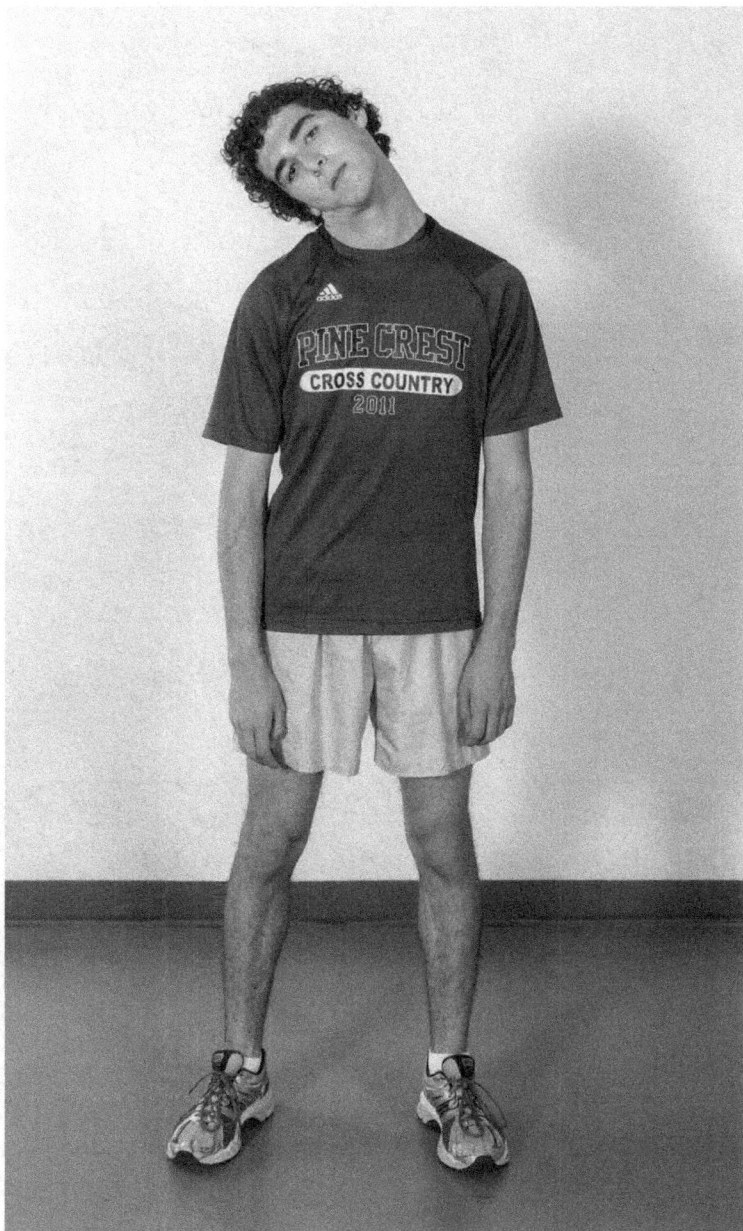

动态拉伸

躯干转体

双腿分开比肩部稍宽。双臂伸向两侧，将上半身从一侧转到另一侧。

ⓑ

动态拉伸

髋部绕环

　　髋部进行缓慢的绕环，柔和地拉伸腹股沟和髋部肌肉。顺时针转动几圈，然后转换到逆时针方向。

动态拉伸

摆腿

左腿站定并伸直，柔和地自髋关节摆动右腿。保持右腿伸直，在不拉伤的情况下尽可能向后拉伸。向前摆腿，直到与地面平行。右腿重复完成摆腿，然后用左腿重复这个动作。

动态拉伸

踝关节转动

脚尖向下，缓慢地转动脚踝，柔和地拉伸踝关节周围的肌肉和结缔组织。用另一只脚重复这个动作。

热身和放松运动

本章中的多个训练方法非常适合作为训练和比赛的热身和放松运动。以下是一套 30 分钟的热身动作范例，其中整合了拉伸、技术练习和跨步。

- 10 ~ 15 分钟的轻松慢跑
- 动态拉伸
- 5 × 100 米跨步（从 5,000 米比赛的节奏降低到 800 米比赛的节奏）
- 静态拉伸
- 技术练习

这套热身动作有多个重要的生理作用，让跑者为训练和比赛做好准备。慢跑能通过加快心律和肌肉供血量刺激身体的有氧机能，拉伸训练能让关节和肌肉松弛以达到最佳的跨步状态，而 100 米跑步和技术训练能让神经肌肉系统为即将到来的快速奔跑做好准备。热身运动也是为比赛做好心理准备的重要部分，因为它能帮助跑者专注于一套熟悉的热身动作，而不是为比赛感到忐忑不安。

在比赛和高强度的训练结束后，跑者也可以在放松运动中使用与热身运动相同的动作。放松运动应该包括 10 ~ 15 分钟的轻松慢跑，然后进行动态和静态拉伸。

静态拉伸

髂胫束拉伸

用左手支撑，把左脚放在右脚后方，左脚放在离右侧髋关节 8 ~ 12 英寸的位置。慢慢柔和地降低左侧髋关节，拉伸左大腿的外侧肌肉，也就是髂胫束从髋关节连接到膝盖的地方。右腿重复这个动作。

静态拉伸

髋关节和臀部拉伸

背躺在地面上，然后把右膝交叉越过身体的中线。左腿重复这个动作。

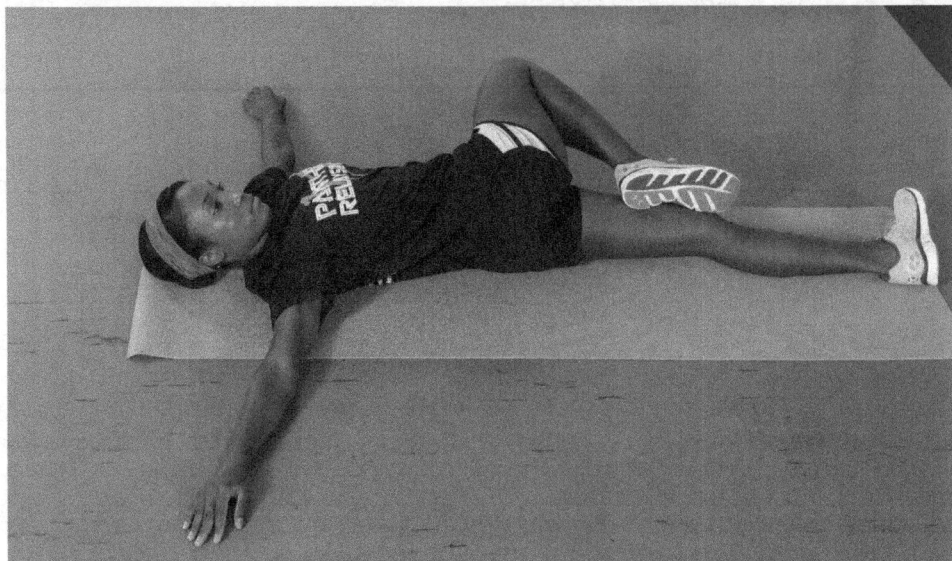

静态拉伸

腹股沟拉伸

坐下，双脚掌相对，然后用肘部向下按压大腿内侧。

静态拉伸

腘绳肌拉伸

双手伸向前，双腿保持笔直。不要为了碰到脚趾头而拉伤肌肉。

静态拉伸

背部拉伸

俯跪姿，收紧腹部肌肉并弓背，就像一只猫那样。

静态拉伸

股四头肌拉伸

左手扶在支撑物上，把右脚向后提起。左腿重复这个动作。

静态拉伸

小腿和肌腱拉伸

　　左脚固定在右脚后方，然后通过小腿向下按压让左腿膝关节屈曲。右腿重复这个动作。

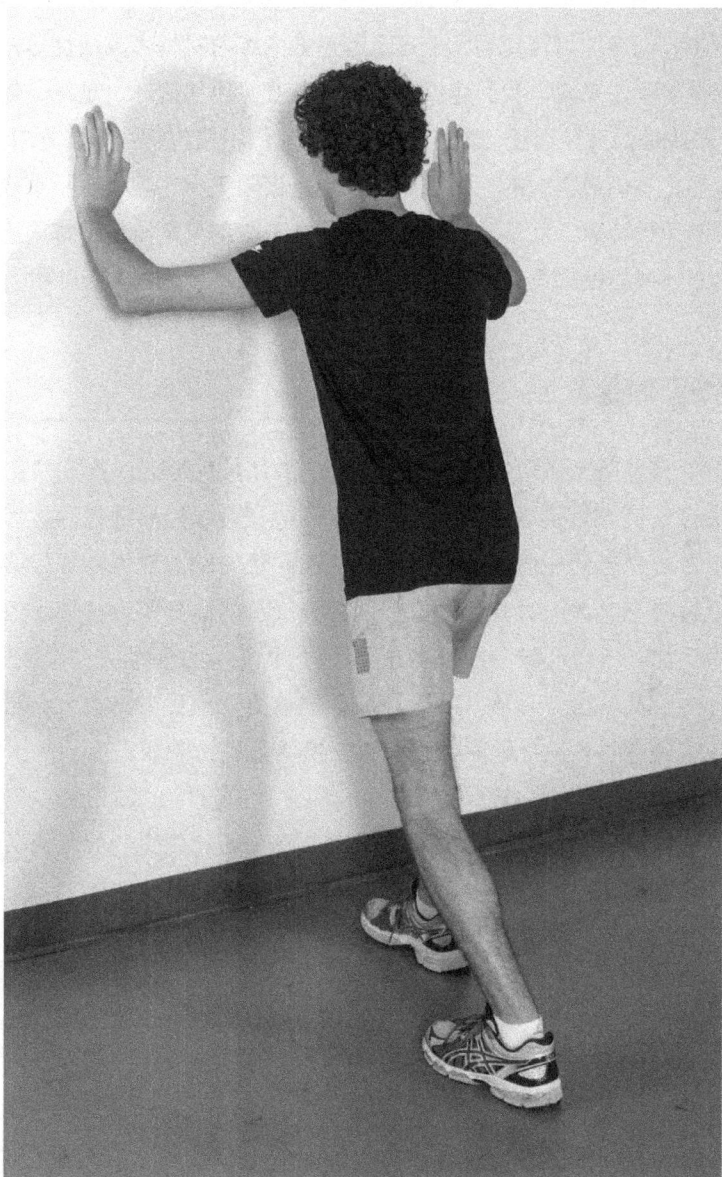

提高灵活性的练习和游戏

进行提高灵活性训练的主要目的是为了增强关节周围的肌肉和结缔组织以预防受伤。灵活性差的跑者在不平坦的地面上训练和比赛时有踝关节和膝关节扭伤的风险。当用于跑步的主要肌肉群变得疲劳时，并激活未经训练而且疲软的辅助肌肉群的时候，较差的灵活性还可能导致受伤。灵活性训练是协调这些辅助肌肉的一种方法。

诸如滑步、向后跑以及克利欧卡舞步等通常的练习对提高灵活性非常有效果。但是，对青少年跑者来说，我们建议进行一些游戏，比如篮球、足球、美式橄榄球和躲避球。游戏是提高灵活性的最佳方式，因为它们不仅包括在不同方向上的移动，而且还很有趣。我们最喜欢的一个灵活性游戏是极限飞盘，它集合了英式橄榄球和美式橄榄球的运动特点，而不需要进行抢球。在备战的早期阶段，每周进行一次到两次 15 ~ 20 分钟的极限飞盘训练课既能提高灵活性，又能增加心肺耐力。

怎么玩极限飞盘

极限飞盘是两个队伍在草地上进行的非身体接触游戏。在正式比赛中，每队有 7 名球员。为了训练的目的并获得乐趣，可以简单地把队员们分成两队。这个游戏的目的是通过把飞盘扔给队友并让它越过对方的球门线得分。只可以通过传递飞盘的方式得分，所以接到飞盘的队员不得移动。但是，当队员们为了抓到飞盘而努力摆脱防守队员时，他们得往不同方向奔跑和移动。如果防守方拦截飞盘，则该队就可以成为进攻方，然后尝试得分。当进攻方飞盘脱手或传递失败而落地时，也需要交换飞盘的控制权。

正式比赛的场地大小是 70 码 ×40 码（约 64 米 ×36.5 米），但是可以根据队员数量和训练目标调整场地大小。在更长和更宽的场地内，跑者需要跑动更长距离才能接到飞盘，甚至可以促进无氧能力的提高。

为了预防受伤，教练应该强调极限飞盘是一个非身体接触的游戏。

提高力量耐力

术语中的力量指的是发挥最大肌肉力量的能力，就比如你在卧推一组很重的杠铃时所发出的力一样。在很大程度上，力量是由肌肉的横截面积和质量决定的。绝对力量对运动员的重要性要视运动的种类而定。美式橄榄球的进攻内锋需要大块的肌肉和超常的力量才能成功地阻截防守方。对比之下，长跑选手不需要超常的力量，因为他们在每次跨步时并不需要使出最大力量。跑者不需要大块壮实的肌肉；反而，他们需要力量和耐力的结合（也就是力量耐力）以在一段较长时间内产生适度的高水平肌肉力量。这个能力对延缓疲劳、保持良好的跑步姿势和预防受伤至关重要。

在力量耐力训练中，跑者的肌肉需要承受的阻力负荷要比正常情况下大。因为训练目标是达到力量和耐力的结合，训练负荷非常关键。跑者可以通过相对较小的阻力负荷和相对较多的重复次数提高力量耐力。低阻力和高重复次数的结合能让跑者持续较长时间的训练，既能增强力量，又能增加耐力。这与高阻力、低重复次数的训练形成了鲜明对比，这种训练的目的是增强最大力量并增大肌肉块。我们向长跑选手推荐3种力量耐力训练方法：循环训练、负重训练和上坡跑。

循环训练

循环训练由一系列按顺序排列的力量耐力练习组成，这种顺序被称为一个循环。循环训练的场地可以安排在田径跑道的内场、体育馆、公园或任何空间允许的地方。表6.1介绍了针对不同发育阶段的跑者的循环训练范例。本书这部分内容中的训练范例旨在为备战初期的训练提供指南——换句话说，这些训练适用于赛季开始阶段。我们会通过附图分别为新手、中级跑者和高级跑者讲解训练范例。在本章中，我们不会详细介绍一整个赛季进行过程中（从备战到完成）的指南。我们只会简要介绍本书中涵盖的训练方法在赛季中途的应用。在第9章中，我们会更为详细地介绍如何为横跨一整个赛季的备战和比赛组织训练方法的指南。

循环训练范例的练习在以下几页中列举。在你阅读这些说明的时候，记住正确的技术是循环训练中必不可少的，因为这些练习在一定程度上是为了预防伤病，但是如果方式不对，它们实际上是有可能导致伤病的。

在循环训练范例中的练习着重训练跑步过程中用到的主要肌肉群。每个站点都包括手臂、身体核心（腹部和背部）以及腿部的练习。双臂、身体核心和双腿的练习是按照顺序安排的，在下一个站点进行相同身体部位的练习之前留出了恢复的时间。在一个站点不断使用相同的肌肉群可能导致局部过度疲劳。这种疲劳会减少运动员能重复做动作的次数，限制了耐力的提高。

表 6.1　训练课范例：循环训练

时长：15 ~ 60 分钟
强度：受控制的动作速率；大于最大心率的 70%
频率：每次练习重复 6 ~ 30 次
恢复：在每次练习之间恢复 20 ~ 30 秒；在每次循环之间恢复 3 ~ 5 分钟

备战早期的训练课范例

练习动作	重复次数		
	新手 CA[a]=12~14(岁) TA[b]=0~2(年)	中级 CA=14~16(岁) TA=2~4(年)	高级 CA=16~18(岁) TA=4~6(年)
第 1 站			
• 俯卧撑	10 ~ 12	14 ~ 16	18 ~ 20
• 上卷腹	18 ~ 20	22 ~ 24	26 ~ 28
• 下蹲	18 ~ 20	22 ~ 24	26 ~ 28
第 2 站			
• 在同伴协助下引体向上	10 ~ 12	12 ~ 14	14 ~ 16
• 背部伸展	10 ~ 12	14 ~ 16	18 ~ 20
• 提踵	18 ~ 20	22 ~ 24	26 ~ 28
第 3 站			
• 在同伴协助下臂屈伸	6 ~ 8	10 ~ 12	14 ~ 16
• 伸膝	18 ~ 20	22 ~ 24	26 ~ 28
• 持药球上台阶	10 ~ 12(每条腿)	14 ~ 16(每条腿)	18 ~ 20(每条腿)
第 4 站			
• 胸前传球	10 ~ 12	14 ~ 16	18 ~ 20
• 超人式抬手抬脚	10 ~ 12(每侧)	14 ~ 16(每侧)	18 ~ 20(每侧)
• 弓步	10 ~ 12	14 ~ 16	18 ~ 20

[a]CA= 实足年龄

[b]TA= 训练年限

循环训练

俯卧撑（第1站）

背部和双腿保持笔直，向地面降低身体，然后推高到起始位置。

循环训练

上卷腹（第 1 站）

　　首先面朝上平躺，保持下巴收到胸前，然后让背部与地面保持水平，收紧腹部肌肉群，然后通过卷曲躯干缓慢地抬起身体，然后柔和地躺下。

循环训练

下蹲（第1站）

　　原地站直，双脚分开比肩部稍宽，手臂向前伸。缓慢地屈曲膝关节、髋关节和踝关节。通过收紧腹部和背部肌肉群让背部保持直立。下巴抬起，与地面平行。在下降动作结束的时候，小腿和大腿形成的夹角（在膝盖后方）应该在120 ~ 140 度之间。为了增加阻力，可以让双手拿着药球或哑铃。

循环训练

在同伴协助下引体向上（第 2 站）

在一名同伴的帮助下，把自己的身体向上拉起，让下巴稍微越过单杠上方。缓慢地将身体下降到起始位置。同伴应该提供足够的协助，让运动员在疲劳前至少完成足够数量的引体向上。

循环训练

背部伸展（第 2 站）

　　面部朝下趴下，双手放在脑后，缓慢地把头和躯干抬离地面，缓慢地将身体下降到起始位置。

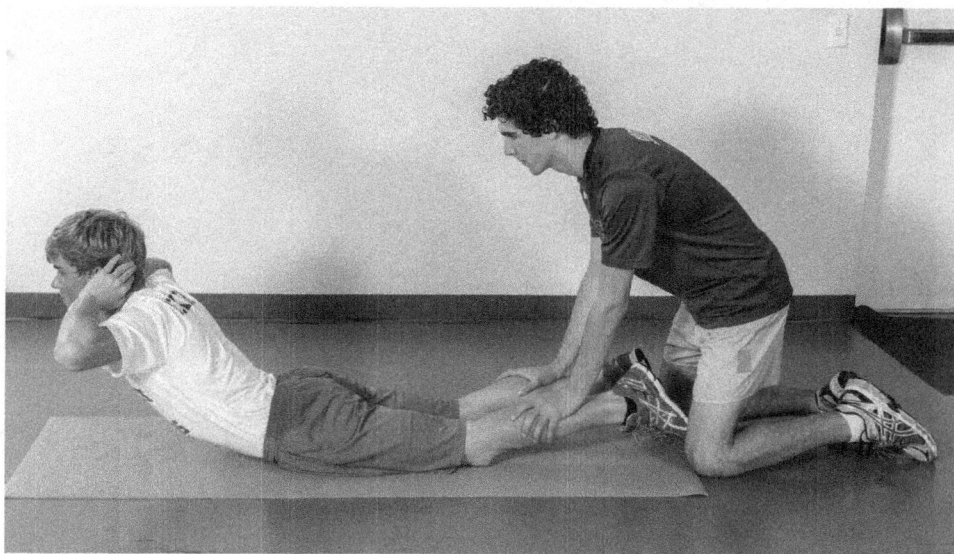

循环训练

提踵（第 2 站）

开始时，脚跟平放在地面上，跖骨站在一根 2 英寸 ×4 英寸（高乘宽）的木条上（或站在路缘石的边沿），通过脚尖站立抬起脚跟，将脚跟下降到起始位置。

循环训练

在同伴协助下臂屈伸（第3站）

在一名同伴的帮助下，通过屈伸手肘使身体上下移动。通过收紧腹部和背部肌肉群让背部保持直立。同伴应该提供足够的协助，让运动员在疲劳前至少完成足够数量的臂屈伸。

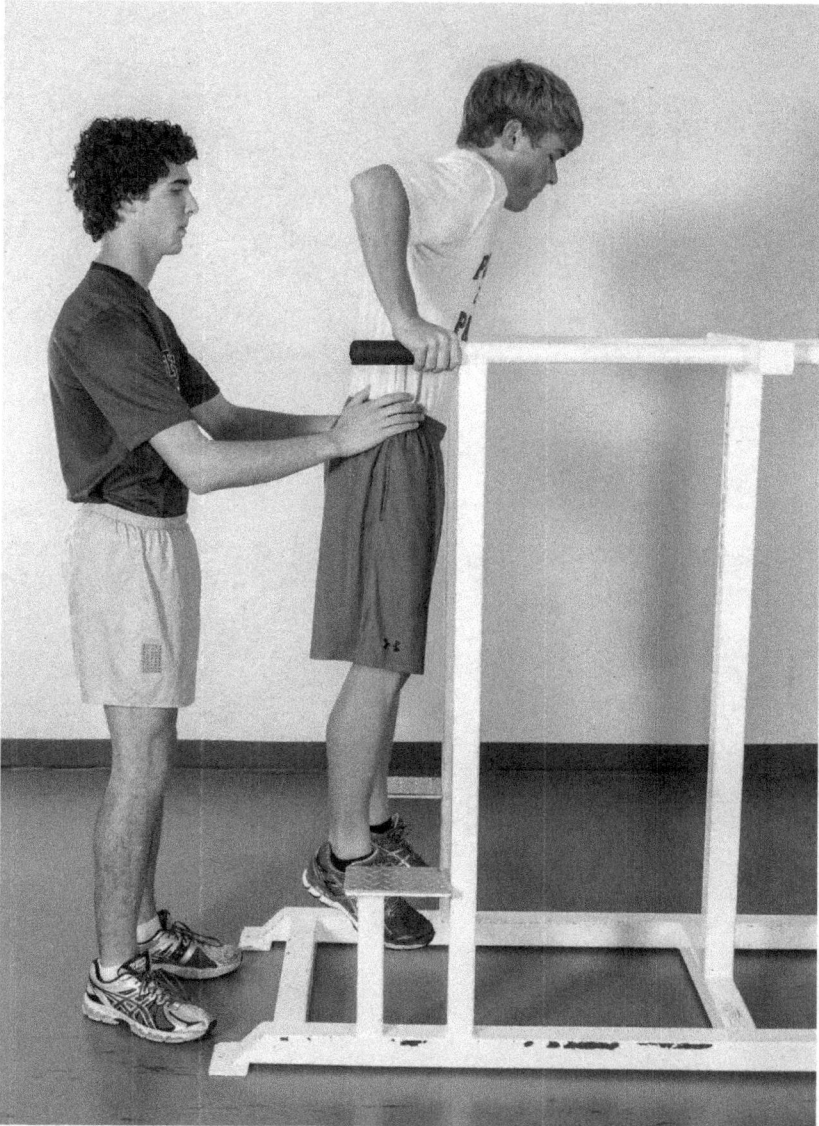

循环训练

伸膝（第 3 站）

　　面朝上躺下，收紧腹部肌肉。缓慢地将两个膝盖提到胸前，然后用手抓住它们。然后伸展双腿，让它们在离地 4 ~ 6 英寸的地方保持 5 秒。缓慢地把双腿放回地面，然后重复。

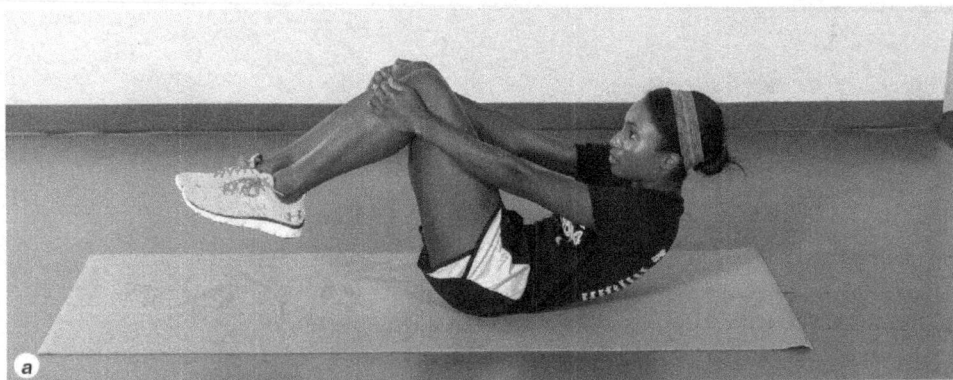

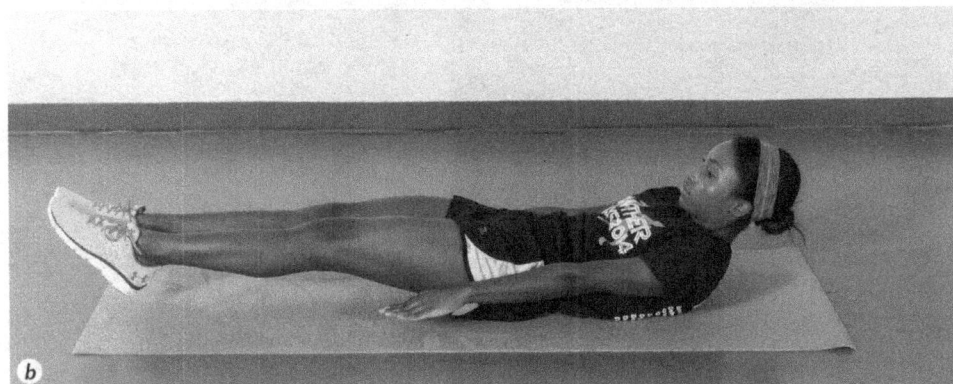

循环训练

持药球上台阶（第 3 站）

开始时，左脚站在一级阶梯或木箱上，高度足够使大腿几乎与地面平行（但不要超过平行线）。将药球举在正前方，手臂完全伸直。保持背部笔直，另一条腿踏上阶梯或木箱，然后再下来。在完成指定的重复次数后换腿。

循环训练

胸前传球（第 4 站）

　　以篮球胸前传球的方式投掷药球，手肘保持向外，并在身体前方伸直手臂。同伴间应该距离 6 ~ 8 英尺。投掷动作快速，但是需要控制。

循环训练

超人式抬腿抬手（第4站）

　　面朝地面趴下，双臂和双腿伸直，抬起右臂和左腿离地4～6英寸，然后保持3秒。放下右臂和左腿，然后用左臂和右腿重复练习。

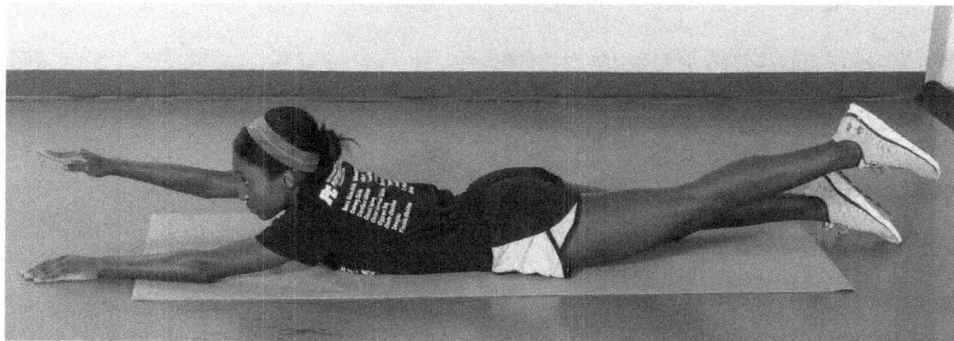

循环训练

弓步（第 4 站）

用右腿支撑身体，缓慢抬起左膝，伸直左腿，然后柔和地向前弓步迈出。左小腿应该垂直于地面，或轻微的偏离垂直线。从这个姿势开始，抬起身体，然后用右腿弓步重复这个动作。使用哑铃或负重背心增加阻力。

大多数青少年跑者喜欢循环训练，因为它给日常训练增加了变化，它对跑者的身体素质提出了挑战，而且能产生直观的结果，包括得到增强的肌肉张力、改善的跑步姿势和更有力量的跨步动作。即便如此，随着时间的推移，在循环训练中增加创意和变化非常重要。尽管我们建议在一个循环中包括 8 ~ 12 个练习，只要练习是对支撑跑步姿势、推动摆臂、吸收冲击力和产生推进力的肌肉进行强化的，就可以对它们进行改变。例如，为了增强小腿肌肉，运动员可以用跳绳代替提踵。为了锻炼腹部肌肉，他们可以不做上卷腹，而用交叉仰卧起坐或卷腹取而代之。作为强化腹部和背部肌肉的备选练习，我们建议普拉提，这是一种提高核心力量和良好姿势的绝佳练习方式。

根据练习的种类和跑者的发育水平不同，在受控状态下的重复次数应该在 10 ~ 30 次之间。练习速度太快可能导致技术粗糙，增加受伤风险。在每一个站点，要保持提高心律，不同练习之间 20 ~ 30 秒的恢复时间已经足够短，这样可以保证耐力训练的效果。正确的练习方法和保持较短的恢复时间将使心律在整个训练期间升高到最大心律的 70%。为了进一步提高耐力训练效果，教练们可以安排不同站点之间相距几百米，当运动员完成一个站点的练习时，他们得跑步到下一个站点。

一个完整的循环应该持续 15 ~ 20 分钟。在训练季的开始，跑者们每节训练课只应该进行一个循环训练。随着时间的推移，他们可以增加到 2 ~ 3 个循环。一节有 3 个循环训练、每个循环之间恢复 5 分钟的训练课可能需要一个小时甚至更久才能完成。这些练习对心血管系统和进行阻力练习的肌肉有很高要求，但是它们对打下一个良好的身体素质基础非常有价值。

对提高力量耐力来说，把体重作为阻力的练习已经足够。但是，有条件的中级和高级跑者可以通过加大阻力提高循环练习的强度，比如使用药球、哑铃、沙袋、踝部负重或任何可以产生额外负荷的物体。这些额外的阻力应该适量，让运动员在疲劳前可以至少用良好的技术动作完成 15 次重复。

负重训练

与循环训练一样，长跑选手进行负重训练的目的是为了提高力量耐力，以提高成绩和预防伤病。循环训练中的大多数原则和指南都适用于负重训练。例如，负重训练的负荷应该是低强度和高重复次数的，以增加肌肉力量和耐力，而不是纯粹增加力量。

训练术语

为了更好地理解本章和下一章中讲到的训练课范例，你将需要知道以下描述训练负重的术语。

- *训练量*：指一堂训练课的所有或部分跑步距离或时长。训练量可以用一次跑步或一堂训练课的英里数、千米数或分钟数表示。
- *频率*：指一堂训练课中重复练习的次数。在计划循环训练、负重训练和间歇跑练习时必须指定某个重复练习的频率。例如，如果运动员在一堂训练量中需要做 4 组 600 米跑，那么就可以用 4×600 米表示。
- *训练强度*：指为了完成一组训练或一堂训练量所需付出的努力。当我们描述有关跑步的训练方法时，我们通过跑步时间、每英里或每千米用时或最大心率来定义训练强度。为了包括训练强度，上文中的训练课可以被进一步描述为：4×600 米，每 600 米用时 2 分钟。当我们描述力量耐力训练方法时（循环训练和负重训练），我们用负重量定义训练强度。运动员们可以通过尽更大努力或通过缩短间歇训练项目之间恢复间歇增加训练强度。
- *恢复时间*：指间歇训练的重复项目之间的间隔时长。为了让范例训练课的描述更加完整，我们可以增加一个恢复间歇：比如：4×600 米，每 600 米用时 2 分钟，以及 2 分钟慢跑恢复。在这堂训练课中，运动员每完成 600 米跑步就可以慢跑恢复 2 分钟。恢复时间也可以用比例表示，即恢复时间与一组训练项目的比值。比如一堂 4×600 米的训练课，每个 600 米用时 2 分钟，1:1 的恢复时间意味着恢复间歇时长为 2 分钟，1:0.5 的恢复时间意味着恢复间歇时长为 1 分钟，1:1.5 的恢复时间意味着恢复间歇时长为 3 分钟。

对中高级跑者来说，随着训练季的进行，负重训练可以作为循环训练的补充。但是，教练们必须首先确保负重训练的器械是适合青少年运动员使用的。体育馆和健身俱乐部的负重器械往往适合成年人，而对年纪较小的运动员来说，自由举重器械可能过于繁琐了。如果缺少合适尺寸的器械，在循环训练中增加阻力（比如药球和哑铃）是提高力量耐力的完美方法。

尺寸正确的负重器材可以针对专门的肌肉群进行训练。它们同时将受伤的风险降到最低，因为动作的轨迹是受到滑轮和其他器械装置控制的。相比之下，自由举重运动员有相当好的平衡能力和技术，以孤立重要肌肉群并动作稳定。由于自由举重器械的技术要求更高，许多专家建议新手从器械开始，然后逐步转移到自由举重。

表 6.2 是一个负重训练课的范例，其中的训练项目既包括器械，也包括自由举重（请参加本章内的训练项目和指导）。与循环训练一样，负重训练应该着重练习参与跑步动作的腿部和手臂肌肉以及稳定躯干的核心肌肉群。训练应该按照一定顺序展开，让特定肌肉群在再次受到压力之前进行恢复。因此，在训练范例中，我们让运动员轮流进行手臂、躯干和腿部的练习。最好的顺序是先练大块肌肉群，然后再练小块肌肉群。作为变化，你可以用锻炼相同肌肉群的其他训练项目替代训练范例中的项目。

与循环训练一样，负重训练也可以预防伤病；但是，如果教练们没有紧密监督训练项目并给运动员的技术提供指导和反馈，那么伤病就可能在训练中发生。有些自由负重训练需要有同伴辅助，如果运动员在举重时遇到困难，他们还得提供帮助。

在为每名运动员制订合适的负重训练重量时，教练们可以参考一个被称为最大重复次数的概念，也就是 RM。例如，12RM 指运动员可以在没有过度受力和动作变形的情况下举重 12 次，而不是 13 次。为了提高力量耐力，在每次负重训练中，长跑选手应该使用 10 ~ 15RM 的负荷重复 8 ~ 15 次。为了确定举重的重量，比如最大重复次数为 12 次的运动员，应该从一个较轻的负重开始，并且至少能举起 20 次。在休息几分钟后，他应该将重量增加 10% ~ 15%，然后重复举重直到开始感觉疲劳。运动员应该在保证充足休息时间的情况下继续重复这个过程，直到重复 12 次是他所能完成的最高次数。

重复次数区间的下限可以让运动员在不过度疲劳的情况下提高他们的举重技术。例如，如果一名运动员能够以 15RM 的负重完成 10 ~ 12 次哑铃下蹲，那么他就不会在最后几次举重中拉伤肌肉。无论何时，运动员都不应该在负重训练的过程中让技术变形。在包括许多关节训练并要求协调整个身体（比如哑铃下蹲）的训练中，技术变形经常发生。当姿势变形的时候，受伤的风险就会升高，所以当还在完善技术或当开始感觉疲劳的时候，运动员们最好减少重复次数。

要想在负重训练中常年取得进步，运动员需要通过降低 RM 负荷增加训练强度（也就是负重）。对中级跑者来说，15RM 是比较合适的，一方面因为这个强度足够轻，使他们可以熟练掌握技术，另一方面它又足够重，使他们可以提高力量耐力。对那些还在发育中的青少年来说，较轻的负重可以降低对发育中的骨骼的压力。对那些身体发育更成熟并已经掌握正确技术的高级跑者来说，较大重量的训练可以让他们获益，比如 10 ~ 12RM。

　　在 3 ~ 4 周的时间内至少完成 6 ~ 10 次循环训练之前，我们不建议跑者开始负重训练。循环训练可以给运动员们打下力量耐力的基础，让他们可以进行强度更大的负重训练。在开始阶段，一堂负重训练课应该只包含一组训练。随着训练季的推进，运动员可以进行 2 ~ 3 组负重训练。随着赛季的临近，运动员们需要开始重视比赛专项的训练方法，这时，负重训练的比重应该降低。假如在备战期结束前，一位中等水平的跑者能在我们的训练课中完成 3 组负重训练（见表 6.2），每周能完成两堂这样的训练课。在整个赛季里，她也许只需要在每周抽出两天完成一组负重训练，这已经足够保持她的力量耐力基础。随着运动员力量耐力的提高，RM 负荷应该定时地增加。详细记录负重训练非常重要，这样运动员就可以系统性地增加 RM 负荷。

表 6.2　训练课范例：负重训练

时长：20 ~ 60 分钟
强度：10 ~ 15RM；控制动作速率
频率：每次练习重复 8 ~ 15 次
恢复：在每次练习之间恢复 1 ~ 2 分钟

备战早期的训练课范例

练习动作	中级 CA[a]=14 ~ 16（岁） TA[b]=2 ~ 4（年）	高级 CA=16 ~ 18（岁） TA=4 ~ 6（年）
板凳卧推	12 ~ 15 次 /15RM[c]	10 ~ 12 次 /12RM
上卷腹	10 ~ 12 次 /15RM	12 ~ 15 次 /15RM
杠铃深蹲	12 ~ 15 次 /15RM	10 ~ 12 次 /12RM
杠铃过头推举	10 ~ 12 次 /12RM	8 ~ 10 次 /10RM
早安起	10 ~ 12 次 /12RM	8 ~ 10 次 /10RM
坐姿伸膝	12 ~ 15 次 /15RM	10 ~ 12 次 /12RM
坐姿屈膝	10 ~ 12 次 /12RM	8 ~ 10 次 /10RM
哑铃摆臂	12 ~ 15 次 /15RM	10 ~ 12 次 /12RM
杠铃提踵	12 ~ 15 次 /15RM	10 ~ 12 次 /12RM
背肌下拉	12 ~ 15 次 /15RM	10 ~ 12 次 /12RM

之所以没有提供针对新手的训练范例，是因为我们建议训练年限少于 2 年的跑者使用循环训练，而不是负重训练。

[a]CA= 实足年龄
[b]TA= 训练年限
[c]RM= 最大重复次数

负重训练

板凳卧推

　　躺在卧推凳上，双脚平放在地面上，抓住杠铃，双手与肩齐宽。用一种可控的方式将杠铃放下至上胸部。然后将杠铃向上推回到起始位置。不要让背部或臀部离开卧推凳。

负重训练

杠铃深蹲

保持站立姿势，将杠铃放在肩胛骨上，双手和双脚比肩部稍宽。尽可能保持背部直立，通过屈曲髋关节、膝关节和踝关节让身体下降。在下降动作结束的时候，小腿和大腿形成的夹角（在膝盖后方）应该在 120 ～ 140 度之间。身体站起至起始位置，保持双脚始终贴于地面。

负重训练

杠铃过头推举

起始姿势与杠铃深蹲一致，将杠铃向上推过头顶，直到双臂伸直。然后将杠铃缓慢放下回到起始位置。在推举和下放动作中，保持双脚始终贴于地面。

负重训练

早安起

起始姿势与杠铃深蹲一致，双腿膝关节微屈，腰部向前屈身，使躯干几乎与地面平行。缓慢地将身体回到起始位置。在向上和向下动作中，保持背部挺直。

负重训练

坐姿伸膝

通过伸直双腿将负重上提，在顶部保持 2 秒。缓慢地将负重下降到起始位置。在向上和向下动作中，保持背部平靠在座椅上。

负重训练

坐姿屈膝

收缩腘绳肌群，将脚后跟拉向臀部。反向动作时，用可控的方式缓慢地伸直双腿。

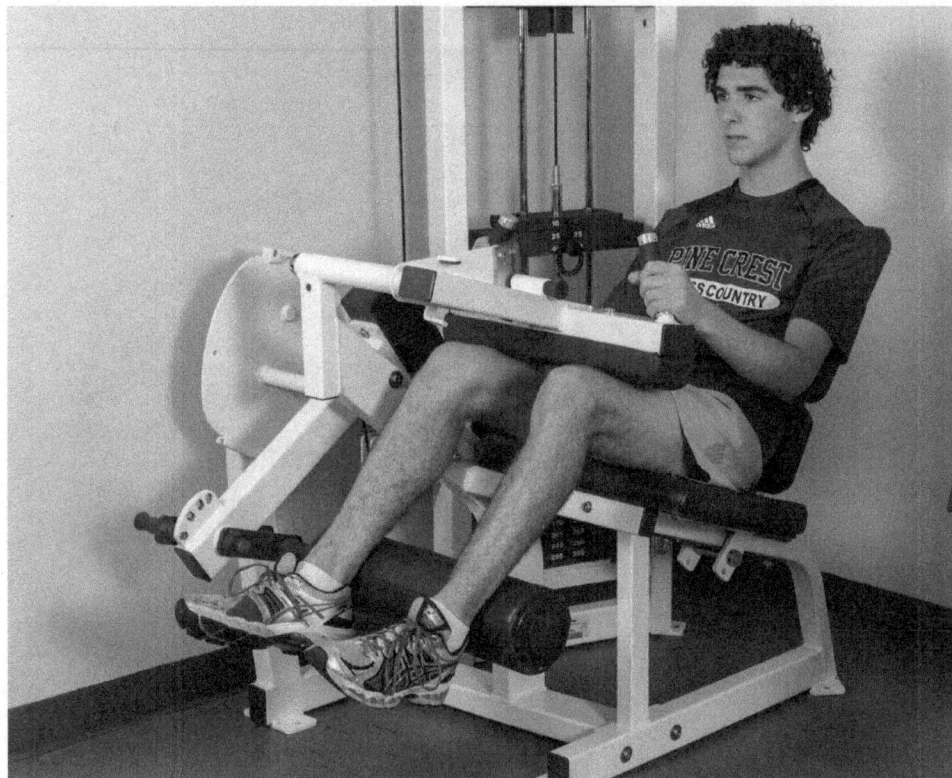

负重训练

哑铃摆臂

一只脚支撑在一个凳子或台阶上，用和跑步跨步相同的摆臂动作快速摆臂。笔直站立，并保持支撑腿伸直。

负重训练

杠铃提踵

起始姿势与杠铃深蹲一致，确保脚尖指向正前方，通过伸展踝关节提起脚后跟，将脚跟下降到起始位置。

负重训练

背肌下拉

保持背部挺直，肩膀放平，把杠铃向下拉，避免颤抖。把杠铃往下拉到低于下巴的位置后，缓慢地伸展双臂，让杠铃回到起始位置。

给父母们的建议

本章介绍的一般性、基础性的训练方法适用于为即将到来的赛季进行备战的早期阶段。你可能把这段时间看成是比赛淡季。例如，在全美高中越野跑比赛中，比赛淡季的备战从 6 月一直持续到 8 月，赛季将在 9 月初拉开序幕。针对夏季月份，最好的教练会布置一套全面的训练计划，其中包括大量基础性训练。但是，由于学校的规章制度限制了有序的训练，此外还有暑期实践、家庭休假和其他活动的影响，教练们可能无法跟运动员会面并监督所有的训练课。所以，在比赛淡季里，家长们可以扮演重要的辅助角色。

- **鼓励孩子始终如一地训练**

  在离赛季开始还有几个月的时候，青少年运动员们有充足的社交机会和娱乐活动，他们可能会选择跳过基础性训练。你可以提醒你的孩子：在比赛淡季进行一贯的基础训练决定了他能在即将到来的赛季里所能达到的高度。有句话说得好：冠军是在比赛淡季里塑造的。对长跑选手来说，这句话说得特别对。

- **帮助孩子进行非正式的团队练习**

  如果教练不被允许或无法组织或出席淡季的训练课，你可以通过许多方式提供帮助。你可以与其他父母轮流开车把孩子们送到公园里进行循环训练或长跑。在队长组织的训练课中，你也可以给孩子们准备水。

- **让你的孩子参加多运动项目**

  这条建议尤其适用于那些年纪最小的跑者和新手，他们可以从全面的身体素质训练中获益匪浅。正如我们提到的，建立基础性身体机能（比如灵活性、柔韧性和力量耐力训练）的理想方式是参与其他运动项目，比如足球、篮球、游泳和自行车。

- **牢记你为人父母的作用**

  辅导监督对基础性训练方法来说是必不可少的，比如技术练习、负重训练和循环训练。如果青少年不能以正确的方式进行这些训练，那么他们就有受伤和成绩不理想的风险。所以，在教练无法参加淡季训练时，父母们就会觉得自己得承担起辅导的责任。这往往是一个错误，除非你拥有较强的教练背景，并能得到教练和队伍的支持。在理想的情况下，当教练无法亲自监督的时候，他们就不应该布置技术要求较高的训练。针对技术要求不高的基础性训练，年纪稍大而且经验较为丰富的运动员应该在场指导队友。

山坡跑

本章介绍的许多种训练方法都有交叉效应——也就是说，它们能够提高不止一种一般性身体能力。例如，循环训练既能提高力量耐力，又能提高心肺功能，因为它持续时间长、不间断的特点既能锻炼骨骼肌肉，又能锻炼心脏。交叉效应最好的训练方法是山坡跑，它能提高力量耐力、心肺功能和技术。我们之所以把注意力集中在通过山坡跑提高力量耐力，是因为与平地跑步相比，它会给腿部肌肉施加额外的负担，并需要更剧烈的摆臂。

正如表 6.3 的训练范例所示，通过山坡跑提高力量耐力是间歇训练的一种形式，因为它包括了由恢复时间分隔开的重复训练项目。上坡的坡度应该足够陡，迫使跑者通过比在平地上奔跑时使用更大的肌肉力量以改善技术动作。但是，坡度也不应该过大，以至于跑者拉伤肌肉和失去正确的跑步姿势。山坡的长度应该相对较短，在 200 ~ 400 米。即使在重复训练项目间歇通过沿下坡方向慢跑，跑者还是可以提高力量耐力。即使是一位处于备战早期的新手，如果把下坡慢跑包括在内，他就可以完成 6 × 200 米、总共 2,400 米的奔跑，在跑过山坡的顶部之后，甚至还可以在平地上延长 50 ~ 100 米的跑步距离。在越野跑中，没有经验的跑者往往会在到达山顶后放松，所以如果他们练习在越过山顶后保持速度，那么他们就能得到一个有竞争力的优势。由于山坡跑的主要目标是提高力量耐力，所以训练的强度不应该给无氧系统造成过大的压力，并因乳酸堆积导致疲劳。我们建议采用与 3,000 ~ 5,000 米比赛速度相当的强度。

在备战的开始阶段，我们建议进行少量山坡跑重复练习（5 ~ 6 次），即使对高级跑者也是如此。表 6.3 的训练范例中，我们建议跑者逐年增加山坡跑的距离。

表 6.3　训练课范例：山坡跑

重复练习距离：200 ~ 500 米
强度：快速但是可控
频率：5 ~ 10 次
恢复：慢跑回到起点
每节训练课的总训练量：1,000 ~ 5,000 米

备战早期的训练课范例

新手 CA[a]=12 ~ 14（岁） TA[b]=0 ~ 2（年）	中级 CA=14 ~ 16（岁） TA=2 ~ 4（年）	高级 CA=16 ~ 18（岁） TA=4 ~ 6（年）
5 或 6 × 200 米	5 或 6 × 300 ~ 400 米	5 或 6 × 400 ~ 500 米

[a]CA= 实足年龄
[b]TA= 训练年限

年纪较小、身体素质较差的跑者可能很难在较长的山坡上保持高效的跑步姿势，所以教练可以通过增加重复次数加大训练强度。在新赛季开始阶段，一位有 3 年训练经验的 16 岁跑者可以从 5 × 400 米山坡跑开始，然后随着备战的推进，训练量可以增加到 10 × 400 米。

神经肌肉功能以及技术技巧

在第 2 章和第 5 章中，我们强调了扎实的跑步技术的重要性，以及它在提高成绩、保存能量和预防伤病方面的作用。良好的跑步姿势来源于准确及时的肌肉活动和四肢运动模式，这些都是由神经系统控制的。所以，在跑步运动里，技术技巧和神经肌肉功能是高度关联的。可以通过速度提升（冲刺）训练以及技术练习和高抬腿来改善这些机能。对青少年跑者来说，这些训练方法至关重要——不管是学习高效奔跑，还是（在必要的时候）在不良跑步习惯定型之前把它改掉。

技术训练非常适合日常训练，可以将它作为热身活动的一部分，或与其他基础性训练方法相结合。例如，在热身活动中，跑者可以先进行技术练习（将在下文介绍），然后再做 10 次 100 米跨步以提升速度，最后以 20 分钟的极限飞盘结束以提升灵活性和心肺功能。

技术训练

表 6.4 内的训练范例包括 4 种针对长跑选手的技术训练，我们将在此部分内容中一一介绍。这些训练方法可以训练跑者的神经肌肉系统，帮助他们提高扎实跑步技术的关键特点，包括正确的上肢姿态、高抬腿、离地阶段强有力的蹬地腿伸展、良好的踝关节背屈（关闭）和伸展（打开）以及高效的摆臂动作。对任何技术训练课来说，一个重要的元素是来自教练的积极反馈。在很多情况下，青少年跑者会以错误的方式进行技术练习，这会加强低效的动作模式，并带来受伤的风险。在任何可能的时候，教练应该把技术训练课拍成视频，然后给跑者讲解他们的优点和缺点。不需要很高级的视频拍摄设备——只要一部智能手机就够了。

在进行技术练习时，运动员应该保持上身挺直，髋关节稍微前屈。他们应该记住"抬头挺胸"。这个窍门可以促进核心肌群的运动，保持脊椎挺直。在下巴与地面平行的情况下，双眼应该直视前方。练习这种姿势有助于避免上肢扭转、双臂乱摆以及使用低效的跨步技术。当身体无精打采或过于前倾或后倾的时候会出现这种步态。每次练习还强调协调有力的摆臂，也就是手臂上下摆动而不在身前交叉。

许多种练习（包括高抬腿前进）强调在离地阶段蹬伸蹬地腿和抬高膝盖。这些动作对增加步长是必不可少的，正如我们在第5章讨论的，增加步长对冲刺或中长跑中的蹬地非常重要。能够通过蹬伸蹬地腿发出强大推进力、并且能通过抬高膝盖保持前腿离地的跑者会自然地加长他们的步幅。那些无法通过加长步幅加快速度的跑者会处于劣势。

基础的跳绳练习能提高良好的小腿和脚步技术。该练习能单独训练踝关节的动作。一个常见的错误是，在脚掌离地时保持踝关节锁死。正如我们在第5章中讨论的，在跑步迈步过程中，有大量推进力来自踝关节伸展。在基础的跳绳训练中，运动员保持膝关节相对笔直，会使伸展踝关节的肌肉负责全部的推进力。

表6.4 训练课范例：技术训练

重复练习距离：10 ~ 100 米
强度：快速但是可控
频率：每次练习重复3 ~ 6 次
恢复：慢走或慢跑回到起点

备战早期的训练课范例

练习动作	新手 CA[a]=12 ~ 14（岁） TA[b]=0 ~ 2（年）	中级 CA=14 ~ 16（岁） TA=2 ~ 4（年）	高级 CA=16 ~ 18（岁） TA=4 ~ 6（年）
高抬腿前进	3×20 米	3×30 米	3×40 米
垫步跳	3×40 米	3×60 米	3×80 米
后踢跑	3×20 米	3×30 米	3×40 米
高抬腿跑	3×30 米	3×40 米	3×50 米

[a]CA= 实足年龄

[b]TA= 训练年限

技术训练

高抬腿前进

这个练习要求运动员在离地时抬高膝盖并蹬伸蹬地腿的方式夸张地前进（因为双腿不会同时离地）。开始时，快速抬高右膝盖，使大腿与地面平行。右脚踝关节背屈，也就是说脚趾应该拉向小腿。

左腿保持伸直，只用跖骨和脚趾接触地面。保持右脚踝关节背屈、将腿放下，在前足部着地的刹那使脚掌位于臀部下方。肩膀放平，上肢在髋关节处稍微前倾。双臂保持 90 ~ 120 度角，并剧烈摆动（当右膝盖上抬时，左臂向前摆动）。确保双臂不在身前交叉，继续周期性的前进动作。这套练习动作的一个变化是高抬腿奔跑，使用的是相同的技术，但是会夸大蹬地腿的动作，这样双腿就会同时离地。在高抬腿奔跑中，我们的目标不是快速向前移动，而是通过抬高膝盖与地面平行进行多次快速、短距离的跨步。

技术训练

垫步跳

　　就像一个小孩一样跳跃,用脚跟着地,然后迅速转动跖骨,着重训练离地动作。双腿膝关节应该相对伸直,但不要僵硬。在离地后,使踝关节完全伸展,在落地前快速将脚趾拉向小腿。大幅摆动双臂,但不要使它们在身前交叉。

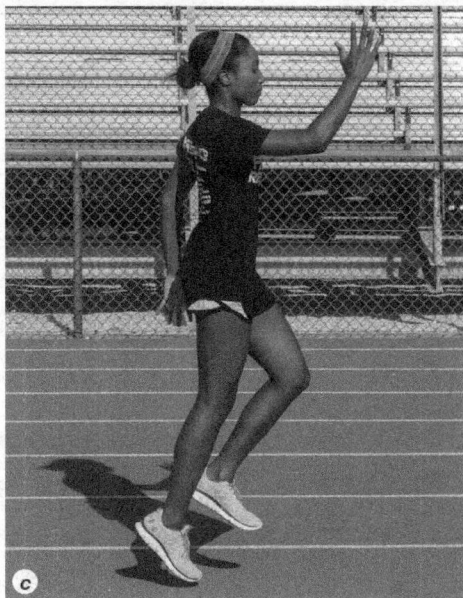

技术训练

后踢跑

用脚后跟轻踢臀部，大幅且持续的动作完成这一跑步练习。这一动作需要弯曲膝关节来完成。在整个练习过程中，不是像正常跨步那样将膝关节抬到身体前方，而是让大腿保持与地面垂直。

速度发展和复步技术

通过速度发展和复步技术的训练方法，运动员在 100 ～ 150 米的短距离内通过重复的复步应做到快速且可控的奔跑，节奏与比赛相当，甚至更快。在这些训练课中，教练会确定出跑者的姿势中需要提高的方面，然后给予纠正的指导。为了向你展示如何在个性化的训练中使用复步技术，让我们假设有一名步幅过大的跑者，他通常采用被动着地，而且摆臂时双臂在体前交叉，导致躯干出现旋转。回顾第 5 章所讲的，被动着地时脚掌要么向前移动，要么在着地的那一刹那没有移动；对比之下，在主动着地过程中，脚掌在着地那一刹那是向后移动的。在这样的一堂训练课中，运动员可能需要重复完成 15 组 150 米复步技术练习，并在每组间进行充分的恢复。为了改善每个错误的动作，可以将训练课分为以下几个部分。

- 以 1,500 米比赛的速度完成 5 × 150 米，将注意力集中在通过将着地脚靠近身体以此纠正步幅过大。
- 以 800 米比赛的速度完成 5 × 150 米，将注意力集中在主动着地。
- 以可控的冲刺速度完成 5 × 150 米，将注意力集中摆臂在一条直线上，并且不要越过身体的中线。

正如练习一样，运动员应该在充分休息后进行复步技术练习。在疲劳状态下，跑者很难做出并学会正确的动作模式。但是，在会导致疲劳的高强度训练课中，尤其是比赛专项训练课（见第 7 章），教练们应该特别注意跑者的技术动作。毕竟，技术训练的目标是将之应用在发生疲劳的比赛中。为了让跑者在高强度训练和比赛中保持对跑步技术的注意力，教练们应该采用在第5章的技术贴示中口头提示和提醒。

发展心肺功能

心肺功能，指的是心脏和血管向肌肉提供足量富氧血液的能力。对耐力来说，这是必不可少的基础体能。所谓耐力，指的是长时间保持中等强度活动的能力。在本部分内容中，我们介绍两种提高心肺功能的训练方法：持续的有氧跑和非跑步的有氧活动。

持续的有氧跑

为了提高心肺功能，跑者必须进行相对较长时间的中等强度训练。这种训练方式主要强化有氧能量转换途径。主要的训练方法是以中等强度持续不断地奔跑。为了发展心肺耐力，目标速度不必过快，但是也不能是慢跑。根据跑者的发育水平和项目的专项性，以及备战，跑步的时长应该在20 ~ 50分钟之间，或3 ~ 10英里。

在表6.5训练课的范例中，我们用分钟数表示持续有氧跑的持续时间，而不是英里。这是因为这种训练方式的主要目标是在较长时间内强化心肺系统，而不是跑步距离。而且，对这种训练方式来说，当衡量运动员训练量的是时间而不是距离时，你就没有必要计算赛道长度了。但是，如果你知道路线的距离，或者如果你的跑者使用运动手表，那么在心肺功能训练中使用跑步距离（而不是时间）衡量训练量也是可以的。

表6.5 训练课范例：持续的有氧跑

时长：20 ~ 70分钟
强度：最大心律的70% ~ 80%

备战早期的训练课范例		
新手 CA[a]=12 ~ 14（岁） TA[b]=0 ~ 2（年）	中级 CA=14 ~ 16（岁） TA=2 ~ 4（年）	高级 CA=16 ~ 18（岁） TA=4 ~ 6（年）
最大心律的70% 跑步 20 ~ 30分钟	最大心律的75% 跑步 30 ~ 40分钟	最大心律的80% 跑步 40 ~ 50分钟

[a]CA= 实足年龄
[b]TA= 训练年限

155

乔伊·约翰逊

科罗拉多州

乔伊·约翰逊曾是科罗拉多大学一名成功的学生运动员，他是著名的水牛城越野队的成员，曾在 2000 年拿到人体运动科学和应用生理学的硕士学位。从那以后，约翰逊就一直在担任高中、大学和职业级别长跑选手的教练。除了作为博尔德跑步训练营的总监之外，约翰逊还曾为多本跑步刊物撰稿。在这场访谈中，约翰逊谈到了神经肌肉功能和速度对青少年跑者的重要性。

什么是神经肌肉功能，它为何对青少年长跑选手如此重要？——神经肌肉系统是与肌肉结合在一起并控制其活动的神经系统。神经肌肉功能在长跑的许多方面都非常重要，包括中段加速和末段冲刺。出于这些需求，我们想要让青少年跑者强化他们的神经肌肉系统，使其能够调动尽可能多的快肌纤维。我经常看到一些跑者在越野跑和 3,200 米赛道跑上能取得很好的成绩，但是他们却没有较好的 800 米或 400 米个人纪录。在一定程度上，造成这个差异的原因是缺少短跑的代谢能力。但是，还可以通过简单的神经肌肉这一事实来解释，在训练中，这些运动员从不调动，让他们能跑得比自己的 400 米或 800 米个人纪录更快的肌肉纤维。所有青少年长跑选手都应该定期进行旨在提高神经肌肉功能的速度发展训练。

你最喜欢的通过神经肌肉功能发展速度的训练方法有哪些？——我最喜欢的速度发展训练是在 400 米田径跑道上，通常包含 3 个部分内容：首先，我们以 3 组 150 米训练开始，在这个训练中，运动员在前 50 米逐渐加速，在第 2 个 50 米保持速度，然后在最后 50 米减速。在中间的 50 米，我们的目标是达到 200 米个人纪录的速度。每组 150 米之后，慢跑 250 米回到起跑线并恢复，然后开始下一组。

其次，我们进行 2 ~ 3 组 40 米全速冲刺，起跑时使用前倾姿势。这个训练再简单不过了：你需要站直身体，然后前倾，直到快要跌倒的一刹那起跑，然后以尽可能快的速度跑 40 米。这些前倾起跑冲刺之间进行 3 ~ 5 分钟慢走进行恢复。

在速度发展训练的最后，我们以 800 米个人纪录的速度进行 3 ~ 4 组 120 米冲刺。我会教运动员们在开始 120 米冲刺之前先跑 30 米进行加速。在结束一组冲刺后，慢跑 250 米进行恢复，必要时尽量慢。

针对青少年长跑选手的快速伸缩复合训练，你有什么看法？——快速伸缩复合训练包括快速耦联离心（拉长）肌肉收缩和向心（缩短）肌肉收缩。考虑到冲刺是一名跑者所能完成的最具有专项特征的快速伸缩复合式动作。在冲刺中，下肢的各大肌肉群的拉长和缩短耦联速度是最快的。所以，通过我们的速度发展训练，我的运动员们是真正在做快速伸缩复合训练。

快速伸缩复合训练还包括双脚跳和交换跳练习，这可以训练神经肌肉系统在跑步复步过程中落地的瞬间对冲击力做出快速和强有力的反应。为了在这些训练中获取最大的收益并避免受伤，长跑选手们必须首先拥有非常好的一般性力量素质。在快速伸缩复合式的双脚跳和交换跳训练开始前，我们通过为期 2~3 个月的腿部循环训练强化这一能力。在每项快速伸缩复合训练中，我会非常仔细地观察我的运动员，确保他们以安全、正确的方式进行这些练习。

你是否建议将拉伸作为发展神经肌肉功能的一种方法？ ——我认为髋关节灵活性练习是所有跑者必须完成的，而不是传统的下肢肌肉静态拉伸。我们通过沃顿主动分离式柔韧性（AIF）方案提高髋关节的灵活性，各位教练可以上网学习这一技术。做这些练习时只需站在或躺在地面上，而且只需要 5 分钟。我会给运动员们布置每日的 AIF 训练计划，以提高神经肌肉功能和预防损伤。

如表 6.5 所示，训练时长区间下限是 20 分钟，这适合处于训练季开始阶段的新手。区间的上限是 50 分钟，这是为诸多专攻 3,000 和 5,000 米比赛，并且已经逐渐达到这个训练时长的高级跑者设计的。在为即将到来的赛季进行数周的备战后，高级跑者（比如已经有 5 年以上训练年限的 17 ~ 18 岁跑者）也许能够连续跑 70 ~ 90 分钟。

在持续的有氧跑中，跑者的速度应该能让他们的心律升到适中偏高的水平。基于对青少年运动员的心肺系统对训练的适应性的研究，我们建议目标心律区间在最大心律的 70% ~ 80%。对许多青少年来说，最大心率在每分钟 190 ~ 210 次之间。在完成 3 ~ 5 分钟的全力匀速跑之后，跑者可以立即计算他们的心律，从而得出他们的最大心律。这项测试的结果可以作为持续有氧跑训练强度的衡量标准，也可以作为第 7 章中介绍的训练方法强度的衡量标准。

例如，如果一名跑者的最大心律是每分钟 190 次。在目标区间的下限，也就是最大心律的 70%，这位跑者的速度需要能让他的心律升到每分钟 134 次（192bpm × 0.70=134bpm）。在目标心律区间的上限，也就是最大心律的 80%，跑者的速度应该使心律升至每分钟 154 次（192bpm × 0.80=154bpm）。持续有氧跑的速度应该比慢跑快，但应该足够慢，使跑者在不费力呼吸的情况下能够对话。一个好的

测量脉搏以计算心律

　　下面的两张照片展示了如何测量脉搏，也就是心跳的回声。可以在手腕（桡动脉）和颈部（颈动脉）感受脉搏。要想测量腕部的脉搏，把你的右手放在左手掌，然后把右手指尖按在左手拇指上。把食指和中指缓慢地沿着拇指边缘移向腕部。一旦你的指尖放到腕部，感受到脉搏，计算 15 秒内的跳动次数，然后乘以 4。要想测量颈部的脉搏，把右手食指和中指放在颈部，与喉结平行。将手指往后移动，直至位于喉结与连接颈部正面和侧面的肌肉之间。轻轻地按压，感受脉搏，计算 15 秒内的跳动次数，然后乘以 4。

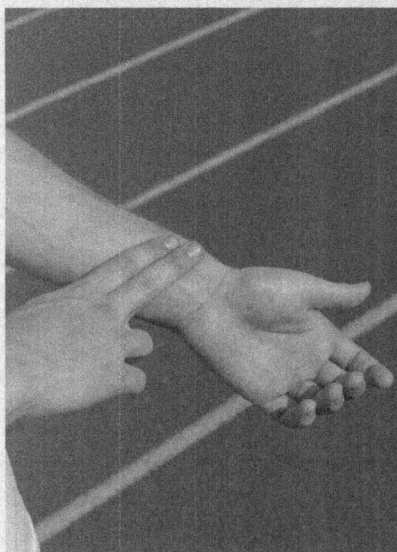

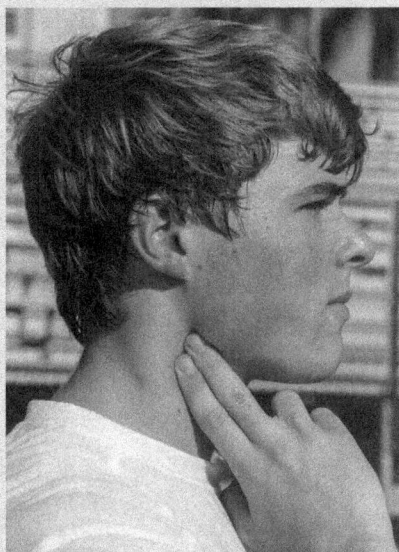

　　测量心律的另一个方法是使用绑在胸部的心律带，它会将每分钟心律以数据的形式记录在运动腕表上。随着技术的进步，心律带的价格已经大幅下降，而且使用便捷。

　　做法是每隔 20 分钟左右检查下心律是否处于目标区间之内，如果不在区间内就调整（有关如何测量心律的指导，请详见测量脉搏以计算心律的指南）。

　　在计划持续有氧跑训练课时，教练们应该牢记个体间的差异。对训练年限少于一年的新手来说，最佳的训练强度是 8 分 ~ 8 分 30 秒之间跑完 1 英里（每千米 5 分 ~ 5 分 17 秒）。相比之下，高级跑者（训练年限在 4 年或以上）也许需要在 6 分 30 秒 ~ 7 分之间跑完 1 英里（每千米 4 分 02 秒 ~ 4 分 21 秒）甚至更快，这样才能达到提高心肺功能的阈值。如果新手试图赶上高级跑者，那么他们所需付出的努力可能会超过他们的极限。在这种情况下，无氧代谢将会发生作用，然后疲劳会立即随之而来，导致跑者减慢速度，甚至停下脚步。结果就是，他们无法达到加强心肺功能的目标。

持续有氧跑的时长应该逐年增加。如表 6.5 的训练课范例所示，高级跑者的训练课时长（40 分钟）是新手（20 分钟）的两倍，而且高级跑者的训练强度处于区间的上限。即使一位只有一年训练年限的 13 岁跑者也可以完成 40 分钟甚至更长时间的有氧跑，他所能完成的跑步距离可能与第 1 章中呈现的发育原则相违背。但是，如果这位 13 岁的跑者有在整个高中（也许更久远的将来）获得成功的动力和潜质的话，他就应该逐年增加训练量，这样才能确保持续不断的进步，并避免伤病或精疲力竭。

跑步持续时间还应该随着一个训练季的推进而逐渐增加。例如，经过 2 个月的准备阶段，越野跑新手也许可以将跑步时长从 20 分钟增加到 35 分钟。同时，这些跑者需要加快他们的节奏，因为他们的有氧能力已经提高了。一个训练季结束后，在保持 70% ~ 80% 最大心率的节奏下，每英里所需的时间可能会减少 30 秒（每千米约减少 20 秒），甚至减少得更多。

跑者应该尽可能在松软的地面上奔跑，而不是沥青或水泥地面，以避免对腿部肌肉、结缔组织和关节造成过度的冲击和压力。为了增加多样性和娱乐性，在不同赛道上训练也是明智的选择。教练可以偶尔带着队伍在附近的公园或沙滩、山路、泥路或其他自然路况下进行长跑。

非跑步的有氧活动

心肺功能强调的是对心脏肌肉的适应性，而不是人体的其他肌肉。因此，任何能将心律提升至目标水平的持续且有节奏的活动都可以作为合适的训练方法。他们可以通过自行车、游泳、越野滑雪、轮滑等运动方式，将心率维持在最大心率的 70% ~ 80%，那么就能加强心肺功能。这些非跑步的有氧运动包含在青少年跑者的训练计划中（尤其是备战的早期阶段），这是个很好的主意。非跑步训练方法可以增加训练的多样性，让训练变得有趣并提高跑者的积极性。而且由于这些训练方法能够训练许多不同的肌肉群，它们还有助于青少年跑者提高全面的身体素质，这对避免因跑步的重复压力导致的伤病至关重要。最后，在运动员因伤病而无法跑步时，非跑步的运动能给他们带来非常多的好处。在受伤的情况下，熟悉自行车或游泳的跑者可以通过这些方法在养伤期间保持有氧能力。

大步向前

　　一般性训练方法能为跑者的身体素质、心血管系统、肌肉和结缔组织以及神经肌肉系统奠定扎实的基础。在为即将开始的赛季进行备战的早期阶段，不管是新手，还是所有发育阶段的跑者，提高一般性体能都是最重要的训练目标。拥有扎实体能基础的跑者具备完成重负荷、高强度的比赛专项训练方法的力量和耐力。但是，它的好处远不止于让跑者为高要求的赛季做好准备。通过一般性训练方法得到提高的体能和技术能给跑者的整个跑步生涯奠定成功的基础。科学原理和事实证据已经证明，与那些只进行日常训练的跑者相比，综合多种训练方法（比如循环训练、负重训练和技术训练）的跑者拥有更长和更成功的职业生涯。使用本章介绍的训练方法的跑者还可以避免伤病，并最终能够在高强度下进行训练，因为他们的身体能够承受这个压力。在我们在第 7 章继续讨论强度更大的比赛专项训练方法之前，不要忽视它们与本章内的一般性训练方法之间的关系。

比赛专项训练

可以将第 6 章介绍的一般性训练称为*训练而进行的训练*。这些训练方法能帮助跑者打下坚实的身体素质基础，支撑他们完成更高级别的训练，使他们能在最高水平的比赛中取得佳绩。在本章中，我们将进一步讨论更高级别的比赛专项训练方法。换句话说，这里我们将着重讨论为比赛而进行的训练。本章中的训练方法模拟了 800 ~ 5,000 米比赛中的生理和心理需求。这些训练方法是：节奏跑、有氧间歇跑、无氧间歇跑、比赛专项间歇跑、计时赛以及节奏和战术练习（见图 7.1）。

比赛专项训练方法是以专项原则为指导的，该原则认为跑者对训练的生理适应性视他们采取的专项训练方法而定。比如第 6 章中的持续有氧跑的一般性训练方法，它可以为心肺功能打下非常好的基础。但是，它是一种强度相对较低的训练方法，不会给身体造成足够带来生理性变化的压力，使他们难以发挥最大的潜能。例如，在持续的有氧跑中，身体不需要承受无氧代谢和乳酸堆积带来的疲劳效应。总的来说，一般性训练方法无法让跑者为比赛的生理需求做好充分的准备。一个完整的备战计划必须包括比赛专项的训练方法。

还有一个理解专项性原则的要点：要想比赛中跑得快，跑者必须在训练中加快速度，就是这么简单。但是，你要记住，与一般性训练方法相比，比赛专项训练方法对身体素质的要求更高，所以它们可能带来更高的受伤和精力耗尽的风险。新手（尤其是那些没有到青春期的新手）应该从训练量较小的比赛专项训练开始，然后随着时间的推移慢慢地增加负荷。对各个水平的跑者来说，他们应该在一整个赛季内逐渐增加比赛专项训练的负荷量。除本章外，我们还将在第 9 章谈到这个话题，届时我们还将指导跑者如何将一般性和比赛专项训练整合到训练计划内。

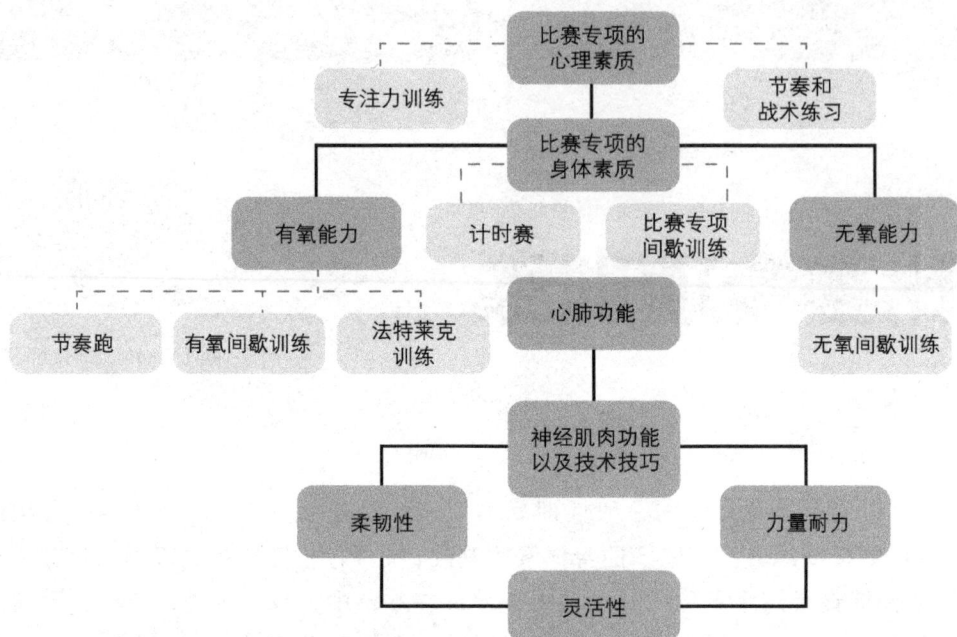

图 7.1　比赛专项体能

发展有氧能力

正如第 2 章所说，决定长跑成绩的最重要生理因素是有氧能力，它是心肺功能的一个方面，也就是人体为工作肌肉运送氧气让其快速生成 ATP 的最重要的能力。在这部分内容中，我们将介绍 3 种既能提高有氧能力，又能提高比赛专项心理素质（比如意志力和节奏技巧）的训练方法：节奏跑、有氧间歇训练和法特莱克训练。

节奏跑

跑者可以通过训练提高肌肉产生乳酸速度超过清除速度的阈值，从而提高有氧能力。对青少年跑者来说，整个阈值通常发生在最大心率的 80% ~ 85%。在这个强度下，跑者能在感觉到疲劳前保持较长时间的奔跑。例如，一名身体素质出色的 18 岁跑者能在 85% 最大心率下连续跑 40 分钟乃至更长时间。这种训练方法被称为节奏跑。

在本部分内容里，我们介绍两种节奏跑的方法：间歇节奏跑和持续节奏跑。我们分别在表 7.1 和表 7.2 中介绍这两种方法的训练课范例。请注意，我们建议在备战阶段早期，或一个新的训练季的头几周采用这些训练课范例。随着赛季的进行，负荷量和速度将会增加。以下指南将有助于跑者设定目标训练强度。

- 跑步的速度应该将心率提高到最大心率的 80% ~ 85%。为了确保他们在目标心率区间内，跑者每跑完四分之一的距离就可以停下测量脉搏。对节奏跑来说，心率带非常有用，因为运动员不需要停下就可以通过手表读取脉搏次数。
- 这种速度应该刺激跑者强烈地呼吸，但不要呼吸困难。在方式正确的情况下，节奏跑达到使跑者无法随意交谈的训练强度。
- 这个速度应该能够让跑者感受到生理和心理上的挑战，但是在训练课结束的时候，在不得不减慢速度前，跑者应该能保持这个速度再跑 6 ~ 10 分钟。
- 对许多跑者来说，最适合的每英里速度应该比他们当前的 1 英里跑比赛速度慢一分钟，比他们的 5,000 米比赛速度慢 30 秒。

通过心率确定训练强度，跑者可以在任何地方进行节奏跑，不管是泥路、草地或山坡，还是 400 米田径跑道。节奏跑的主要目标是保持这样一个速度，使心率保持在最大心率的 80% ~ 85%。因为在节奏跑中，跑者的速度虽然快，但还没有全力奔跑，所以他们可能忍不住提高速度与队友竞争。有两种方法可以防止这种情况发生：把水平接近的跑者分为一组，或者让跑者间隔出发，让他们独自奔跑。

间歇节奏跑

正如表 7.1 所示，间歇节奏训练包括重复训练，每组训练时长 3 ~ 10 分钟。每完成一组训练，为了恢复，跑者可以立刻慢跑 30 ~ 90 秒。这个恢复阶段可以让跑者得到休息，让他们重新把注意力集中在保持速度和良好的跑步技术上。根据每次跑步的持续时间，可以将重复训练定在 2 ~ 10 组之间。例如，对一名开始越野跑训练课的中等水平跑者来说，他可以进行 4 组 4 分钟跑，两组训练之间进行 60 秒的慢跑恢复。

与持续节奏跑相比，间歇节奏跑对跑者身体和心理的要求较低。尤其在训练季的开始阶段，由于跑者的身心素质较弱（尤其是心理素质），无法在中途不休息的情况下保持快节奏的奔跑，因此间歇节奏跑特别有效。对于那些需要提高节奏和专注技巧的新手来说，间歇节奏跑也非常有效。

表 7.1　训练课范例：间歇节奏跑

重复次数时长：每组训练 3 ~ 10 分钟
强度：最大心率的 80% ~ 85%；每英里速度比 1 英里跑比赛大约慢 1 分钟
频率：2 ~ 10 组
恢复：轻快慢跑 30 ~ 90 秒
每节训练课的总训练量：2 ~ 6 英里（3,200 ~ 10,000 米）

备战早期的训练课范例

新手 CA[a]=12 ~ 14（岁） TA[b]=0 ~ 2（年）	中级 CA=14 ~ 16（岁） TA=2 ~ 4（年）	高级 CA=16 ~ 18（岁） TA=4 ~ 6（年）
4 × 3 分钟，60 秒恢复时间	4 × 4 分钟，60 秒恢复时间	4 × 6 分钟，30 秒恢复时间
3 × 5 分钟，90 秒恢复时间	3 × 6 分钟，90 秒恢复时间	3 × 8 分钟，60 秒恢复时间

[a]CA= 实足年龄
[b]TA= 训练年限

持续节奏跑

对提高有氧功率以及节奏技巧和专注力来说，持续节奏跑是非常好的训练方法。就提高这些心理素质来说，间歇节奏跑的效果并不是很好，因为在重复训练之间，跑者可能会期待即将到来的恢复阶段，然后在心理上放松。我们建议在训练季的开始阶段——也就是备战的早期阶段——进行 12 ~ 24 分钟的持续节奏跑，具体的持续时间可以根据跑者的发育水平和项目的专项性而定（见表 7.2 内的训练课范例）。当然，新手应该从这个区间的下限开始。专攻短距离（尤其是 800 米）的高级跑者不需要进行与 5,000 米跑者一样多的节奏跑训练。

表 7.2　训练课范例：间歇节奏跑

时长：12 ~ 40 分钟
强度：最大心率的 80% ~ 85%；每英里速度比 1 英里跑比赛大约慢 1 分钟
频率：1 组
恢复：无
每节训练课的总训练量：2 ~ 6 英里（3,200 ~ 10,000 米）

备战早期的训练课范例

新手 CA[a]=12 ~ 14（岁） TA[b]=0 ~ 2（年）	中级 CA=14 ~ 16（岁） TA=2 ~ 4（年）	高级 CA=16 ~ 18（岁） TA=4 ~ 6（年）
80% 最大心律跑 12 ~ 14 分钟	80% 最大心律跑 14 ~ 18 分钟	85% 最大心律跑 18 ~ 24 分钟

[a]CA= 实足年龄
[b]TA= 训练年限

给间歇训练课增加多样性

在整本书里，许多范例间歇训练课内用持续时间或距离表示重复次数，比如 4×2 分钟，或 6×300 米。简单起见，我们已经提供了相同重复训练持续时间的范例。但是，为了增加多样性，重复训练的持续时间和距离可以改变。例如，一个 4×2 分钟的间歇节奏跑训练课可以改为 1 组 3 分钟、1 组 2 分钟、再加 1 组 3 分钟。总持续时间（8 分钟）保持不变，最重要的是生理成果和训练产出也保持不变。

持续节奏跑的负荷量（训练时间或距离）和负荷强度应该逐年、逐赛季地增加。由于节奏跑通过提高乳酸阈值改善有氧功率，因此目标速度会自然而然地加快。例如，一位有 2 年跑龄的跑者，为了将心率提高到最大心率的 80%，也许需要每英里 7 分 ~ 7 分 30 秒（每千米 4 分 21 秒 ~ 4 分 40 秒）的速度。在经过 3 ~ 4 年的训练后，他的目标速度可以达到每英里 6 分（每千米 3 分 44 秒）左右。

在一整个赛季内，从备战早期到比赛开始，节奏跑的时间和速度也应该逐渐加快。例如，在为期 6 周的越野跑赛季内，每周进行一次间歇跑训练课。在前 3 周内，一位 16 岁的女跑者的间歇训练可以从 3×4 分钟增加到 3×7 分钟。在最后 3 周内，她也许可以转换到持续节奏跑，将持续时间从 16 分钟增加到 22 分钟。一名拥有 5 年训练年限的 18 岁跑者可以在训练的前两个月内将持续节奏跑从 24 分钟逐渐增加到 40 分钟。跑者一旦可以接受较长时间的训练——比如，多于 6 分钟——他们最好从间歇节奏跑转换到要求更高的持续节奏跑。

有氧间歇训练

虽然间歇和持续节奏跑是强度相当大的训练方法，而且对提高有氧能力和心理素质非常重要，但是它们没有给有氧系统造成最大的压力。为了将有氧能力提高到最大限度，跑者的速度必须让他们的肌肉耗氧量接近最大。达成这个目标的最佳方法就是有氧间歇训练。从生理上说，间歇训练比持续奔跑更有优势，因为它可以让身体经历更长时间的高强度训练刺激。

举个例子，有一位训练年限为 4 年的 16 岁跑者，他持续奔跑的速度足以给他的有氧系统造成最大压力，并达到最大摄氧量。在因为疲劳减慢速度前，他可能持续跑 8 ~ 10 分钟，跑完 2,500 ~ 3,000 米。现在，假设让他以同样的速度进行一系列 3 分钟跑，每跑完一组可以恢复 2 ~ 3 分钟。在这种情况下，这名运动员能够奔跑的时间会远远多于 8 ～ 10 分钟。在疲劳之前，他也许可以完成 6 组甚至更多组数的 3 分钟训练。所以，他可以在最大摄氧量的状态下跑 18 分钟，跑完近 5,000 米。间歇训练方法可以延长高强度下的跑步时间。

针对备战早期阶段的有氧训练范例（见表 7.3）。需要注意的是，我们建议的跑步强度大概与 3,000 ～ 5,000 米比赛的速度相当，在这种速度下，跑者的心率是其最大心率的 85% ～ 95%。可以结合不同的训练时长和频率达到预期的训练效果。跑者甚至可以进行许多组非常短距离的重复训练，比如 20 × 100 米，每组后进行 50 米的慢跑恢复，这样也可以在较长时间内让耗氧量达到最高水平。但是，我们建议进行有氧间歇训练的跑者在重复训练中跑较长的距离——比如 600 米 ～ 1 英里。训练的距离加长，不仅可以提高有氧功率，还能发展跑者的节奏技巧。例如，在为田径赛季备战的开始阶段，中等水平的 3,200 米跑者可以进行 800 ～ 1,000 米的重复训练。对专攻较长距离的跑者来说，一节训练课的总训练量区间可以在 1,200 米（新手）到 8,000 米（高级跑者）之间。

表 7.3　训练课范例：有氧间歇训练

重复次数距离： 600 米到 1 英里
强度： 85% ～ 95% 最大心率；3,000 ～ 5,000 米比赛的速度
频率： 2 ～ 10 组
恢复： 跑步与恢复时间的比率是 1:0.5、1:1 或 1:1.5
每节训练课的总训练量： 0.75 ～ 5 英里（1,200 ～ 8,000 米）

备战早期的训练课范例

新手 CA[a]=12 ～ 14（岁） TA[b]=0 ～ 2（年）	中级 CA=14 ～ 16（岁） TA=2 ～ 4（年）	高级 CA=16 ～ 18（岁） TA=4 ～ 6（年）
2x600 米，1:1 恢复比率，或 2x800 米，1:1.5 恢复比率	4x800 米，1:1 恢复比率，或 3x1,000 米，1:1.5 恢复比率	4x1,000 米，1:1 恢复比率，或 3x1,200 米，1:1 恢复比率

[a]CA= 实足年龄
[b]TA= 训练年限

在有氧间歇训练课中，我们通常用跑步持续时间与恢复时间的比率来表示恢复时长。比如，1：1 的跑步与恢复比率指恢复时间与每组重复训练的时间一样长。在进行下 1 英里的重复训练前，一名以 5 分 42 秒跑完 1 英里的跑者应该恢复 5 分 42 秒。针对有氧间歇训练，我们建议的时间比例是 1：0.5、1：1 或 1：1.5。如果跑者感觉到非常疲劳，以至于无法达成重复训练的目标速度，那么教练应该增加恢复时长。在训练间歇进行恢复的时候，跑者们应该慢跑，而不是散步或站着不动。慢跑被认

为可以加快恢复速度，因为轻微的肌肉收缩能将乳酸从肌肉运输到血液中去。

有氧间歇训练的过程与节奏跑类似。也就是说，跑者需要逐渐增加每节训练课的时长和总负荷量。此外，要想取得进步，跑者需要逐年、逐赛季加快奔跑速度。例如，新手也许可以把他们的目标速度定在 5,000 米比赛速度，而高级跑者可以把目标定在 3,000 米比赛速度。更多关于如何在一个赛季内增加有氧间歇训练的具体范例，请见第 9 章。

一般情况下，一个模拟比赛场景的地点是有氧间歇训练的理想场所。毕竟，我们在本章谈论的是比赛专项训练。所以，在越野跑赛季期间，跑者需要在与比赛道相似的赛道上训练。在田径赛季期间，他们应该在田径跑道或柔软平地上进行有氧间歇训练，比如泥路或高尔夫球场球道。

法特莱克跑

另一种发展有氧功率的训练方法是法特莱克跑。法特莱克是瑞典语，意思是"速度游戏"。法特莱克跑是一种非结构化的训练方式，它结合了持续和间歇训练。正如其名称所示，该训练法包含了游戏式的奔跑，根据运动员的感觉或队友的反应改变冲刺的速度和时长。在理想的情况下，法特莱克跑应该在自然场景下进行，比如公园或林荫道。独自训练的跑者可以用自然地标来决定冲刺的距离和速度。如果他们觉得自己可以朝 200 米外的一棵树全力冲刺，那么他们就应该这么干。他们可以用更持久、可控的速度冲刺到 800 米外的一个转弯处。法特莱克跑是学习控制速度和力量绝佳的训练方法。同样，当训练课时长超过 15 分钟，而且冲刺的速度足够快的时候（至少 5,000 米的比赛速度），跑者的有氧能力将获得较大提升。此外，法特莱克跑也可以非常有趣。在不通知何时开始冲刺以及冲刺多长距离的情况下，选手们可以轮流领先。法特莱克跑可以让比赛冲刺所需的多种节奏技巧和意志力得到提升。

但是，法特莱克跑的非结构性特点可能是一个缺点，因为教练无法控制每名运动员的训练负荷。因此，有的跑者的负荷可能太轻，有的跑者的训练负荷可能过重。在一个结构性更强的法特莱克跑中，教练通过吹哨子掌控冲刺和恢复间隔的时长。例如，在 25 分钟的持续跑中，一声急促的哨声提醒跑者开始以 1 英里比赛速度冲刺，然后保持这个速度一直到下一声哨声响起。在听到两声急促的哨声后，跑者开始以 3,000 米比赛速度冲刺，3 声急促的哨声则是以 5,000 米比赛速度冲刺。当跑者已经冲刺足够距离的时候，教练再次吹哨提醒跑者进行恢复性慢跑。

给父母们的建议

由于本章的重点是帮助跑者为比赛做好准备，所以多数信息是与教练和运动员自身直接相关的。但是，在帮助青少年跑者训练和发挥最大能力上，父母们也扮演着非常重要的角色。以下是父母们可以遵循的几个要点，以确保选手在比赛专项训练和比赛中取得积极的成果。

- **在训练前的用餐中增加额外的碳水化合物**

  在第 2 章中，我们谈到过随着跑步强度（努力的程度和速度）的增加，跑者需要消耗更多糖原——人体内膳食碳水化合物储存形式——为肌肉收缩提供能量。比赛专项训练可以将训练强度提升到最高水平。随着赛季的临近和训练强度的提升，你可以通过在训练前的膳食中增加更多碳水化合物来帮助孩子更快地恢复（食谱建议见第 3 章）。

- **花钱买双好跑鞋**

  针对比赛，你的孩子所在的学校或俱乐部唯一不会提供的特殊装备可能是一双竞速鞋。与训练鞋相比，竞速鞋的重量更轻，缓震效果较小，而且对足弓的支撑也较少。竞速鞋的鞋底要么是平底，要么在前足部有鞋钉。大多数顶尖长跑选手会在草地越野跑和橡胶跑道上穿带鞋钉的跑鞋。但是，带鞋钉的跑鞋的价格可能非常昂贵，而且对大多数青少年跑者来说，一双不错的竞速的平底鞋足够满足越野跑和径赛的需要了（更多关于购买跑鞋的建议，参见第 5 章）。

- **不断学习有关跑步比赛的知识**

  如果你想要参与孩子的跑步生涯，了解越野跑和径赛的知识会对你有所裨益。为了了解更多知识，你可能需要阅读一些有关职业跑者的比赛策略的书籍和杂志。或者，在电视或互联网上观看世界级跑者的表现。作为一名观众，你也许会有兴趣了解如何计算分段时间，以及算出你孩子的速度能否达到目标成绩。你对跑步比赛的了解越深入，你就越能给孩子提供支持。

- **找出孩子对支持的期望和需求**

  如果阅读本书的你是一位父亲或母亲，很明显，你想要全力支持孩子达到目标成绩。但是，假如你的意愿与孩子的期望和需求不完全匹配，你该怎么办？你的孩子与你分享比赛目标和训练进程的意愿有多强？这些问题的答案可能要根据孩子参与跑步运动的动机而定，而这个动机并不一定是为了取得最佳成绩。你的孩子是否想要你去看他的比赛？你是否乐意去为他加油？有的孩子会因为父母来看自己比赛而感到紧张，而另外一些孩子却会因为父母缺席而感到失望。找到这些问题答案的唯一途径就是去问你的孩子。打破沟通的界限往往会带来最好的结果。

发展无氧能力

在 800 ~ 5,000 米的比赛中，跑者的有氧能量系统会达到极限，对无氧能量产生巨大的需求。例如，在一场 800 米比赛中，多达 40% 的能量是通过无氧转化途径提供的。（见第 2 章表 2.1）正如第 2 章谈到的，为了给中段加速、爬坡和末段冲刺供能，所有长跑选手都需要无氧能量。在这些情况下，乳酸会快速堆积，除非跑者的身体通过训练能够清除或缓冲乳酸，否则她就会疲劳，并在比赛的关键阶段减慢速度。

无氧间歇训练能调节跑者的身体和心理，让他在全力奔跑时（比如一场 800 米比赛或更长距离比赛的最后一圈冲刺）抗拒疲劳。有氧间歇训练又被称为*速度耐力训练*，它训练的是疲惫状态下快速奔跑的能力。这种训练方法的生理效果有助于人体缓冲并清理肌肉中的乳酸。由于这种训练方式要求跑者以近乎最快的速度奔跑，所以应该在平整和坚固的地面上进行训练，比如一条田径跑道或一块平整的草地。

表 7.4 中列出了几种适用于备战初期的无氧间歇训练课。训练距离在 200 ~ 800 米之间不等，根据运动员的发育水平和项目的专项性而定。一节训练课中的组数在 2 ~ 8 次之间，总训练量应该相对较短，在 600 ~ 3,200 米之间。我们建议每个重复训练的速度比 1,600 米的比赛速度快 5% ~ 15%。例如，如果一名跑者对 1,600 米比赛的目标时间是 5 分 28 秒（平均每 400 米 82 秒），那么

他应该在 70 ~ 78 秒内跑完 400 米重复训练。通过以快于比赛的速度进行训练，跑者可以在身体和心理上建立一种速度储备的感觉。结果就是，他在比赛速度下就会感觉相对轻松。

表 7.4　训练课范例：无氧间歇训练

重复次数距离：200 ~ 800 米
强度：比跑 1,500 ~ 1,600 米的速度快 5% ~ 15%；100% 的最大心率
频率：2 ~ 8 组
恢复：跑步与恢复时间的比率是 1:2 ~ 1:4
每节训练课的总训练量：0.3 ~ 2 英里（600 ~ 3,200 米）

备战早期的训练课范例

专项	新手 CA[a]=12 ~ 14（岁） TA[b]=0 ~ 2（年）	中级 CA=14 ~ 16（岁） TA=2 ~ 4（年）	高级 CA=16 ~ 18（岁） TA=4 ~ 6（年）
800 米	3 × 200 米，或 1 × 300 米和 1 × 200 米	4 × 200 米，或 2 × 300 米和 1 × 200 米	5 × 200 米，或 3 × 300 米
1,500 米 ~ 1 英里	4 × 200 米，或 1 × 300 米和 3 × 200 米	3 × 300 米，或 2 × 300 米和 2 × 200 米	3 × 400 米，或 3 × 300 米和 2 × 200 米
3,000 ~ 5,000 米 和越野跑	3 × 400 米，或 2 × 500 米	4 × 400 米，或 2 × 600 米 2 × 200 米	4 × 500 米，或 1 × 600 米 3 × 400 米

[a]CA= 实足年龄
[b]TA= 训练年限

　　跑者在每组训练中都应该竭尽全力，以至于他无法以目标速度继续多跑 100 米。在组间，他们应该恢复尽可能长的时间，要么慢跑，要么散步，直到他能够以目标速度跑完下一组。作为一般指南，跑步与恢复时间的比率应该在 1：2 ~ 1：4 之间。例如，在 4×400 米的间歇训练中，如果跑者跑完每 400 米用时 70 秒，那么他的恢复时间应该在 2 分 20 秒（1：2）和 4 分 40 秒（1：4）之间。尽管训练应该让跑者耗尽全力，但是也不应该让他们的动作变形。如果这种情况发生，那么教练就应该增加恢复时间，让跑者得到彻底休息。

　　表 7.4 内的训练课范例介绍了如何逐步增加无氧间歇训练。训练的距离和训练量应该逐年、逐赛季地增加。最重要的，以更快的速度完成训练。例如，一名

拥有 3 年训练年限的 15 岁男孩应该能在 5 分钟恢复时间下以平均 68 秒的速度完成 3×400 米的间歇训练。在 17 岁的时候，相同的运动员可以将他的平均成绩提高到 61 ~ 62 秒之间。

在一个赛季内，无氧能力训练的水平会逐渐提升，重复训练的次数和总训练量也会增加。例如，在赛季初，一名中等水平的 3,200 米跑者应该从 4×400 的间歇训练开始。随着比赛周期的到来，他们应该能够完成 6 ~ 7 组的 400 米间歇来训练。

发展比赛专项能力：全面发展

本章和第 6 章谈到的能力就像一个人在用砖块砌筑一栋大楼。只提高一种或几种能力的训练不会对跑者有所帮助，他们应该建立有助于取得最佳成绩的全面能力。针对青少年跑者的高效训练计划能一个接着一个最大限度地建立必不可少的能力。正如你将在第 9 章学到的，大多数日常训练课应该专注于提高一到两种能力。随着时间的推移，最佳的训练计划能逐步以正确的比例整合所有训练方法，以发展全面的身体和心理素质。但是，有的时候，跑者可以通过训练方法同时训练一些（或者全部）必要的能力。这些训练方法就是比赛专项间歇训练和计时赛（练习赛）。

比赛专项间歇训练

在比赛专项间歇训练中，跑者需要以目标比赛速度跑完接近于他的专项距离总的跑步距离。每组的距离应该相对较长，至少是比赛距离的三分之一。例如，一名跑者跑完 1,500 米的目标时间是 4 分 45 秒。在一节比赛专项间歇训练课中，他也许会以目标速度完成 3×500 米（每 500 米 1 分 35 秒）。在另一节范例的训练课中，他也可以用 2 分 13 秒的速度跑完 2×700 米。除了以目标速度奔跑之外，这些训练课之所以被称为比赛专项训练，是因为它们之间的恢复时间非常短，只有 20 ~ 60 秒，或者只够运动员喘口气，然后继续训练。

表 7.5 内的比赛专项间歇训练课范例适用于赛季准备周期的开始阶段。总训练量要少于跑者的专项。例如，在开始阶段，一名 3,000 米跑者也许会进行 2×1,000 米的间歇训练。随着准备周期的推进，总训练量也许会从目标比赛距离的 60% 增加到 100%。在这个过程中，跑者在一个基础速度上逐步达到比赛距离，使目标速度下的跑步距离越来越长。

为比赛专项训练课做准备

比赛专项训练方法要求特殊的准备，因为要达到最高的体能水平，它们的高要求必不可少。跑者应该在比赛专项训练课前一到两天进行必要的准备，以储备较高的能量水平。这意味着他们得使用一些恢复性训练方法减轻肌肉酸痛和紧张，比如轻松慢跑和轻微的拉伸。这还意味着他们得吃一些富含碳水化合物的膳食，以确保足够的糖原水平。在比赛专项训练课开始前，跑者应该进行充分的热身运动，包括慢跑、柔韧性练习和复步技术。还有一个好的热身方法是穿着训练鞋进行热身，然后在训练课内穿上竞速平底鞋或钉鞋，尤其是在无氧间歇训练、比赛专项间歇训练和计时赛中。轻量竞速鞋可以使跑步机制有很大改观，但是很明显，它们无法提供与训练鞋一样的支撑和缓震效果。通过在比赛专项训练课中穿竞速鞋，跑者可以调节双脚和小腿的肌肉和结缔组织，以承受更大的冲击力。

表 7.5　训练课范例：比赛专项间歇训练

重复次数距离：目标比赛距离的 1/3 ~ 1/2
强度：比赛速度
频率：2 ~ 4 组
恢复：20 ~ 60 秒
每节训练课的总训练量：专项的 60% ~ 100%

备战早期的训练课范例

专项	新手 CA[a]=12 ~ 14（岁） TA[b]=0 ~ 2（年）	中级 CA=14 ~ 16（岁） TA=2 ~ 4（年）	高级 CA=16 ~ 18（岁） TA=4 ~ 6（年）
800 米	2×300 米，60 秒恢复时间	2×300 米，45 秒恢复时间	2×300 米，30 秒恢复时间
1,500 米 ~ 1 英里	2×500 米，60 秒恢复时间	2×500 米，45 秒恢复时间	2×500 米，45 秒恢复时间
3,000 ~ 5,000 米和越野跑	2×1,000 米，60 秒恢复时间[c] 2×1,500 米，60 秒恢复时间[d]	2×1,000 米，60 秒恢复时间[c] 2×1,500 米，60 秒恢复时间[d]	2×1,000 米，60 秒恢复时间[c] 2×2,000 米，60 秒恢复时间[d]

[a]CA= 实足年龄
[b]TA= 训练年限
[c]3,000 米选手的训练课。
[d]5,000 米选手的训练课。

保罗·鲍尔

松树山高中
佛罗里达州

保罗·鲍尔在佛罗里达州劳德代尔堡市松树山中学担任越野跑和田径项目总监和主教练。在他执教松树山中学的前 3 年（2012~2014），高中男子和女子越野跑队夺得了 5 个区冠军和两个地区冠军，女子队还连续两年在锦标赛中赢得亚军。在田径项目上，鲍尔的松树山队赢得了 5 个区冠军，女子队在两次州际锦标赛中赢得第 3 名。在执教松树山之前，鲍尔曾在韦斯特敏斯特学院（佛罗里达州劳德代尔堡市）任教 7 年。在这段时间里，他教出了 73 个区冠军，22 个地区冠军，9 个州亚军，5 个州冠军还有 96 个州代表队队员。鲍尔还赢得了 6 次布劳沃德郡年度最佳教练。

你最常用的针对高中跑者的比赛专项训练有哪些？——在设计训练方法时，我们会模拟跑者在锦标赛中遇见的挑战。例如，我们的州际越野跑运动会在佛罗里达北部的塔勒哈希举行，这是一条丘陵赛道。这条赛道的难点在于一条陡峭的 100 米山坡，跑者必须翻越它两次。我们在佛罗里达南部找不到这样的山坡，所以我们就在桥上进行山坡训练。我们最喜欢的是劳德代尔堡的一座桥，该桥从一端到最高点有 400 米长——也就是说，从桥的一端到另一端有 800 米长。这就是我们训练运动员在一整场越野跑比赛中（即使是在山坡上）冲刺的方法。我们最喜欢的一种山坡训练包括在跑上桥的时候进行距离不一的持续冲刺跑。最重要的是，我们的运动员得一路冲上坡的最高点，然后在平地部分继续冲刺，直到开始下坡。大多数青少年跑者会努力冲到山坡的顶部，在到达山顶平地路段后就会立即放松。我们的方法是努力跑到山坡顶部，然后在山顶的平地路段努力冲刺。在经过这种冲刺战术的训练后，我们的跑者能在进入下坡路段前拉开与对手的距离。

为了备战田径锦标赛，我们喜欢进行不同距离的间歇训练。比如，在赛季中期的训练中，我们也许会做 3 组 700 米、500 米、300 米或 150 米的间歇训练。我们会让跑者以 1 英里比赛速度跑完 700 米或 500 米的训练，然后以 800 米比赛速度跑完 300 米或 150 米的训练。在每组训练后，跑者会继续进行恢复性慢跑，这意味着他们会逐渐减慢速度然后在下一组训练开始前逐渐加快速度。在 700 米和 500 米训练后的恢复慢跑距离为 300 米，300 米和 150 米训练后为 200 米。这种训练方法迫使我们的运动员在整个训练时间内不断地努力拼搏。在每组间歇训练的末尾，他们必须在已经感觉疲惫的状况下充分挖掘潜力，并几乎拼尽全力——这就像在一场比赛的最后阶段进行冲刺。在两组间歇训练中间，我们会让运动员进行 3 ~ 5 分钟的散步，做一些慢跑，然后在下一组训练开始前稍作休息来补充水分。

你如何正在比赛专项训练中整合心理素质训练？——我相信许多种心理训练方法。在越野跑中，我们会花很多时间与运动员谈论在不同赛道上比赛的策略。我们的孩子们非常聪明，但是我们还是得教他们完成一条赛道的最佳方法。这样的计划能让我们的跑者在参加越野跑比赛时充满信心——他们感觉自己对其他竞争对手占据优势。我们还会在间歇训练和节奏跑中进行许多节奏训练。这些训练帮助我们的跑者轻松地达到比赛目标的速度。

在径赛中，我们会让运动员为一场运动会中的多个项目做好身体和心理上的准备。佛罗里达州运动会的所有比赛项目在一天内结束，所以我们的孩子们得在 8 小时内参加 4×800 米接力、1,600 米和 3,200 米比赛。要想为州运动会中最重要的比赛最好心理准备，他们必须在参加比赛前完成这个挑战。所以，在州运动会之前的运动会中，我们会让运动员们参加多项比赛——例如，400 米和 800 米、800 米和 3,200 米、或 3,200 米和 4×400 米接力——而且这些比赛的间隔时间相对较短。

我们还喜欢模拟比赛不同阶段的要求。为了让我们的跑者为快速起跑做最好的身体和心理上的准备，我们可能会让他们进行大约 50 米的加速跑和 300 米的快速跑。此外，为了模拟比赛战术，在间歇训练课中，我们可能会在跑道上安排一组这样的练习，让跑者在虚线插入，让他们练习在比赛的前 200 米超越对手。以及为了让运动员做好终点前的快速冲刺的准备，我们会让他们在队友后面起跑，然后超过对手。

在间歇训练课中，你如何决定两组训练之间的恢复时长？——在许多年前，有一名教练告诉我年纪较小的运动员（尤其是女孩）无法在组间进行慢跑，而且应该用散步替代。但是，我从顶尖教练和运动科学家那里听到和读到得越多，我就越相信即使年纪最小、经验最缺乏和身体素质最差的跑者也应该使用主动慢跑的恢复方法。不过，在做任何事情时，我还是会考虑跑者的训练年限、体能水平、赛季的重点以及比赛目标。如果我认为不间断的训练对一名运动员的好处最大，我就会减少一节训练课的总的距离，并缩短每组的距离，然后加入一些慢跑和散步作为恢复手段。这往往是我们开始一个赛季的方式。随着赛季的推进，训练的距离就会加长。在赛季的最后阶段，当我们在为锦标赛做准备的时候，我们会让跑者以接近比赛的速度进行较短距离的训练，然后加长组间的恢复时间。我们的运动员不仅能达到每组的目标时间，还会在恢复性慢跑中感到舒服，因为我们从赛季初的训练就开始使用这种训练方法了。

你如何制订个性化的比赛专项训练？——我们制订个性化训练计划的一个方法是让女孩的总跑步距离比男孩短，即使他们参加的是相同的比赛项目。针对女孩，我们会对训练量保持更高的警惕，因为她们更容易受伤，尤其是应力性骨折。此外，多年来，我已经发现有些女孩对短距离的高强度间歇训练的适应力较差。这些运动员可以通过进行更多节奏跑训练提高比赛成绩。当运动员们谈论最适合他们的训练方法时，我真的会仔细聆听。我们还会根据运动员对长跑的自然倾向和比赛项目将他们分成不同的训练小组。比如越野跑，我们的孩子可能在即将到来的赛季中专攻 300 米栏、400 米或 800 米。我们会限制他们的总训练量，然后让他们在间歇训练中进行较短距离的训练，最后发现他们仍然能在越野跑比赛中取得最好成绩。

计时赛（练习赛）

随着赛季的临近，要想提高和测试跑者的比赛能力，最佳的方法是计时赛，也就是练习赛。例如，在赛季开始前几周，一名 3,000 米跑者可能会进行一次 1,500 米或 2,000 米计时赛。或者，跑者可以进行一系列计时赛，距离既可以短于 3,000 米，也可以长于 3,000 米。

除了为比赛调整身体之外，通过练习节奏策略和比赛战术，计时赛还是提高心理素质的一种好方法。不管结果怎么样，计时赛都可以提升跑者的信心和动力。如果运动员达到了他们的目标时间，他们就能确定自己在即将到来的赛季的准备工作处于正轨。另一方面，达不到计时赛目标造成的失望可以激励运动员更加努力训练，争取在下一次表现更好。此外，在计时赛前进行放松自己，以及模拟比赛前的热身是一个好方法。在赛季初期，模拟赛前的准备工作可以使跑者感觉更加舒适并且可以缓解紧张的情绪。

　　跑者可以把赛季初期的比赛当做练习赛，用来磨炼节奏技巧和战术策略。这种方法非常适用于美国高中生跑者的比赛日程，他们在赛季开始阶段往往是一周双赛。第 1 场比赛一般是周中的对抗赛，既可以在这场比赛中练习匀速比赛技巧，又可以练习中段加速或末段快速冲刺的战术。然后，第 2 场比赛往往在周末进行，是一场许多支队伍参加的大型比赛。这种比赛可以让长跑选手有机会在不受到过度压力的情况下尝试不同的比赛距离和策略。

发展比赛专项心理素质

　　我们都知道，能否在长跑比赛中获胜在很大程度上取决于最佳心理素质，也就是包括自信心、动力、意志力、节奏和战术技巧等素质。比赛专项训练课是提高这些素质的绝佳机会。下文介绍的关键训练方法包括：专注力训练、节奏训练和战术练习。

专注力训练

　　在第 4 章中，我们介绍了专注力训练就是将意识和注意力指向内部（身体）和外部讯号。我们举了一个 25 分钟训练跑的例子，其中的跑者在连续的 5 分钟分段时间内分别专注于不同的讯号上。你可能还记得，这些讯号包括：呼吸的声音；肩部、颈部和面部肌肉的紧绷感；摆臂和上肢动作机制；双脚的着地位置和小腿在推进和离地时的动作；以及跑步姿势和队友的呼吸声音。专注力训练的目标是加深对当前时刻正在发生的事情的认识，并对跑步姿势、节奏和战术进行适当的调整。

　　我们强烈建议教练定期将专注力训练放到比赛专项训练课内。例如，在田径跑道上进行一节有氧间歇训练课时，教练可以指导队员检视他们的身体讯号：你的呼吸如何？是放松还是过于急促？当你离地的时候，踝关节是否伸展？你是否感觉肩部肌肉紧绷？然后，在发现问题点时，跑者就应该进行必要的调整。例如，如果他们听到和感觉到自己步伐沉重，他们可以尝试调整僵硬的腿部肌肉，以更加轻快地跨步。或者，如果他们的肩膀耸起，他们可以将之放低并放松。通过定期的专注训练，跑者可以培养出在比赛中自然而然地关注相关讯号的能力。

节奏训练

　　节奏技巧比其他任何心理素质方面都要重要，因为它是顶尖跑者和平庸跑者之间的主要差别。拥有良好节奏技巧的跑者对内部和外部的讯号有深入了解，能感觉到他们奔跑的速度有多快。这些讯号包括：肌肉发力的感觉、呼吸强度以及来自他们正在经过事物的视觉输入。然后，他们必须将所有这些感官信息与他们记忆中的目标速度应该有的感觉进行比对。节奏技巧绝不是一个简单的技巧。节奏技巧最出众的优秀跑者可以在脑海中计算分段时间，然后与目标时间相比对。

　　教练应该设计比赛专项训练课，帮助青少年跑者提高节奏技巧，比如计算分段时间然后进行必要调整的能力。假设乔治的 5,000 米目标时间是 16 分 15 秒，也就是平均 78 秒跑完一个 400 米。今天，教练已经安排了在田径赛道上进行一节有氧间歇训练课：以比赛速度跑 3 × 1,600 米。乔治对每个 1,600 米的目标时间是 5 分 12 秒。乔治每跑完一圈 400 米，他的教练就会报出累计用时。例如，在第一个 1,600 米期间，教练在乔治完成 400 米的时候喊"78 秒"，然后在 800 米的时候喊"2 分 38 秒"。研究了速度图表后，乔治知道自己在 400 米和 800 米的目标时间分别是 78 秒和 2 分 36 秒。所以，当他跑完 800 米并听到自己的分段成绩的时候，乔治在脑海中计算刚跑完的这圈 400 米用了多长时间，然后他发现自己比目标时间慢了两秒。作为一个额外的挑战，教练要求乔治计算出刚跑完的这圈 400 米的用时，以及下一个 400 米需要达到的用时，以赶上目标时间。这种练习可以训练跑者的大脑，而大脑是控制跑步节奏的终极器官。

　　在提高节奏技巧的另一种训练方法中，教练通过吹哨子向运动员提供反馈，指出规定距离的目标速度。例如，假设有一组跑者正在进行 5 × 400 米的无氧间歇训练课，每个 400 米平均用时 68 秒。针对每个 100 米分段，他们的目标时间是 17 秒。每隔 100 米用一个训练锥标记。在训练课期间，教练在一次 400 米重复训练中每隔 17 秒吹一次哨子。跑者必须基于他们与训练锥的相对位置判断是加速还是减速。这个方法可以训练跑者将他们的发力与特定的节奏联系起来，在他们落后的时候进行调整。

战术练习

　　在第 4 章中，我们介绍了比赛的战术，包括匀速跑和后段加速跑、领跑、超越和冲刺。提高和加强这些战术的最好方法是在比赛专项训练课中进行训练。这些训练课应该专注于提高每名运动员的特定比赛战术。例如，17 岁的艾丽卡最擅长的项目是 800 米和 1,600 米。在去年的田径赛季中，艾丽卡常常名列前茅，在大多数比赛中都有夺冠的实力，但是往往在最后 200 米功亏一篑。她经常在最后 200 米减速，然后被对手拉开好几秒。针对即将到来的田径赛季，教练正在计划一些比赛专项训练，目标是改善艾丽卡的末段冲刺能力。例如，在有氧间歇训练中，教练将调整艾丽卡的分段时间，使她必须在最后 200 米全力冲刺，以达到她对每组训练的目标时间。在其他间歇训练中，教练将指导艾丽卡故意落后队友 3 ~ 5 秒，直到最后 200 米才开始加速并追上队友。针对需要提升领跑、超越和末端冲刺战术技巧的跑者，教练可以为他们量身定制有创造力的比赛战术练习方法。

将主动休息作为一种训练方法

在本书之前的内容中，我们指出了跑者身体对长跑训练的适应性实际上产生在休息和恢复期间，比如睡眠或高强度训练后的第 2 天。当然，均衡的营养和充分的休息是恢复能量和提升生理机能的关键。但是，主动休息可以加速身体对训练的主动适应。主动休息的范例有：20 ~ 30 分钟的轻松慢跑、自行车或游泳。主动休息可能还包括拉伸、按摩、用冰袋或躺在装满冰块的浴缸内进行冷疗法或用电热毯进行热疗。这些方法能加快血液往肌肉流动的速度，恢复肌肉能量并为组织再生提供营养物质。教练应该在每次高强度训练课结束后安排主动休息方法。至于像按摩和冷热疗法这类方法，教练应该从学校或俱乐部的运动防护师那里寻求指导。

大步向前

为了帮助你记住比赛专项训练的细节，我们在表 7.6 中对训练方法进行了汇总。在应用得当的时候，比赛专项训练方法可以让跑者的成绩得到大幅提高。但是，请你牢记，因为这些训练方法会给跑者的身体造成很大的压力，教练在使用它们时必须小心谨慎。能否成功地贯彻比赛专项训练方法，要看跑者是否拥有坚实的一般体能基础，以及随着时间的推移逐步增加训练负荷。既然你已经了解了一般和比赛专项训练方法，你就已经为制订训练计划的第一步做好了准备：评估跑者的准备情况并设定比赛和训练目标。

表 7.6　发展比赛专项素质的训练方法

训练方法	强度	时长	频率（重复训练数量）	恢复	总训练量
间歇节奏跑	80% ~ 85% 最大心率	每组 3 ~ 10 分钟	2 ~ 10	30 ~ 90 秒	2 ~ 6 英里（3,200 ~ 10,000 米）
持续节奏跑	80% ~ 85% 最大心率	12 ~ 40 分钟	1	无	2 ~ 6 英里（3,200 ~ 10,000 米）
有氧间歇跑	85% ~ 95% 最大心率；3,000 5,000 米比赛速度	每组 600 米 ~ 1 英里	2 ~ 10	跑步与恢复之间的比率为 1:0.5, 1:1, 或 1:1.5	0.75 ~ 5 英里（1,200 ~ 8,000 米）
无氧间歇跑	比 1 英里比赛速度快 5% ~ 15%	每组 200 ~ 800 米	2 ~ 8	跑步与恢复之间的比率为 1：2 到 1：4	0.3 ~ 2 英里（600 ~ 3,200 米）
比赛专项间歇跑	比赛速度	每组 1/3 ~ 1/2 专项时长	2 ~ 4	20 ~ 60 秒	60% ~ 100% 专项距离
计时赛	比赛速度	50% ~ 200% 专项时长	1	无	50% ~ 200% 专项距离

第8章

制订计划

扫码看专家为你解读
跑步后如何高效恢复

青少年长跑选手的训练就像一场长途旅行。当然，旅行的交通工具不是小汽车、巴士或飞机，而是第6和第7章介绍的训练。与计划旅行一样，制订一套训练计划需要解决的是如何达成目标。对我们而言，里程碑是一名运动员当前的体能水平和他对一个即将开始的赛季的终极成绩目标。我们制订比赛计划的方法包括图8.1中所说的5个步骤。本章先介绍前两个步骤：（1）评估每名运动员的初始体能水平与训练、比赛和健康历史；（2）设定比赛和训练目标。遵循这些步骤的教练可以自信地为他们的跑者确定最佳的训练方法和训练负荷。

第1步：评估初始体能水平并回顾历史

在开始任何旅行之前，最好仔细评估一下你的出发点。对教练来说，这意味着评估每名跑者的初始体能水平与训练、比赛和健康历史。为了设定合适的目标、选择最佳训练方法和决定如何循序渐进地增加训练负荷，这些信息是必不可少的。为了完成制订训练计划的第一步，我们在下面概括了一套详尽的方法。这个过程需要一个良好的记录系统。我们为教练提供了一个可以拿来就用的运动员评估表格，他们既可以直接使用，也可以根据他们的需求和目的进行调整。注意，这个表格中包括了术语"大周期"，也就是一个完整的越野跑或径赛赛季。

对跑者的初始体能水平进行评估的最佳时间是在训练开始前几周。教练越早完成这些评估,他们就有越充足的时间制订详细的训练计划。

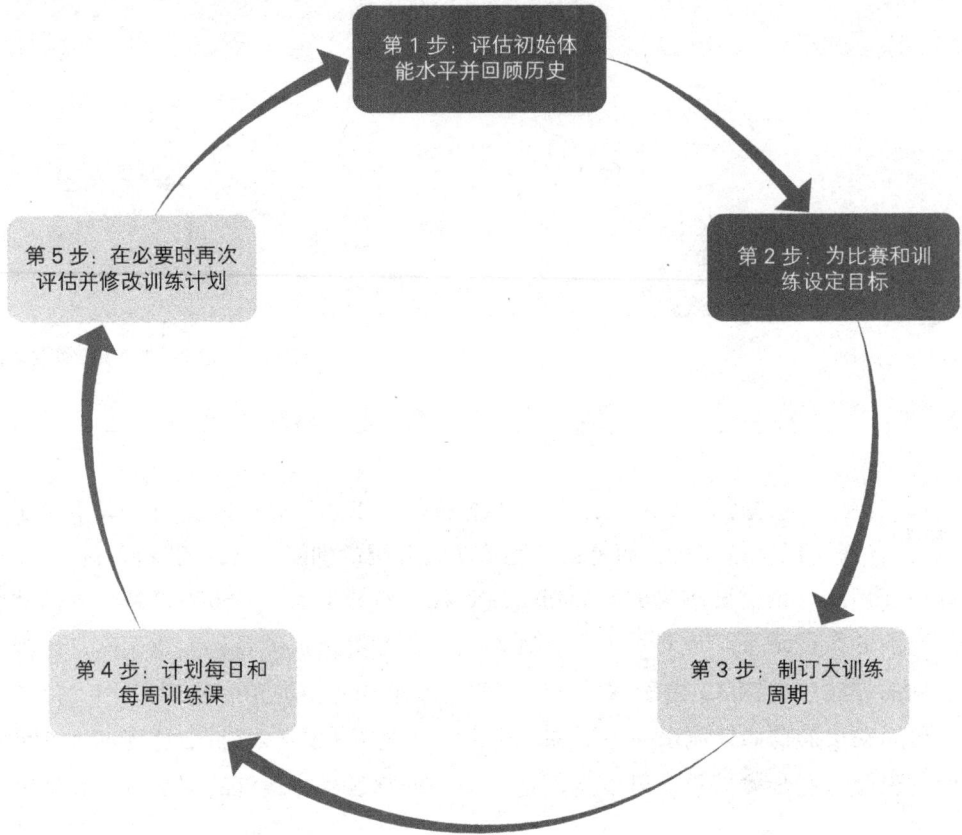

图 8.1　设计训练计划的 5 个步骤(本章先介绍前两个步骤)

发育状况

　　本章提供的运动员评估表的第 1 部分用于记录一名跑者的发育状况。其中一个关键项目是训练年限,我们在第 1 章中将之定义为一名运动员为长跑进行定期训练的年数。了解跑者的训练年限有助于教练制订循序渐进的训练计划,确保他们的跑者接下来的每个赛季取得不断进步。他们可以通过训练年限为训练和比赛中的跑步距离设定限制。通过训练年限,教练还可以决定哪些是运动员现在可以使用的训练方法,哪些得等到日后再用。例如,为了提升力量耐力,我们建议训练年限短于两年的跑者在进入较大运动量的负重训练之前先进行循环训练。

运动员评估表

姓名：_____

日期：_____　上次评估日期：_____

I. 发育状况

实足年龄：_____年_____月

训练年限：_____年_____月

身高：_____　体重：_____　体脂肪含量 %：_____

自上次评估以来发生的变化

身高：_____　体重：_____体脂肪含量 %：_____

II. 当前的体能评估

柔韧性

	差 1	2	3	4	优秀 5	评价
屈髋肌群						
腘绳肌						
小腿肌肉						

力量耐力

练习	评分（重复训练数量）
俯卧撑	
两头起	
引体向上（无辅助）	
臂屈伸（无辅助）	

跑步技术

	差 1	2	3	4	优秀 5	评价
上肢姿势						
摆臂动作						
脚掌着地部位						
着地时腿部的关节动作						
抬腿						

有氧能力

最大摄氧量（如果有条件进行实验室测试的话）：_____

上一个大周期（赛季）的最长持续有氧跑：_____

3,000 米计时赛：_____

（接下表）

运动员评估表（接上表）

无氧能力和速度

计时赛距离	时间
60 米	
100 米	
400 米	

比赛专项身体素质

计时赛距离	时间

比赛专项心理素质

	差 1	2	3	4	优秀 5	评价
动力						
信心						
专注度						
放松能力						
节奏技巧						
战术技巧						

III. 训练历史：上个大周期的总结

上次大周期的起始日期：＿＿＿＿＿＿＿＿　至 ＿＿＿＿＿＿＿＿

	一般准备阶段	专项准备阶段	赛前阶段	主要比赛阶段
训练单元 每周平均训练单元数量				
力量耐力 每周循环训练课的平均时长				
每周负重训练课的平均力量举负荷				
山坡跑：每周平均负荷量				
心肺功能 持续有氧跑：每周平均负荷量				
持续有氧跑： 每英里的平均时间				
有氧能力 节奏跑：每周平均负荷量				
节奏跑：每英里的平均时间				
有氧间歇训练：每周平均负荷量				

（接下表）

运动员评估表（接上表）
训练历史（继续）

	一般准备阶段	专项准备阶段	赛前阶段	主要比赛阶段
有氧间歇训练：每英里的平均时间				
无氧能力				
无氧间歇训练：每周平均负荷量				
无氧间歇训练：每英里的平均时间				
比赛专项身体素质				
计时赛和练习赛：每周平均负荷量				
计时赛和练习赛：每英里的平均时间				
一周内的最高负荷量				
每周平均负荷量				

Ⅳ. 比赛历史

个人纪录

项目	时间	日期	运动会	评价
800 米				
1,500 米				
1,600 米				
1 英里				
3,000 米				
3,200 米				
2 英里				
5,000 米				

上个大周期的成绩

日期	运动会	项目	时间	地点	评价

Ⅴ. 健康历史

伤病或健康问题类型	伤病或健康问题的时间	评价

其他发育因素有：身高、体重以及体脂肪含量。这些指标相对上次评估的变化必须得到重视。例如，如果一名男孩在一个夏天长高了好几厘米，那么他的训练计划就应该进行相应的调整。他将需要进行额外的技术和力量耐力训练，以更好地控制更长的肢体。为了避免与快速发育有关的伤病，他应该保持甚至降低持续有氧跑和比赛专项训练的负荷量，直到他的生长发育稳定下来。

我们的运动员评估表格中有用于记录体重和体脂肪含量的部分。这些指标可以指导教练决定是否改变跑者的膳食以提升健康水平和成绩。但是，体脂肪含量的测量需要特殊的仪器和专业知识。此外，任何确定的膳食建议都应该来自一名有资质的健康专业人士，比如一名理疗师或一名持有执照的运动营养专家。在任何情况下，没有上述资质的教练都不应该建议跑者为了减重或增重而改变他们的膳食。如果教练非常担心跑者的体重对跑者的健康有负面影响，那么他应该跟跑者的父母谈谈。如果他们也有相同的担忧，那么教练应该建议他们去找一名有资质的健康专业人士征求意见。

我们没有将生物性成熟包括在运动员评估表内。就像体脂肪含量，对发育成熟（也就是生理年龄）的精确评估需要的专业知识超过了本书的范畴。发育成熟的最佳指标是骨龄，它包括用 X 光对骨骼进行扫描，确定它们的骨化程度（也就是硬化程度）。但是，通过观察一些青春期的标志性变化，教练可以感受到每名运动员的发育阶段（见第 1 章的表 1.1）。第二性征的明显改变说明青春期发育正在进行，比如男性的声音变低沉以及女性的乳房发育。

初始体能水平

第 6 章和第 7 章介绍了用于提高 10 个体能水平的训练方法：柔韧性、灵活性、力量耐力、神经肌肉功能、技术技巧、心肺功能、有氧能力、无氧能力、比赛专项身体素质和比赛专项心理素质。通过评估每名跑者在这些领域的入门级水平，教练可以确定每位跑者训练计划中的重要训练方法（见运动员评估表的第 2 部分）。针对某些能力，最客观的试验是在运动生理学家的管理下在实验室内进行的。例如，有氧能力的最佳指标是在跑步机上测量最大摄氧量。由于大多数教练没有进行此类测试的条件，我们在下文中给出了更加实用的体能测试方法。

柔韧性

长跑选手经常出现紧张的肌肉群包括：屈髋肌群、腘绳肌和小腿肌群。屈髋肌群（穿过身体前部的髋关节）在跑步中的作用是向前摆动双腿，以及抬高膝关节。腘绳肌（穿过身体后部的髋关节和膝关节）在双腿摆动阶段屈曲膝关节，并在摆动阶段的末尾以及着地和离地阶段伸展髋关节。在脚掌着地的那一刹那，小腿肌肉会被拉长，产生弹性能量，并在离地阶段产生推进力。这些肌群的过度紧张可能对跑步机制产生负面影响，并导致损伤。对这些肌群以及其他肌群的柔韧性的测试应该在一位有资质的运动防护师或理疗师的指导下进行。然后，测试的结果可以用来制订一套高效安全的拉伸训练程序。

力量耐力

在设计循环和负重训练课的时候，教练应该评估跑者的力量耐力。这包括确定跑者在疲劳和动作走形之前能完成的最大循环和负重训练次数（关于决定最大重复训练次数，也就是 RM 的指导，请见第 6 章）。

通过力量耐力测试，教练可以识别需要改善的方面，并确定运动员是否在循序渐进地提高力量耐力。例如，在越野跑赛季前的评估中，一名跑者只能完成 15 个仰卧起坐，那么额外进行增强腹部肌肉的循环训练会对他非常有好处。在第二年的评估中，如果这名运动员能完成的仰卧起坐数量增加到 35 个，那么他的教练就能有充分的自信认为额外进行的训练取得了成效。

技术技巧

评估表包括了 5 个跑步力学特征，教练可以通过评估这些特征制订技术训练计划。有关如何识别这些跑步动作方面的强项和弱项，请参考第 5 章的技术秘诀。

有氧能力

作为有氧能力的最佳评估手段，最大摄氧量测试需要在生理实验室中进行。绝大多数青少年项目没有这种条件。相对于实验室测量方法，3,000 米计时赛是一种最大摄氧量的实地测量方法，因为以比赛速度奔跑 3,000 米能够给有氧系统造成最大压力。但是，关于通过计时赛评估有氧功率的变化这个问题，一个担忧是外部因素（比如天气）可能影响成绩。如果当前的评估是基于恶劣天气条件下的计时赛进行的——比如，与前一次计时赛相比，天气更热或风更大——那么得出的有氧功率评估结果可能是不正确的。因此，在评价计时赛成绩时，教练应该小心谨慎。

无氧能力和速度

要想确定跑者是否从更多的无氧训练和速度发展等方面受益，对无氧能力和速度进行评估是一个有效的方法。此外，这项评估的结果还能指导教练为跑者确定在径赛赛季中应该专攻的比赛项目。我们之所以建议进行 400 米的计时赛，是因为它要求通过无氧能量转换途径产生足量的能量。针对 400 米计时赛成绩较慢的跑者，教练应该设计循序渐进的训练计划，以提升无氧能力和速度。这些训练对速度较慢的跑者非常有效，即使他们的专攻项目是较长距离的比赛，比如 3,000 米和 5,000 米。为速度较快的跑者制订的训练计划应该强调耐力训练，以维持他们的速度。400 米计时赛成绩较好的长跑选手具备在 800 米和 1,500 米比赛中创造佳绩的潜力。

教练也许还得对运动员的速度进行严格的测试，尤其是专攻 800 米比赛的专业选手。出于这个目的，60 米和 100 米计时赛是很有效的测试方法。

比赛专项身体素质

评估比赛专项能力的一个绝佳方法是在新的训练计划开始之前几周内进行一次计时赛。对训练和比赛经验有限的新手来说，这项测试对评估他们的起始状态尤其有效。教练可以用这些测试结果制订训练课计划，并为即将到来的赛季设定比赛目标。对中高级跑者来说，赛季开始前的计时赛可能并不是不可或缺，效果也没有那么明显，这些运动员的教练可以通过他们在上赛季末段的比赛成绩了解他们的比赛专项能力。

比赛专项心理素质

目前还没有针对青少年长跑选手的心理素质的客观测试方法。即便如此，对至少已经与青少年跑者合作一个赛季的教练来说，他们应该充分了解运动员的信心、动力、专注力、放松能力、节奏技巧和策略技巧等方面的水平。他们可以对这些能力进行评分，分数从 1 ~ 5 不等。如果某些心理素质领域的分数偏低，那就说明需要通过精心制订的训练改善这些能力。

训练历史

运动员评估表的第 3 部分用来对上个越野跑或田径赛季的训练量和强度进行总结。回忆一下，我们把一个完整的赛季称为大周期。这个术语来自一个用于制订训练计划的系统化方法，即周期训练，我们已经在第 9 章进行了详细介绍。现在，你需要注意的是，训练周期代表着将一个大周期分割成不同的阶段。我们将一个大周期分割成 4 个准备和比赛阶段：

- 一般准备阶段
- 专项准备阶段

- 赛前阶段
- 主要比赛阶段

通过上个大周期的这些记录，教练可以决定在即将到来的大周期内增加多少训练负荷。比如，在上个越野跑赛季内的一般准备阶段，布莱斯平均每周进行 12 英里的持续有氧跑训练。在新赛季的一般准备阶段，教练可能将布莱斯平均每周的训练量增加到 15 ~ 16 英里。

以下是在表格第 3 部分记录训练历史的一些指南。

- **每周平均训练单元数量：** 简单地讲，一个训练单元指的是在一个日常训练中使用一个既定的训练方法。例如，如果一名跑者在周二进行了拉伸和技术练习，他就完成了两个训练单元——一个是柔韧性训练，另一个是技术训练。为了在评估表内记录这个项目，教练可以将一名运动员在每个训练阶段完成的训练单元数量累加，然后除以该阶段的周数。
- **每周循环训练课的平均时长：** 针对每个训练阶段，教练可以将完成每节循环训练课所用的时间累加，然后除以周数。
- **每周负重训练课的平均力量举负荷：** 首先，用力量举负荷乘以重复训练次数计算出一节负重训练课内的举重负荷。例如，如果运动员完成了12 次卧推，负重 50 磅，那么这次训练的总负重是 600 磅（12 × 50=600）。在计算出每次训练的总负重之后，将它们累加。为了将这个总数减小为更加易于记录的数值，教练可以将它除以 2,000 磅，以吨数衡量力量举负荷。然后，用这个总数除以该训练阶段的周数，得出所有训练课的平均举负荷。
- **每周平均跑量和强度：** 针对每节跑步训练课（持续有氧跑、节奏跑、有氧间歇跑、无氧间歇跑等），累加每个阶段的英里数、千米数或分钟数，然后将这个总数除以周数。然后，针对在有标记的赛道或田径赛道上进行的跑步训练，计算每英里的平均用时。

正如你所看到的，评估训练历史要求教练记录详细的每日训练记录。在下文中，我们将介绍几个训练日志范例，教练们可以用来快速总结每日和每周的训练课。用于记录每日训练课的日志范例展示了一位名为凯尔西的跑者在一节持续节奏跑训练课中的训练量和强度。这天的训练内容是以凯尔西的最大心率（206bpm）的 80%（也就是 165bmp）进行 20 分钟持续节奏跑。凯尔西以每英里平均 7 分 20

秒的速度跑完了 2.7 英里。表格底部的教练评论表明训练比较顺利。每周总结一次凯尔西的节奏跑表现，教练可以在这个表格的底部计算出一周内每种训练方法的总训练负荷。之后使用这些每周总训练负荷算出平均训练负荷，然后记录在运动员评估表上。

对评估表内所包含的训练数据进行记录需要花很长时间和做很多细致的工作。为了有计划性并高效地进行这项工作，我们有几个建议。教练可以使用一个标准化的计算机表格记录跑者的每日训练结果。还有一个选择是让跑者记录自己的训练，然后每周或每两周把训练日志交给教练。自行记录训练日志的跑者可以将自己的刻苦努力和进步以书面的形式反映给教练，从而获得动力。让跑者回顾自己曾经出色完成的高难度训练不仅鼓舞人心，而且有趣。为了获得更多动力和指导，跑者可以在他们的训练日志内写上摘自跑步杂志和书籍的激励言论和秘诀。此外，通过定期回顾他们的训练和比赛历史，跑者可以对帮助他们取得最佳比赛成绩的训练方法有更深的理解。

每日训练日志范例

姓名：凯尔西

日期：周一，3 月 21 日

训练方法：持续节奏跑

既定的训练课：1x20 分钟，最大心率 80%（165bpm）

总训练量：

距离：2.7 英里

时间：20 分钟

强度：

平均每英里用时：7 分 20 秒

评论：轻松地完成了训练课而且状态良好。全程出色地保持了匀速。跑步结束后的即时心率是每分钟 168 次。

比赛历史

运动员评估表的第 4 部分用于记录关于上个赛季的个人纪录和比赛结果等信息。记录比赛历史的主要原因有两个。首先，教练和运动员可以用这个资料为即将到来的赛季设定目标。其次，比赛记录可以同时揭示出色和糟糕的比赛成绩的模式和原因。例如，通过调查上个径赛赛季的完赛时间，教练可以确定训练计划的优缺点。举个例子，在一个赛季内，一位 1,500 米的跑者的完赛时间不断加快（4分 48 秒、4 分 42 秒、4 分 37 秒和 4 分 34 秒）。在回顾这些比赛结果的时候，教练应该自信地认为上赛季的训练给这名跑者的成绩带来了稳步的提升，并让他在赛季末的锦标赛中取得了最佳成绩。对比之下，如果该跑者的成绩在赛季内每况愈下（4 分 38 秒、4 分 45 秒、4 分 46 秒和 4 分 50 秒），那么教练就应该想想原因是什么了。是否因为上赛季开始阶段的训练强度太大导致跑者耗尽了能量？还是因为训练计划中缺少足够的比赛专项训练？这类问题帮助教练对跑者新赛季的训练计划进行调整。

每周训练总结

姓名：凯尔西

周：3 月 21 日至 27 日

日期	循环训练	负重训练	山坡跑	持续有氧跑	节奏跑	有氧间歇跑	法特莱克跑	无氧间歇跑	比赛专项间歇跑或计时赛
周一					20 分钟，每英里配速 7 分 20 秒（27 英里）				
周二									
周三									
周四									
周五									
周六									
周日									
一周总计									

使用以下指标纪录训练结果
循环训练：训练课的分钟数
负重训练：力量举负荷，以及训练课的分钟数
山坡跑：距离
持续有氧跑：距离或时长，以及每英里的配速
节奏跑：距离或时长，以及每英里的配速
有氧间歇跑：距离或时长，以及每英里的配速
法特莱克跑：距离或时长
无氧间歇跑：距离或时长，以及每英里的配速
比赛专项间歇跑和计时赛：距离或时长，以及每英里的配速

健康历史

运动员评估表的第 5 部分用于记录有关受伤、生病和其他健康问题的信息。教练可以用这些信息调整训练计划，以预防损伤和生病的发生。比如，大卫的评估表显示，在过去两年里的前几场越野跑比赛中，他两条腿的小腿肌肉都曾有过拉伤，大卫的教练猜测这个损伤是由于大卫更换跑鞋导致的。在整个夏天的训练中，他穿的都是带有较高支撑性鞋跟的平底跑鞋，这种跑鞋不会对小腿肌肉造成拉伤。然后，在赛季开始的时候，大卫开始在比赛专项训练和比赛中穿低跟钉鞋。突然改穿钉鞋给他的小腿造成了额外的压力，并且导致了肌肉拉伤。为了在新赛季中避免这个问题再次出现，大卫的教练已经在训练计划中增加了针对小腿拉伸的练习。此外，他给大卫制订了一个计划，在赛季的更早阶段的训练课里开始穿新跑鞋，这样就可以慢慢地适应它们了。

第 2 步：为比赛和训练设定目标

在前几章中，我们谈到目标是帮助跑者建立动力和信心的强有力工具。目标还是教练在设计训练计划时必不可少的因素。现在，让我们来谈谈目标设定的过程，以及所设定的目标——比赛和训练目标——如何帮助教练做出训练方法和负荷的明智决策。

比赛目标

卡拉是一名 14 岁的高一新生，她不仅天赋出众，而且具有充分的动力。她的训练年限是两年。在她 13 岁的时候，卡拉最好的 1,600 米比赛成绩是 5 分 47 秒——在她的年龄段，这是一个优秀的成绩。考虑到她至今为止的渐进式训练，卡拉的教练认为她在 1,600 米项目上有潜力在 17 岁（也就是高三）之前跑进 5 分。这个目标让卡拉感到兴奋不已，并且非常愿意为此付出努力。她知道 5 分以内的 1,600 米成绩可以为她争取到一个大学的奖学金，而且她也想在高中毕业后继续跑步生涯。在径赛赛季开始前一个月，卡拉和她的教练见面谈论了长期和短期的比赛目标。首先，他们将 4 年内的长期目标定为 4 分 55 秒，这比卡拉当前的个人纪录快了 52 秒。

关于卡拉的情况，有两点值得一提。首先，在理想的情况下，目标设定的过程从长期目标开始，诸如梦想、长期目标这些东西都是非常强有力的激励因素。但是，它们还能激发一个现实的态度，帮助跑者专注于为了达到目标所需要付出

帕特·泰森
贡萨加大学
华盛顿州

　　帕特·泰森的独到之处在于他曾经执教不同水平的运动员而且都获得了成功。在他于 2008 年上任贡萨加大学越野跑和田径主教练之前，他曾在俄勒冈大学和肯塔基大学执教大学生跑步选手。在那之前，在 20 年时间里，他在华盛顿州的米德高中建立了一个国家级别的项目。在他带领下的米德高中越野跑队连续 18 年入围州际锦标赛。他们赢得了 12 个冠军奖杯，而且从未跌出过前 3 名。在泰森任教米德高中的最后 3 年里，他的队伍在耐克跨国锦标赛中分别取得第 3、第 4 和第 5 的成绩。在 20 世纪 70 年代，泰森曾是俄勒冈大学越野跑和田径队的一员，并参加了 3 届越野跑锦标赛。泰森是《越野跑成功教练宝典》的作者。

　　为了帮助年纪轻轻就成绩出色的青少年跑者逐年取得进步，你有什么可以提供给教练的建议吗？——教练应该在跑者心中埋下持续进步的种子，这很重要。目标是一个重要的组成部分。在我的训练计划里，我们的文化是希望队里的每名跑者都能达到他们的年度目标。比如，曾有一名轰动一时的高一新生，他的 1 英里成绩是 4 分 30 秒。在他高一那年，我们把目标设定在 4 分 19 秒，然后高二的目标是跑进 4 分 10 秒，最后看他在高三的时候能有多接近 4 分 00 秒。为了达成这些目标，我们制订了详细的训练计划。这些训练将在教练的心里埋下自信、信心和信念的种子。为了达到富有挑战性的成绩目标，我会简化训练计划。我会给运动员制订易于管理的训练目标。比如，我们把 1 英里 4 分 30 秒切割成 4 个 400 米，每个 400 米 67.5 秒。如果运动员在高一就能达到这个配速，那么进入高二以后，他的配速达到每个 400 米 64.9 秒（也就是 1 英里 4 分 20 秒以内）就不会有太大难度。到高三的时候，他的成绩就有希望提高到接近 4 分的水平。所以，在间歇训练中，他需要在 60 秒以内跑完 400 米，并且在经过短暂休息后，在 2 分内跑完 800 米。通过这种训练方法，当孩子们参加比赛的时候，他们就能具备足够的身体素质以达到目标，而且他们还将获得信心。

　　具备哪些素质的高中生跑者最有可能在大学阶段的比赛里取得成功？——要想达到大学水平并取得成功，高中生跑者需要具备对成功的极度渴望。我在大学阶段的老教练，传奇教头比尔·德林杰经常说有天赋却没有成功欲望的跑者是不可能迈跨入更高水平的。如果他们天赋平平却具有强烈的成功欲望，那么他们将最大限度地发挥自己的潜能。但是，当高中生跑者既有天赋又有成功欲望的时候，那么他们可能达到的高度会令人咋舌。另一个关键素质是自觉性强。在高中和大学的过渡阶段，青少年跑者需要找到一名他们信任的教练，这非常重要。跑者的成功还取决于他能否与教练进行流畅的沟通。

为了在大学阶段出类拔萃，你并不一定得在高中阶段就成为一名超级明星。伟大的教练能将出色的高中生跑者培养成顶级的大学生跑者。以女子跑者为例，如果一位跑者在高中阶段的 1 英里比赛中能跑到 5 分 10 秒到 5 分 12 秒之间，那么她可以在大学阶段跑进 4 分 50 秒，或者在 5,000 米比赛中跑进 16 分 00 秒。但是，他们需要具备对成功的极度渴望。如果你没有与顶尖选手一样的天赋，那你需要具备击败强大对手的心态。

你如何安排训练课，既能满足顶尖青少年跑者的要求，又能兼顾发育、体能和天赋水平较低的队友？——让顶尖跑者停留在与其他队友一样的训练水平是不公平的。我花了很大努力才建立了可以让不同水平的运动员一起训练的训练计划。但是，如果你的队伍里有一个水平比其他队友高出一大截的运动员，你还是可以安排训练计划，让所有人都受益。例如，你可以让能力较差的运动员每隔一个间歇与顶尖运动员一起训练。或者，当 A 组跑者在进行 800 米重复训练的时候，你可以让 B 组的跑者在每组训练的头 400 米与这位超级明星一起跑。关键是要让所有跑者感觉到自己是团队的一员，并且确保每个人得到应有的训练。在间歇训练中，这意味着强调所有跑者都应该以他们的目标比赛速度进行训练。在最理想的情况下，通过观察 A 组内年龄较大、经验更丰富的跑者的成就，B 组内年纪较小的跑者将复制他们的成功。久而久之，当 B 组的孩子渴望与 A 组一起训练的时候，他们才有可能取得重大突破。

针对有潜力获得奖学金并参加大学级别比赛的高中生跑者的父母，你有什么建议吗？——给父母们的最重要建议是小心录取流程。在大肆宣传的大学级别比赛中，被别人超越是很常见的，因为每个人看上去都像是一位超级明星。父母们需要知道的是没有那么多针对越野跑和径赛项目的奖学金。对高中跑者和父母们来说，首要关注的应该是良好的教育。此外，你必须进行调查，找到一所学术和运动上都适合的大学。此外，了解真正的大学教练是什么样子也非常重要。这位教练如何对待受伤的跑者？教练和跑者之间有什么冲突？这位教练会不会逼迫跑者把比赛成绩置于学业之上？还有一个关键点是，父母需要理解他们的角色是给孩子提供爱和支持。此外，在上哪所大学的问题上，父母还要给孩子提供一些做出最终决定的空间。

给父母们的建议

本章介绍了许多决定跑者能否在长跑中取得成功的因素。但是，青少年跑者在每个领域能够提高的潜力有高有低。父母应该了解预示孩子能取得成功的不同关键信号。它们包括遗传因素、获取成功的动力和决心、教练效果以及家庭支持。

- **遗传因素**

  正如第 2 章介绍的，决定长跑成绩的生理因素包括有氧能力、肌肉纤维类型以及能量转换途径中的酶活性。虽然大多数生理素质能通过训练得到显著提高，但是他们的终极潜力却受到遗传基因的限制。在确定你的孩子在长跑中所能达到的高度时，了解你遗传给孩子的基因非常重要。

- **获取成功的动力和决心**

  不论跑者的遗传天赋有多高，没有坚定的动力和决心，他们就无法挖掘自己的最大潜能。虽然可以通过训练提高这些特质，但是从很大程度上讲，它们来自运动员自身的兴趣、价值观和目标。通过跟你的女儿或儿子谈论这些心理品质，你可以为他们提供最好的支持。

- **教练效果**

  在整本书里，我们都在强调长跑的成功取决于循序渐进的、全面的训练计划，而且在制订计划的过程中要考虑不同跑者之间的差异。任何训练计划的质量取决于教练的知识、技巧和决心。幸运的是，大多数长跑教练都拥有渊博的知识和坚定的决心，以确保让他们的运动员取得最佳成绩。但是，当他们怀疑教练的能力和信誉时，父母们应该做什么呢？我们建议你参考第 4 章内的运动心理学家格雷戈尔·戴尔博士的卓越建议。他建议父母扮演孩子的咨询师，鼓励他们就训练计划的疑问与教练进行直接交谈。如果你的孩子需要建议，戴尔博士建议你来一次"角色扮演"，这意味着从教练的视角模拟你的女儿或儿子计划与教练交谈的场景。这种练习能帮助你的孩子与教练进行交谈。

- **家庭支持**

  在为青少年跑者塑造通往成功的道路时，永远不要低估你的影响力。在精神支持的问题上，你对孩子的影响力最大。你可以通过鼓励和赞扬，以及在面对成功或失望时，帮助你的孩子脚踏实地。

的努力上。其次，教练应该让跑者参与目标的制订。当跑者参与到这一过程中时，所制订的目标就会更贴近跑者的情况而且激励效果更好。

对卡拉来说，1,600 米跑进 4 分 55 秒的垫脚石将会是每年的短期目标。为了设定这些目标，卡拉和她的教练应该采取什么策略呢？很简单，他们可以将想要提高的总成绩幅度除以年数，即每年提高 13 秒。因此，卡拉 14 岁的目标是 5 分 34 秒，15 岁是 5 分 21 秒，以此类推。尽管这个策略看上去比较合理，但是考虑到大多数运动员无法常年持续提高成绩，所以它可能还不是最佳的方法。这是由于成绩的提高还受到训练以外因素的影响，尤其是诸如生长和发育因素，因为这些因素并不一定以线性方式发生。

卡拉已经经历了许多青春期的发育变化。因此，她的教练认为生长和发育不是主要的影响因素。因为卡拉的训练年限只有两年，因此教练预计她的成绩有潜力在高中生涯的前期获得较大提高。考虑到这些因素，卡拉和她的教练设定的目标是在她 14 岁的时候将 1,600 米的成绩提高 18 秒，然后在之后的几年里逐年减少成绩提高的幅度（15 秒、12 秒和 7 秒）。

他们就以下目标时间达成了一致意见：

年龄	目标	提高
14	5 分 29 秒	18 秒
15	5 分 14 秒	15 秒
16	5 分 02 秒	12 秒
17	4 分 55 秒	7 秒

在所有可能的情况下，卡拉不可能在她 14 岁的菜鸟径赛赛季精确地提高 18 秒从而跑到 5 分 29 秒。她可能稍微快于这个速度，甚至快很多。假设她跑到了 5 分 20 秒，并比预期目标快了 9 秒。快进到高二的卡拉，你是否会改变她的 1,600 米目标？我们建议把 15 岁的目标保留在 5 分 14 秒，而不是将之提高。考虑到高二这年的挑战难度较小，我们建议教练稍微更改下她的训练计划，强调一般能力的提高，比如力量耐力和技术。如果卡拉能在 15 岁的时候跑到 5 分 14 秒，并且高强度跑步不会给她的身体造成额外的压力，那么她将给高三留下更多提升空间。这个方法的基础是，青少年永远不应该通过过度训练而达到他们的目标。确实，为了在较长时间内提高成绩并预防损伤，青少年跑者实际上应该在达到年度目标的同时尽量降低压力训练量。

在另一种情况下，假设卡拉没有在 14 岁的时候达到 5 分 29 秒的目标。也许她的身体健康而且整年的表现也不错，但是成绩只有 5 分 36 秒。现在，在设定明年的目标并制订训练计划时，卡拉和她的教练必须决定 5 分 14 秒的目标是否还有可能达到。如果达到目标意味着将训练负荷增加到可能导致损伤的程度，那么他们最好把目标稍微设低一点，也许可以设在 5 分 20 秒。如果卡拉可以在 15 岁的时候跑到 5 分 20 秒，她就仍有可能达到她的长期目标，而且最重要的是，她得采取措施避免受伤。

相同的原则也可以被用来设置排名目标。一位在区越野跑锦标赛中排名 64 位的 14 岁跑者可以梦想在 18 岁的时候提升到前 5 名。在每个赛季开始前，教练和运动员应该制订达到目标的步骤。与设定时间目标一样，他们应该考虑发育因素如何影响跑者在不同比赛中提高排位的潜力。

训练目标

如果长期比赛目标是一名跑者旅程的最终目的地，那么训练目标就是路上的中间检查点。计划周详的训练目标可以指导教练选择每日训练方法和训练负荷。在为个别跑者设定这些目标时，教练们应该考虑 3 个主要因素：发育目标、训练历史以及比赛目标。

表 8.1 列出的训练目标是基于第 1 章内的发育原则制订的。这些目标将帮助教练在选择训练方法时考虑运动员的发育、体能和经验水平。针对训练年限在两年以内的跑者，与发育阶段相适应的训练目标包括改善体能水平，比如力量耐力、心肺功能和技术。但是，这不包括高水平的无氧能力，因为这更适合训练年限在 4 年以上的跑者。

表 8.1 基于发育原则制订的训练目标

训练年限	目标
0 ~ 2 年	通过所有训练方法积累经验，每种训练方法占的比重较小； 养成良好的跑步技术； 建立良好的力量耐力和心肺功能基础； 提高匀速奔跑的能力。
2 ~ 4 年	改善跑步技术； 强化力量耐力和心肺功能基础； 开始通过引入高级训练方法提高比赛专项身体素质：节奏跑、有氧间歇跑、无氧间歇跑、比赛专项间歇跑以及计时赛； 提高匀速跑技巧并开始强化变速跑技巧； 提高使用变速比赛策略的能力。
4 ~ 6 年	继续通过一般性训练方法以提高体能基础； 通过增加高级训练方法的负荷量提高比赛专项身体素质； 改善对每个运动员最有效的比赛策略。

每位跑者的训练历史（正如计划制订过程的第一步所记录的）提供了为一个大周期的各阶段设定训练目标的关键信息。例如，教练可以为以下训练方面设定目标。

- 每周训练的总英里数
- 每种跑步训练方法平均每周的英里数（持续有氧跑、节奏跑、有氧间歇跑等）
- 不同跑步训练方法的配速（每英里的分钟数）
- 将要尝试的最长持续有氧跑和节奏跑的距离
- 一般训练方法的每周平均训练负荷，比如循环训练、负重训练和技术训练

不存在什么周详的科学指导方针能帮助教练确定一个大周期到下一个大周期的训练负荷增量。但是，常识和远见可以指导教练做出英明的决策。比如，一位运动员在上个大周期内的最长持续有氧跑距离是 7 英里。在新的大周期里，一个明智的训练增量可以是 2 英里，因为这可以支持运动员持续取得进步。或者，加入一名跑者在 4×800 米的有氧间歇训练中的最佳平均成绩是 2 分 42 秒。那么，在即将到来的大周期内，这位跑者可以把 5×800 米的目标平均时间设定在 2 分 36 秒 ~ 2 分 38 秒之间。

当然，这位跑者设定的目标时间会对最佳训练方法和训练负荷产生影响。让我们继续以卡拉为例，也就是那个 14 岁的女孩，她 13 岁时的 1,600 米成绩是 5 分 47 秒。在即将开始的径赛赛季中，她的目标是 5 分 29 秒。在卡拉进行比赛专项间歇训练的时候，她的 1,600 米目标时间将成为制订每组训练配速的指南。卡拉的比赛专项训练可能包括以下训练课，所有这些训练课都是基于达到 1,600 米 5 分 29 秒所需的配速制订的。

- 3×500 米，每组用时 1 分 42 秒 ~ 1 分 43 秒之间，45 秒恢复时间
- 2×800 米，每组用时 2 分 44 秒 ~ 2 分 45 秒之间，60 秒恢复时间
- 1×1000 米，用时 3 分 24 秒 ~ 3 分 26 秒之间；以及 1×500 米，用时 1 分 42 秒到 1 分 43 秒之间，60 秒恢复时间

在本节的最后，我们向你提供一个有关训练目标的非常重要的建议：尽管训练目标是强有力的激励因素，但是只有当跑者了解达到这些目标需要付出哪些努力的时候，它们才能发挥激励作用。因此，教练们必须清晰地与跑者沟通每节训练课的训练目标。这意味着向跑者传达有关训练强度和目标配速的详细信息。

大步向前

本章介绍了制订一套有效的训练计划的前两个步骤。本章的成果是对每位跑者的起始状态水平进行一次正式的评估，并设定比赛和训练目标。二者结合就构成了跑者训练旅程的路线图。打个比方，有了清晰的起点、终点以及中途检查点，教练和运动员们可以开始通过改善他们的训练计划缩小这些点之间的距离。制订训练计划流程的以下几个步骤包括对计划进行细化，并选择最佳的训练方法，以帮助跑者从一个点到达另一个点。这就是我们在第 9 章中的主题，届时我们将解释如何为不同训练和比赛阶段分配适当的训练方法。

训练计划

在第 8 章中，我们完成了制订训练计划的前两个步骤：（1）评估跑者的初始体能水平并回顾他们的训练历史；（2）为训练和比赛设定目标。在本章里，我们将专注于第 3 步和第 4 步：（3）制订大训练周期（赛季）和（4）计划每日和每周训练课（见图 9.1）。如果把跑步比喻成旅行的话，这两个步骤就像为长途旅行制订行程表。你一旦确定了自己的出发点并将目光投向最后的终点，你就已经做好准备制订一个详细的路线图。其中包括找出你将何时踏上某些旅程，何时到达沿途的里程碑，以及该使用什么交通工具（也就是训练方法）从一个地点到达下一个地点。

我们将在第 3 步和第 4 步里回答一些问题，如下所示：

- 在一个赛季里，你何时应该强调某些训练方法？
- 随着赛季的推进，每种训练方法在总训练负荷中的比重应该有多少？
- 每天你应该如何转变和结合训练方法？
- 如何组织训练才能让你在最重要的比赛中取得最好的成绩？

在本章中，我们通过一个被称为"周期训练"高度组织性的训练方法帮助你回答这些问题。这是一种先进的训练体系，被许多顶尖教练用来制订完整的、渐进式的训练计划。

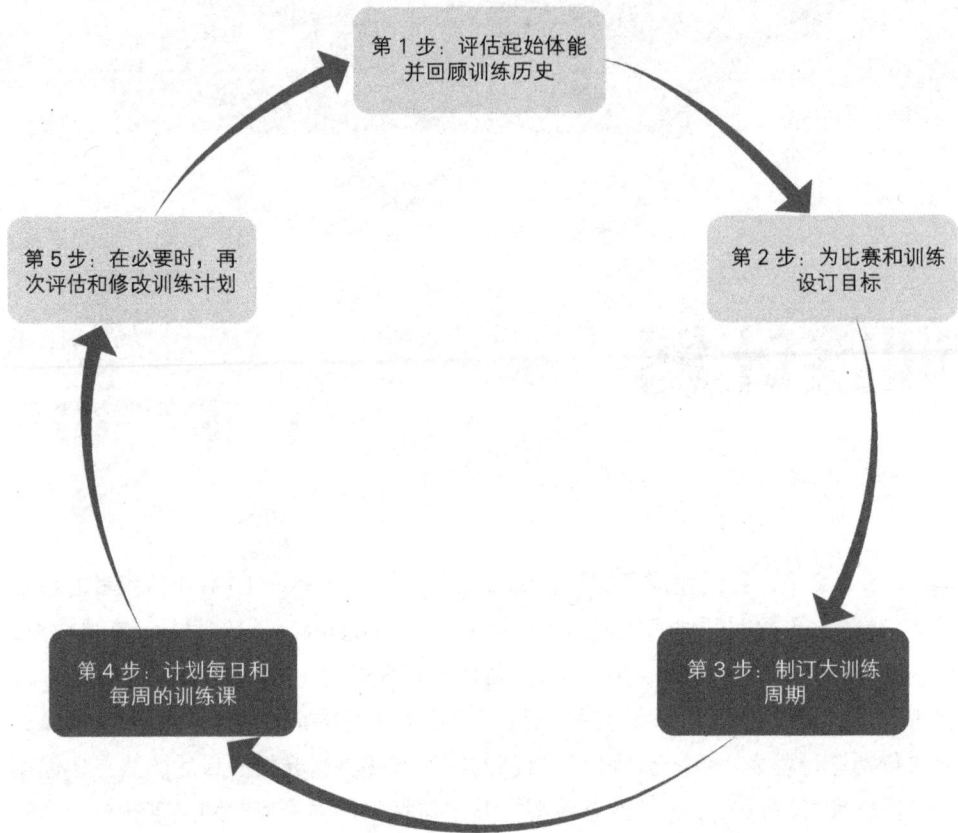

图 9.1　设计训练计划的 5 个步骤（本章介绍第 3 步和第 4 步）

第 3 步：制订大训练周期

　　周期训练指的是把一整个训练计划分隔成较短的周期。然后，为每个周期分配训练方法和训练量，以达到跑者的训练和比赛目标。例如，图 9.2 将为期 4 年的高中生涯分割成越来越短的周期，并循环往复。正如第 8 章定义的，一个大训练周期由一个完整的越野跑或径赛赛季组成。我们的大周期范例被分割成 3 个主要的中周期。

- 准备期，主要强调训练
- 比赛期，主要专注于比赛
- 过渡期，在完成赛季最后一场比赛之后，并在新赛季开始之前进行恢复

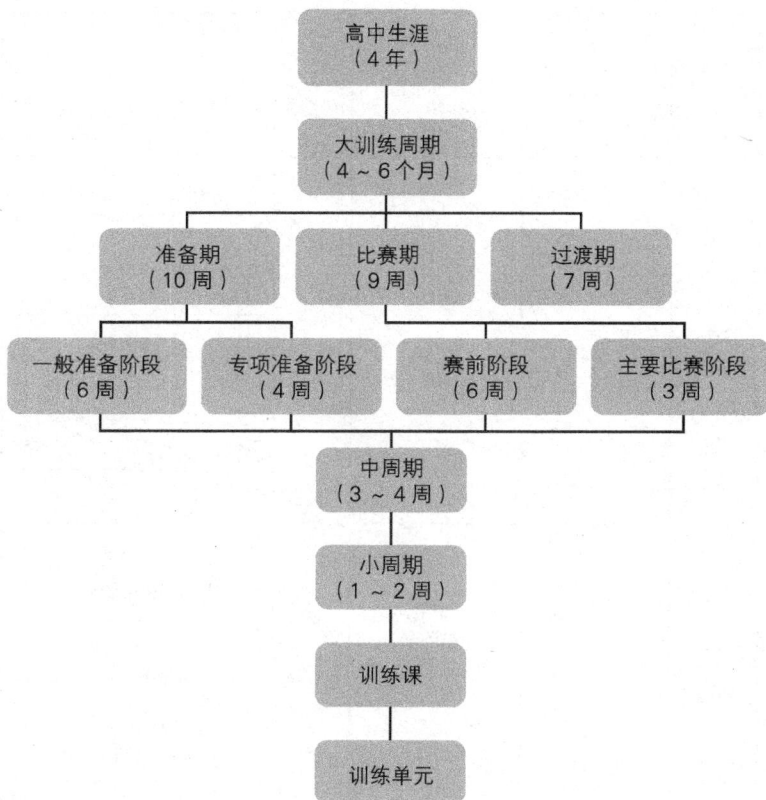

图 9.2 训练周期框架

　　准备期和比赛期被分割成更短的阶段，每个阶段由为期 3 ~ 4 周的训练周期组成，即*中周期*。最小的训练周期被称为*小周期*，为期 1 ~ 2 周。小周期由训练课组成，也就是单次的训练。最终，一节训练课由*训练单位*组成，也就是简单的训练方法，比如柔韧性练习、持续有氧跑以及负重训练。如果你是学习周期训练的新手，这个术语可能会让你感到困惑。随着本章内容的展开，我们将更详细地解释这些术语，并举许多例子。

　　制订大训练周期的一个有效的方法是创建一个周期训练表，如图 9.3 所示。该表是一个典型的美国越野跑赛季的大训练周期范例。从 7 月 1 日的训练第一天，到 11 月 4 日结束比赛，这个赛季为期 4 个月。该表还包括了从越野跑赛季结束之后（11 月 11 日那周）到户外田径跑训练开始（12 月 30 日那周）之间的过渡期。请注意，顶尖跑者的主要比赛阶段持续时间更长，因为在州运动会结束后，他们还要参加地区季后赛和全国锦标赛。

　　对美国的许多青少年跑者来说，一个日历年包括两个大训练周期，一个是越

运动员：_____

赛季		越野跑			径赛
周期	7月	8月	9月	10月	11月	12月	1月

赛季	7月	8月	9月	10月	11月	12月	1月
周期	准备期		过渡期			准备期
阶段	一般准备	专项准备	赛前	主要比赛	比赛期	过渡	一般准备
中周期	1	2	3	4	5	6		1

小周期 (weeks):
7/1 7/8 7/15 7/22 7/29 8/5 8/12 8/19 8/26 9/2 9/9 9/16 9/23 9/30 10/7 10/14 10/21 10/28 11/4 11/11 11/18 11/25 12/2 12/9 12/16 12/23 12/30

- 9/9 Lower Richland:Dual
- 9/16 Sumter: Dual
- 9/23 Francis Marion Invtl.
- 9/30 Coaches' Classic Invtl.
- 10/7 Rock Hill Invtl.
- 10/21 District
- 10/28 Regional
- 11/4 State

图 9.3 越野跑训练周期表

野跑赛季，另一个是户外田径赛季。这被称为*双周期*。如果是三周期，则意味着还有一个室内径赛大周期。

图 9.3 的训练周期表提供了一个制订训练计划的框架。在给这个框架内的每个训练阶段填入内容之前，你首先得完成以下事项。

1. 专注于主要的训练目标。
2. 识别出完成这些目标的训练方法。

确定每种训练方法在整个训练负荷中的比重。尽管我们在介绍这些步骤时使用的范例是越野跑赛季，但是其中的原则和做法也适用于径赛赛季。

一般准备阶段

在图 9.3 的训练周期表中，准备期被分成两个阶段：一般准备阶段和专项准备阶段。一般准备阶段的主要目的是建立一个体能基础，强调的是技术技巧、力量耐力和心肺功能等方面能力。在专项准备阶段，随着比赛专项训练方法的比重越来越大，一般训练方法的负荷会逐渐减少。在我们的例子中，一般准备阶段持续 6 周，也就是总计为期 19 周的准备和比赛期的大约三分之一。把一个大训练周期的近三分之一时间用作一般准备能帮助跑者打下一个坚实的基础。记住，基础越扎实，跑者的高水平比赛专项能力得到提升的潜力就越大。对新手来说，教练们甚至可能会把一般准备阶段延长到大训练周期的二分之一。

在完成对大周期的分割后，下一步是识别每个短周期的训练目标和方法。例如，表 9.1 分别列出了一般和专项准备阶段的关键训练目标和方法。针对每种训练方法大致应该在一个小周期内的总训练负荷中占多少比重，该表也给出了建议。这些百分比是基于跑者每周花在训练上的时间计算出来的。例如在越野跑赛季的一般准备阶段，某位跑者每周训练 6 小时（360 分钟）。针对这个阶段内的每个小周期，我们建议把大约 30% 的训练负荷用来提高心肺功能。所以，在一个典型的训练周内，跑者大约应该在心肺功能训练上花 108 分钟（360 × 0.3=108）。正如表 9.1 的最后一栏所示，应该把这些训练量分配到每周小周期的 2 ~ 4 次训练单元内。例如，为了完成 108 分钟的心肺功能训练，跑者可以在周一和周四分别跑 54 分钟。或者，为了增加多样性，她可以在周一跑 40 分钟，然后在周四骑车 68 分钟。

我们想要给教练们提供一个可靠的框架，帮助他们决定分配多少训练。但是，最终决定正确训练负荷的是每名跑者独一无二的特质。比如一位身体发育

表 9.1　准备期的一般和专项准备阶段的训练目标、方法和负荷

主要目标	关键方法	相对训练负荷（%）	每个小周期的训练单元
		一般准备阶段	
柔韧性	拉伸练习	10	3 ~ 6
灵活性	游戏（极限飞盘、抓球游戏、夺旗橄榄球）	10	2 ~ 4
力量耐力	循环训练、负重训练	20	2 ~ 4
技术技巧	技术练习、复步	10	2 ~ 4
心肺功能	持续有氧跑、自行车、游泳	30	2 ~ 4
有氧能力	间歇节奏跑、法特莱克	7.5	1 或 2
无氧能力	无氧间歇训练	2.5	1 或 2
训练课之间的恢复	轻松慢跑、自行车、游泳	10	2 ~ 4
		专项准备阶段	
柔韧性	拉伸练习	15	3 ~ 6
灵活性	游戏	5	1 或 2
力量耐力	循环训练、负重训练、山坡跑	15	2 ~ 4
技术技巧	技术练习、复步	10	2 ~ 4
心肺功能	持续有氧跑	20	1 ~ 3
有氧能力	持续节奏跑、间歇节奏跑、有氧间歇训练	15	2 ~ 4
无氧能力	无氧间歇训练	5	1 或 2
比赛专项能力	比赛专项间歇训练、计时赛	5	1 或 2
训练课之间的恢复	轻松慢跑、自行车、游泳	10	3 ~ 6

成熟、专攻中距离（800 米、1,500 ~ 1,600 米）的径赛选手，由于在这些比赛项目中能否取得好成绩在很大程度上取决于高水平的有氧能力和无氧能力，高级中距离跑者需要的一般心肺功能训练可能会少于表 9.1 中推荐的训练负荷。针对田径赛季开始前的一般准备阶段，教练可能只会给这些跑者布置总训练负荷的15% ~ 20%，用于进行心肺功能训练。反过来，他们会增加旨在提升有氧能力和无氧能力的训练的比重。我们的建议是：尽管本章中的指南是基于训练的科学和发展原则制订的，但是教练在应用它们时需要考虑具体的比赛项目和个别运动员

的需求。表 9.1 表明，在一般准备阶段，一半的训练负荷用来提高心肺功能（30%）和力量耐力（20%）。提升力量耐力的关键训练方法有循环训练、负重训练和山坡跑。至少在本阶段的第一个中周期（3～4 周），最好通过循环训练为负重训练和山坡跑打基础。我们建议把另外 30% 的训练负荷用来提升柔韧性（10%）、灵活性（10%）和技术技巧（10%）。如果一名跑者在为期一周的小周期中训练 6 小时（360 分钟），那么他应该在拉伸练习上花 36 分钟；灵活性训练游戏 36 分钟；还有技术训练 36 分钟。

在第 6 章中，我们指出，青少年跑者的训练计划应该常年包括定期的高强度训练，包括速度提升训练。所以，即使一般性训练方法在一般准备阶段唱主角，我们还是应该将比赛专项训练方法包括进去。我们建议把训练负荷的 10% 用来提升有氧能力（7.5%）和无氧能力（2.5%）。在这个阶段，用于提升有氧能力的主要训练方法是节奏跑和法特莱克训练法。而无氧能力主要通过灵活性游戏中的短距离爆发力冲刺进行提升，比如极限飞盘和夺旗橄榄球。最后，为了在高要求的训练结束之后加快再生速度，一般准备阶段还应包括恢复性训练方法，比如轻快的慢跑和游泳。因为这个阶段的训练强度相当低，恢复性训练方法大约只占总训练负荷的 10%。

专项准备阶段

在图 9.3 的训练周期表中，专项准备阶段为期 4 周，也就是一个中周期。这段时间看上去不长，但是它能够同时提高跑者的比赛专项和一般性能力。此外，跑者在专项准备阶段进行的训练方式会一直持续到比赛期。

正如你在表 9.1 中看到的，这两个准备阶段之间的主要差别在于，专项准备阶段包含的一般性训练较少，而比赛专项训练较多。例如，我们建议在专项准备阶段中将有氧能力训练的比重从 7.5% 增加 15%。在为期一周的小周期中，我们可以通过增加额外的节奏跑、法特莱克训练课或有氧间歇训练课的方式增加有氧训练的比重。我们还会增加无氧能力和比赛专项训练。心肺功能和力量耐力训练在一般准备阶段占总训练负荷的 50%，但是在专项准备阶段只占 35%。从一般准备阶段到专项准备阶段的转换能让跑者从准备阶段过渡到比赛阶段，让他们做好准备迎接比赛的挑战。

赛前阶段

在表 9.3 列出的越野跑小周期中，比赛周期被分为两个阶段：赛前阶段（6

个星期）和主要比赛阶段（3 个星期）。这些阶段相当于其他运动项目中的常规赛（赛前）以及季后赛与锦标赛（主要比赛）。赛前阶段期间的训练重点是通过模拟比赛的生理和心理要求逐步地建立比赛专项能力。在这个阶段，跑者还会通过比赛获得高水平的能力和战术技巧。

表 9.2 列出了各种训练方法在两个比赛阶段的占比。用几分钟对比一下表 9.1 和表 9.2 中给出的相对训练负荷。例如，你会发现比赛专项训练的比重有所增加，包括赛前阶段的比赛专项间歇训练和计时赛或练习赛。其他高强度训练方法（比如有氧间歇训练和无氧间歇训练）继续在总训练负荷中占据相对较大比重。在赛

表 9.2　比赛期的赛前和主要比赛阶段的训练目标、方法和负荷

主要目标	关键方法	相对训练负荷（%）	每个小周期的训练单元数量
赛前阶段			
柔韧性	拉伸练习	15	3 ~ 6
灵活性	游戏（极限飞盘、抓球游戏、夺旗橄榄球）	0	0
力量耐力	循环训练、负重训练、山坡跑	15	1 ~ 3
技术技巧	技术训练、复步	5	1 或 2
心肺功能	持续有氧跑	15	1 或 2
有氧能力	持续节奏跑、间歇节奏跑、有氧间歇训练	10	2 ~ 4
无氧能力	无氧间歇训练	5	1 ~ 3
比赛专项能力	比赛专项间歇训练、计时赛	15	2 ~ 4
训练课之间的恢复	轻松慢跑、自行车、游泳	20	3 ~ 6
主要比赛阶段			
柔韧性	拉伸练习	20	3 ~ 6
灵活性	游戏	0	0
力量耐力	循环训练、负重训练、山坡跑	10	1 ~ 3
技术技巧	技术训练、复步	10	1 ~ 3
心肺功能	持续有氧跑	0	0
有氧能力	持续节奏跑、间歇节奏跑、有氧间歇训练	15	2 ~ 4
无氧能力	无氧间歇训练	5	1 ~ 3
比赛专项能力	比赛专项间歇训练、计时赛	15	1 ~ 3
训练课之间的恢复	轻松慢跑、自行车、游泳	25	3 ~ 6

前阶段增加高强度训练的结果就是，跑者们需要更长的恢复时间，他们可以使用诸如轻松慢跑和游泳等恢复方法。

在赛前阶段的赛季初比赛就像垫脚石，尤其对主要比赛阶段的锦标赛更是如此。赛前阶段的一个主要目标是在比赛中积累经验、技巧和舒适度。在低级别比赛中，教练们应该鼓励运动员们有目的性地尝试不同的比赛战术，比如匀速跑、后段加速、领跑等。通过这些练习，跑者们可以为更重要的比赛中可能出现的许多战术场景做好准备，而且有助于他们找到最适合自己的比赛策略。

在赛前阶段，有些跑者（尤其是新手）有可能每完成一次比赛就能创造一个新的个人纪录，但是这不应该成为赛季初期比赛的目标。跑者们应该专注于能让他们逐步达成新个人纪录的因素，诸如比赛策略、跑步技术和时间目标。在赛季初的比赛中创造个人纪录有这样的风险，那就是随着比赛阶段的推进，跑者有可能无法继续提高成绩。后果就是，他们有可能无法在锦标赛中达到目标。

关于赛前阶段比赛的一个重要问题是，跑者是否应该*连续训练*，也就是说在比赛前后不进行恢复。有的教练认为，跑者如果在赛季初比赛前后减少训练负荷，他们就会失去能力和宝贵的训练时间。因此，这些教练会让他们的运动员在这些比赛的间隔期间连续训练。我们不鼓励连续训练，因为它会让跑者在比赛前一天因艰苦的训练而感到疲劳。在这种情况下，他们有受伤、表现不佳和失去自信与动力的风险。即使跑者在赛季初比赛中的目标不是创造个人纪录，他们还是应该让身体得到休息，并保持敏锐的精神状态。通过在比赛前的几天逐渐减少训练负荷，跑者可以在赛前准备的过程中获得宝贵的练习机会，从而取得最佳成绩。

主要比赛阶段

主要比赛阶段由赛季末期的重要比赛组成。对于成绩还无法入围锦标赛的新手来说，赛季末有可能只剩下最后的几场对抗赛和邀请赛。对于中高级跑者来说，重大比赛包括市级、州级和国家级的锦标赛。不管发育阶段如何，教练们都应该向跑者们强调赛季最后几场比赛的目标是拿出最好的表现时候了。新手如果能在一个赛季的最后几场对抗赛中表现出巅峰状态，那么他们就可以在之后的职业生涯锦标赛中取得佳绩。

主要比赛阶段的总体训练目标是保持比赛专项能力和状态。这要求跑者在接近比赛节奏的速度下进行训练。我们建议将 35% 的训练时间用于高级训练方法，其中包括强化有氧能力（15%）、无氧能力（5%）和比赛专项能力（15%）。尽管快速奔跑是本阶段的主要训练内容，但是训练课不应让跑者筋疲力尽。例如，在间歇训练中，重复训练应该相对较短，并且让跑者在训练间歇有充足的恢复时间。在完成间歇训练后，跑者应该感到轻松和充满能量，就好像他们可以在不疲劳的情况下多完成几组训练。除了保持比赛专项能力外，这种在不耗尽能量的前提下快速奔跑的训练方法是加强心理素质的绝佳方法。当比赛周的训练只包括轻松慢跑的时候，跑者往往会感到迟钝和倦怠，这会导致他们对即将到来的比赛感到怀疑和担忧。

在主要比赛阶段保持比赛专项能力和状态的另一种重要方法是技术复步训练（以比赛速度进行 100 ~ 150 米的重复训练）。跑者可以在比赛周的多节训练课中进行这些训练。

在主要比赛阶段，许多训练课包含了快速的跑步训练，所以应该花大量时间进行热身和拉伸练习——大约占训练负荷的 20%。在这个阶段，恢复至关重要，尤其是在比赛到来前的最后几天和比赛结束后的一两天内。所以我们建议恢复训练方法在总训练负荷中的比重为大约 25%。

过渡期：恢复、再生和反思

我们对训练周期的讨论聚焦于准备期和比赛期。但是，我们不能忘记过渡期，因为它是青少年跑者的训练计划和发育过程中的一个关键部分。过渡期指赛季最后一场比赛和下赛季首个训练日之间的阶段。过渡期的目标是从训练和比赛的压力中恢复，并重新为即将到来的大周期储备身体和心理能量。在我们的大周期范例中，过渡期持续 7 个星期，从 11 月初一直持续到 12 月底（见表 9.3）。

在过渡期内，跑者可以从紧张的训练中喘口气。但是，它并不意味着彻底休息和不进行任何活动。只是出于娱乐目的，有些跑者可能会利用这段时间进行低强度的跑步或参与其他体育运动。对教练们来说，他们可以在过渡期内对每名跑者在前几个月内的训练和比赛进行反思，然后为即将到来的大周期制订计划。在过渡期内，教练们可以通过完成第 8 章中介绍的评估流程开始制订计划。

第 4 步：计划每日和每周训练课

为了对目前为止的周期训练方法进行总结，我们制订了一个大周期，并将其分成不同阶段。然后，我们为每个阶段确定训练目标，然后分配每种训练方法在

给父母们的建议

本章介绍了制订训练计划的一些高阶技术性的先进方法。考虑到我们的重点在于训练周期的原则和实践，所以从很大程度上说，本章的内容是写给教练们的。但是，通过学习系统性的训练计划方法，家长们也可以从中获益。针对家长如何参与训练计划的制订过程，以下是我们的几点建议。

- **强调制订训练计划的重要性**

  与其他方面的长跑训练一样，周期训练方法的价值远超运动本身。在制订训练和比赛计划时，如果青少年跑者能够领会这种有计划性的详细训练方法的重要性，那么他们就可能将之应用在学习甚至个人事务上。通过日复一日的言传身教，你可以向孩子强调制订训练计划的重要性。让你的孩子知道，在复杂且富有挑战性的人生奋斗中，能否取得成功往往取决于进行精心的筹划，而不是随意的决定。

- **做好计划出错的准备**

  实现计划的一个关键是永不动摇的积极态度。但是俗话说得好，"谋事在人，成事在天。"当青少年跑者的计划因为一些小挫折和弯路而脱轨的时候，你可以帮助他们重回正轨。如果你的孩子遇到一些小挫折，你可以给他们提供精神支持和强烈的鼓励，让他们克服挑战。如果是更加严重的问题（比如伤病），你理所应当地有责任确保孩子得到最好的治疗。你需要了解所在社区的医疗资源，并寻求最好的医生，尤其是那些拥有体育医疗专业知识的医生。

- **认可孩子的训练过程和进步**

  随着时间的推移，看着孩子的体能水平、技巧和自信心程度越来越高，成绩也越来越好，这真的是一个令人振奋的事情。看到所有的努力有所回报是教练的最大奖赏。作为一名青少年跑者的父母，你需要意识到（并且时常认可）精心设计的训练计划所带来的提高。例如，为了提高强有力的末段冲刺能力或更好的山坡跑技巧，你的孩子已经在努力地加练。你对孩子在这些方面的进步的认可与赞赏将有助于提升她的自信和动力，让她继续努力训练并不断提高。

总训练负荷中的比重。现在，我们已经准备好进行下一步骤，也就是通过小周期（1 ~ 2 周）和中周期（3 ~ 4 周）对每日和每周训练课进行规划。以下是这个阶段最重要的问题。

- 在一个小周期或中周期内，安排训练方法的最佳方法有哪些？
- 在一节包括多个训练单元的训练课中，最佳的训练顺序是什么？
- 跑者应该在一周内的哪几天进行最大强度的训练课？
- 在高强度的训练课之间，应该进行多少天的相对较低强度的训练？
- 如何在一个赛季的所有小周期和中周期内适当地增加训练负荷？

通过提供每日和每周训练计划指南，我们将对这些问题进行解答。为了介绍如何应用这些指南，我们已经设计的 4 个小周期范例，每个范例针对准备和比赛期的一个阶段（见表 9.3 ~ 表 9.6）。这些范例适用于专攻 3,000 ~ 5,000 米的中级越野跑选手（训练年限：2 ~ 4 年）。小周期范例中的训练负荷与表 9.1 和表 9.2 内的建议相对应。

组织一节训练课内的训练单元

大多数日常训练课由多个训练单元组成。例如，假如某一天跑者的训练内容是拉伸和技术练习，那么他们就需要完成两个训练单元。在这样一节训练课中，教练甚至可以在不让运动员过度疲劳的前提下增加一个循环训练单元。训练课的效果好坏在很大程度上取决于如何安排这些训练单元的顺序。以下是一些原则和指南，尽管不是硬性规定，但是可以指导教练们决定一节训练课的最佳训练单元顺序。

- **低强度单元应该排在高强度单元之前。**在第 1 套训练课范例中（见表 9.3），周一的训练课由两个训练单元组成。第 1 个单元是在 70% ~ 80% 最大心率状态下的持续有氧跑，与第 2 个单元相比，它的强度相对较低。第 2 个单元是极限飞盘。第 1 个单元不应该造成严重的肌肉疲劳。反而，它应该让肌肉活跃起来，并让心血管系统为第 2 个单元内的无氧冲刺和跳跃做好准备。

  在同一天里，高强度的比赛专项训练不应该排在低强度的一般性训练之前（除非是在完成一次节奏跑或间歇训练后的拉伸练习）。如果跑者在持续有氧跑之前进行高强度的无氧间歇训练，那么他就有训练过度和受伤的风险。

- **跑者不应该在过度疲劳的状态下进行技术训练单元。**在所有小周期范例中，技术训练单元都被安排在训练课的开始阶段，在热身和拉伸练习之后进行。不要把技术训练安排在导致深度肌肉疲劳的训练单元后面，比如循环训练或无氧间歇训练。原因是疲劳可能会让跑者无法发挥和学习良好的技术动作。

- **持续有氧跑训练单元应该在力量耐力训练单元之前。**在一节包括跑步和力量耐力的训练课中，最好的顺序往往是先进行跑步训练。正如赛前阶段的训练课范例所示，在周一的训练课中，持续有氧跑应该在循环或负重训练之前进行。如果在之后进行跑步训练，那么力量耐力训练造成的肌肉疲劳可能会导致受伤。

安排一个小周期内的训练课

　　假如有一名教练正在为即将到来的小周期制订计划，他已经决定在一天里结合持续有氧跑和灵活性游戏，在另一天里进行拉伸和间歇节奏跑。那么这名教练应该把这两节训练课放在哪两天呢？他应该给小周期内的其他时间计划哪些训练方法呢？

　　本节内容帮助教练找出如何在小周期内安排训练课的方法。表 9.3 ~ 表 9.6 内的小周期范例的持续时间在 7 ~ 10 天不等。例如，简单起见，为了说明表 9.3 内的一般准备阶段的训练模式，我们选择了一个为期 7 天的小周期：以一周为单位安排训练是一种比较快捷的方法。但是，如果跑者在一个星期内无法充分恢复，那么教练们可能需要延长小周期。在高强度训练后（比如在为期 7 天的小周期内，在周三进行间歇节奏跑训练），新手可能额外需要一到两天的恢复时间。在这种情况下，教练应该增加恢复天数，将小周期延长到 9 天或 10 天。

　　另一方面，与我们的小周期范例相比，有的中高级跑者可能有能力完成更多的训练单元。增加训练量的一个方法是，在每周的 2 ~ 3 个早上安排额外的训练单元。教练们可以为恢复方法、持续有氧跑、甚至力量耐力计划早晨训练课。对那些有意愿和潜力在高中之后继续跑步生涯的跑者来说，这些额外的训练单元帮助他们为一天两节训练课做好准备，这是许多大学和世界级别的跑者经常做的。

　　以下原则和指南将帮助教练在小周期内组织训练课。

- **在小周期内的特定阶段重复关键的训练方法。**为了达到越来越高的体能水平，跑者必须在逐步增加训练量的同时不断重复关键训练方法。例如，专项准备阶段的一个主要目标是通过节奏跑和有氧间歇训练等方法提升高水平的有氧功率。在这个阶段的小周期内，跑者应该多次重复这些训练方法。一条通用的法则是在为期 7 ~ 10 天的小周期内至少重复一次关键训练方法。在专项准备阶段的 10 天小周期中（见表 9.4），我们已经包括了两个提升有氧功率的训练单元：在第一个周二安排一个间歇节奏跑单元，然后在周六安排一个有氧间歇训练单元。如果这两节训练课的间隔时间太长，比如每 3 周进行一次，那么它们对有氧系统的训练就不足以达到主动适应的效果。在一般准备阶段的小周期范例中，我们已经计划在周三进行节奏跑训练。如果把这次训练包含在内，我们的训练计划在为期 10 周的整个准备周期内就包括 10 次节奏跑训练，每周一次。

  尽管训练方法的重复对成绩的提高至关重要，但是教练也应该让计划内的训练课多样化，避免单调。例如，如果一套周训练计划中包括了两次持续有氧跑，那么教练可以改变赛道——一天在平坦的泥路，另一天在有坡度的高尔夫球场。或者，如果跑者需要在小周期内完成 2 ~ 3 节循环训练课，那么教练可以改变练习项目和训练地点。

- **避免连续两天使用相同的训练方法。**尽管应该重复进行小周期内的训练方法，但是体能水平的提升不能仅仅通过训练量的堆积来实现。反而，在训练周期之间进行充分恢复的效果更好。一条通用的法则是，高强度的训练方法之间至少应该间隔一天。如果跑者周一完成了循环训练，那么她至少应该等到周三再进行下一次循环训练，让紧张的肌肉重新储备能量，让她的生理产生适应性以提高力量耐力。这并不一定意味着她在周二就必须进行恢复性训练或彻底休息。例如，如果周一的循环训练主要针对上肢肌肉，那么跑者的双腿可能有足够的能量在周二完成一次持续有氧跑。

  在高强度训练日前后都应该安排低强度训练或恢复日。当教练计划高强度训练课时，他们也应该计划足够的恢复时间，这样跑者的身体机能才会得到恢复，精神焕然一新，为下次充满挑战的训练做好准备。

在一般情况下，一天的恢复性训练（比如，轻松慢跑、自行车或游泳）就足够了。但是，请注意不同人有不同的恢复速率。在做好准备进行下一次高强度训练之前，有的跑者（尤其是新手）可能需要更长的恢复时间或彻底休息。在高强度训练课的前一天，跑者应该进行恢复性训练或低强度训练，比如持续有氧跑或复步技术练习。

有关跑者不应该连续几天进行相同训练方法的法则，有两种例外的情况。首先，跑者可以连续两天进行恢复性训练，尤其是在一场比赛开始前的几天内。其次，参加田径比赛的顶级跑者如果得在决赛前一天参加半决赛，那么他们就应该进行背靠背的比赛专项训练，以模拟这些比赛要求。

- **在一周内经常举行比赛的那几天安排比赛专项训练。**在表 9.4 中的针对专项准备阶段的小周期范例内，我们已经在周六安排了一节有氧间歇训练课。在赛前阶段，这节训练课可以是一次 5,000 米计时赛。这两种训练方法都能高度模拟比赛对跑者的身体和心理要求。我们之所以把这些训练课安排在周六，是因为越野跑赛季的大部分重要比赛都在这一天举行。还有一个好主意是把比赛专项训练课安排在最重要比赛的举行时间。如果越野跑比赛被安排在上午 8 点开始，那么教练就应该在那个时间段内多安排几节比赛专项训练课。这些训练课可以在专项准备阶段和赛前阶段的多个连续的周六进行。这种方法能给跑者灌输这样一种理念，那就是做好准备在最重要的那几天接受最大的身体和心理挑战。

- **比赛周应该包括训练量较小的快速跑和恢复性训练。**在表 9.6 中，针对主要比赛阶段的小周期范例提出了这条指南。在比赛周内，周一、周二、周三和周五进行快跑训练单元。这些训练课的一个目标是激活比赛中需要用到的神经肌肉途径。另一个目标是提升跑者的舒适度，让她自信地有能力保持比赛速度。需要记住的最重要的事情是，这些训练的强度不应过高，不至于耗尽跑者的能量。例如，周一的间歇训练、周二和周五的 150 米技术复步训练的目的是练习节奏技巧和正确的跑步动作，而不是为了让生理系统达到更高的体能水平。在这些训练课中，避免疲劳的关键是缩短训练的距离，并延长休息间歇。

表 9.3　训练课范例：一般准备阶段

（中级水平，7 天越野跑小周期）

周一	**单元 1: 心肺功能（持续有氧跑）** 35 ~ 40 分钟，最大心率的 70% ~ 80%
	单元 2: 灵活性和无氧能力 20 分钟 极限飞盘游戏
周二	**单元 1: 热身和柔韧性** 拉伸练习 [a]
	单元 2: 技术技巧（练习 [b]） 高抬腿前进：3 × 30 米 垫步跳：3 × 60 米 后踢跑：3 × 30 米 高抬腿跑：3 × 40 米
	单元 3: 力量耐力 （循环训练 [c]） 1 × 4– 原地循环训练
周三	**单元 1: 热身和柔韧性** 拉伸练习 [a]
	单元 2: 有氧能力（间歇节奏跑） 4 × 4 分钟，最大心率 80% ~ 85%，恢复 60 秒 或 30 分钟法特莱克跑
周四	**单元 1: 恢复** 20 ~ 30 分钟轻松慢跑或游泳
周五	**单元 1: 心肺功能** 70 分钟自行车 或 35 ~ 40 分钟跑，最大心率 70% ~ 80%
	单元 2: 灵活性和无氧能力 20 分钟夺旗橄榄球游戏
周六	**单元 1: 热身和柔韧性** 拉伸练习 [a]
	单元 2: 技术技巧（复步） 12 × 150 米
	单元 3: 力量耐力（循环训练 [c]） 1 × 4– 原地循环训练
周日	休息

[a] 拉伸练习指南及图示，请参见第 6 章。

[b] 技术技巧指南及图示，请参见第 6 章。

[c] 循环训练指南及图示，请参见第 6 章。

表9.4 训练课范例：专项准备阶段

（中级水平，10 天越野跑小周期）

周一	**单元 1: 心肺功能（持续有氧跑）** 45 ~ 50 分钟，最大心率 70% ~ 80%
	单元 2: 灵活性和无氧能力 20 分钟极限飞盘游戏
周二	**单元 1: 热身和柔韧性** 拉伸练习 [a]
	单元 2: 有氧能力（间歇节奏跑） 4 × 6 分钟，最大心率80% ~ 85%，60 秒恢复
周三	**单元 1: 热身和柔韧性** 拉伸练习 [a]
	单元 2: 技术技巧（训练 [b]） 高抬腿前进：3 × 40 米 垫步跳：3 × 70 米 后踢跑：3 × 40 米 高抬腿跑：3 × 50 米
	单元 3: 力量耐力（负重训练 [c]） 2 组下肢和上肢训练
周四	**单元 1: 热身和柔韧性** 拉伸练习 [a]
	单元 2: 无氧能力（无氧间歇训练） 4 × 400 米，比 1,500 ~ 1,600 米比赛速度快5% ~ 15% 3 ~ 4 分钟恢复
周五	**单元 1: 恢复** 20 ~ 30 分钟轻松慢跑或游泳或彻底休息一天
周六	**单元 1: 热身和柔韧性** 拉伸练习 [a]
	单元 2: 有氧能力（有氧间歇训练） 4 或 5 × 800 米，5,000 米比赛速度，1:1 恢复比例 [d]
周日	**单元 1: 恢复** 20 ~ 30 分钟轻松慢跑或游泳或彻底休息一天
周一	**单元 1: 热身和柔韧性** 拉伸练习 [a]
	单元 2: 力量耐力（山坡跑训练） 6 × 300 米上坡轻松慢跑恢复（下坡）

周二	**单元 1: 热身和柔韧性** 拉伸练习 [a]
	单元 2: 技术技巧（练习） 同上周三的训练课
周三	**单元 1: 热身和灵活性** 拉伸练习 [a]
	单元 2: 比赛专项能力（比赛专项间歇训练） 以比赛速度跑 2 × 1,000 米，90 秒恢复

[a] 拉伸练习指南及图示，请参见第 6 章。
[b] 技术技巧指南及图示，请参见第 6 章。
[c] 循环训练指南及图示，请参见第 6 章。
[d] 1 : 1 恢复指组间的间歇时间与训练时间一样长。

表 9.5　训练课范例：赛前阶段

（中等水平，7 天越野跑小周期）

周一	**单元 1: 心肺功能（持续有氧跑）** 40 分钟，最大心率 75%
	单元 2: 力量耐力（循环训练 [a]） 2 × 4 原地循环训练
周二	**单元 1: 热身和柔韧性** 拉伸练习 [b]
	单元 2: 比赛专项能力（比赛专项间歇训练） 比赛速度跑 3 × 1,000 米，90 秒恢复
	单元 3: 无氧能力（无氧间歇训练） 3 × 300 米，比 1,500 ~ 1,600 米比赛速度快 5% ~ 15%，3 ~ 4 分钟恢复 或者将单元 2 和单元 3 替换为 5,000 米比赛（对抗赛）
周三	**单元 1: 恢复** 20 ~ 30 分钟轻松慢跑或游泳
周四	**单元 1: 热身和柔韧性** 拉伸练习 [b]
	单元 2: 有氧能力（持续节奏跑） 15 ~ 20 分钟，最大心率 80% ~ 85%
周五	**单元 1: 恢复** 20 ~ 30 分钟轻松慢跑或游泳
周六	**单元 1: 热身和灵活性** 拉伸练习 [b]
	单元 2: 比赛专项能力 5,000 米计时赛或越野跑邀请赛
周日	**单元 1: 恢复** 20 ~ 30 分钟轻松快跑或游泳

[a] 循环训练指南和图示，请参见第 6 章。
[b] 拉伸练习指南和图示，请参见第 6 章。

表 9.6 训练课范例：主要比赛阶段

（中级水平，7 天越野跑小周期）

周一	**单元 1: 热身和柔韧性** 拉伸练习 [a]
	单元 2: 有氧能力和无氧能力（有氧和无氧间歇训练） 3×（1 × 600 米和 1 × 200 米，在 600 米和 200 米之间进行 30 秒慢跑恢复），用 5,000 米比赛速度跑 600 米，然后用以可控的冲刺速度完成 200 米，在两组间歇训练之间进行彻底恢复
周二	**单元 1: 热身和柔韧性** 拉伸练习 [a]
	单元 2: 技术技巧（复步） 以比赛速度完成 8 × 150 米
	单元 3: 力量耐力（循环训练 [b]） 1 × 4 原地循环训练
周三	**单元 1: 热身和柔韧性** 拉伸练习 [a]
	单元 2: 有氧能力（间歇节奏跑） 4 × 3 分钟，最大心率 80% ～ 85%，90 秒恢复
周四	**单元 1: 恢复** 20 ～ 30 分钟轻松慢跑
周五	**单元 1: 恢复** 20 ～ 30 分钟轻松慢跑
	单元 2: 技术技巧（复步） 以比赛速度完成 8 × 150 米
周六	5,000 米越野跑比赛
周日	**单元 1: 恢复** 20 ～ 30 分钟轻松慢跑或游泳或彻底休息

[a] 拉伸练习的指南和图示，请参见第 6 章。
[b] 循环训练指南和图示，请参见第 6 章。

弗恩·甘贝塔

甘贝塔体育训练系统

佛罗里达州

在体育训练领域，弗恩·甘贝塔是一名国际知名的专家。他曾在多支职业运动队担任体能教练。作为美国田径教练教育项目的联合创始人，甘贝塔在多个旨在培养青少年长跑选手的全国性项目中担任咨询师，包括耐克俄勒冈项目。他有多部著作，包括《跟着功能途径走》《运动员的训练和恢复与竞技发展》《功能性训练的艺术与科学》。

为何应该将青少年长跑选手训练为"全能运动员"，也就是发展全面的素质？——尽管明显的答案是提高成绩，但是最重要的原因为了让青少年跑者"刀枪不入"，使他们可以参加更高强度的训练和比赛。通过发展全面的素质基础能降低青少年跑者受伤的风险。他们可以通过训练提升心肺耐力。但是，如果他们不进行协调性、柔韧性、核心肌群和全身力量以及速度训练，那么这些因素将成为增加训练强度和提高比赛成绩的制约因素。此外，全面的运动素质将使青少年跑者有能力完成更大跨度的比赛项目——他们不会被局限在 1,500 米或 3,000 米比赛中。对青少年耐力运动员来说，参与多项比赛的能力非常重要。

对教练来说，一个尤其重要的关键是，我们并不是说要花大量时间发展全面运动能力的训练。但是，在一个赛季的所有阶段内，这些训练方法必须作为训练计划不可或缺的一部分。

在早期准备阶段，提升速度的训练课范例有哪些？——我将从哲学的角度开始说起。我一直坚信，对中长跑选手来说，速度提升训练在一个赛季的所有阶段都是不可或缺的。如果教练不在他们的训练计划中定期安排速度训练，那么他们的选手就会在最重要的比赛中落败。我认为，在速度训练中，跑者的速度应该稍微快于目标比赛速度。但是这并不意味着全力冲刺。

我们通过技术训练为速度提升打下良好的基础，这些训练旨在提高跑者的专项能力、良好的跑步姿势以及用神经肌肉系统控制着地的能力。经过跑步训练后，我的青少年跑者能够完成 8 ~ 12 组 60 米跑步训练，并且能保持良好的发力、姿势和摆臂。在这些训练课中，他们学会如何在疲劳状态下快速奔跑。作为一名教练，我的作用是提醒他们加快步频，而不是加大步幅。我们会在训练中模拟比赛场景。例如，在 6 名跑者组成的集团中，一名跑者会加速 30 ~ 40 米，然后其他人必须得跟上他。这样，所有跑者都学会了如何控制他们的发力方式。这种训练课可以解决许多青少年跑者都存在的一个严重问题：缺乏在一场比赛的中段改变速度的能力。这是跑步选手在青少年阶段需要提高的一个非常重要的素质。

在锦标赛季期间进行训练的主要目标有哪些？——尤其在锦标赛季的后半段，训练的首要目标是加强、磨炼和微调体能水平。教练有时候会忘记这点，然后错误地把训练强度增加到非常高的水平。反而，我们想要减小训练量并保持训练强度，而不是增加它。在锦标赛季期间，许多教练都有通过增加更多的组数让跑者达到最大极限的倾向。我的经验法则是减少一次组训练。我要让运动员们在身体和心理上都保持最佳状态。

另一个主要目标是模拟比赛，为锦标赛中的各种不同场景做准备。所以，假设我们正在进行一节 6×400 米的训练课。为了模拟快速起跑，运动员在前两组训练中的速度会稍微快于比赛的平均速度。在接下来的两组 400 米训练中，他们会循序渐进地加速：在前 200 米的起跑速度慢于比赛速度，然后稍微加快速度以模拟节奏的变化。在最后两组 400 米训练中，跑者应该逐渐加快速度以快速冲过终点。

在锦标赛季期间，我们还需要继续进行力量训练、跑步姿势和核心肌群训练以及拉伸训练。当然，我们会在恢复和轻松慢跑上稍微多花点时间——也许可以在冷水泳池中进行跑步训练。老话说得好，关键是"沿用之前的训练方法。"也就是说不要使用一些以前从未用过的训练方法。

为了帮助他们的运动员逐赛季地取得进步，你能给教练们提供哪些通用的建议？——有的时候，教练们会过于重视增加运动员的跑步距离，并将之作为一个进步的目标。反而，我认为我们应该专注于增加每个星期的训练天数和训练课数量。比如刚进入高一的 14 岁男孩或女孩，我会让他们每周训练 5 ~ 6 天，一天一练。第 2 年，我可能会增加到一周 7 节训练课。根据运动员的生长发育水平，到他们满 16 岁的时候可能得一周 8 节训练课，也就是说有两天是一天两练。在高中最后一年里，我们可能在某些阶段增加到一周 10 节或 11 节训练课。年复一年，我们应该专注于增加每周的力量和核心肌群训练课次数。此外，逐步增加最长距离跑步和节奏跑以及各种间歇训练方法的时间也非常重要。最后，我们还得考虑比赛的数量，这也应该随着时间的推移而逐步增加。对我来说，进步就是不断探索和挖掘一名青少年跑者的可能性和能力。

在一个中周期内安排小周期

在安排好训练课内的训练单元以及小周期内的训练课之后，下一步是安排一个中周期内的小周期，将单周训练整合到为期 3 ~ 4 周的计划内。在安排一个中周期内的小周期时，教练们可以参考以下指南。

- **在整个中周期内重复进行关键的训练方法，逐渐增加训练量。** 假如在专项准备阶段，教练已经设置了一个由 3 个为期一周的小周期组成的中周期。计划在第一个小周期的第一个周一进行持续节奏跑。一个好的计划会在整个中周期内重复进行多次节奏跑训练，比如把它安排在接下来两周的周一。正如我们已经讨论过的，这种循环式的训练计划可以让跑者的关键能力得到训练，定期适应机能水平的提升。当然，为了提高机能水平，我们应该系统地增加每种训练方法的训练量。例如，在一个中周期的连续 3 个周一，教练可以将持续节奏跑的时间从 14 增加到 16，再到 18 分钟。我们应该一直把循序渐进的提高作为目标。
- **在每个中周期的末期安排一个减少训练负荷的小周期。** 在训练周期中，我们经常在头 2 ~ 3 周内增加训练量，然后在最后一周减少训练量。我们在图 9.4 中对这种模式进行了说明，在连续两个中周期（每个中周期持续 3 周）的前两周，训练量逐渐增加。在第一个中周期内，我们已经分别为连续两个为期 7 天的小周期安排了 25 英里和 32 英里的跑步训练。然后，在最后 1 周减少训练量之后，跑者开始第 2 个中周期。在第 2 个中周期的第 1 周内，他需要完成 32 英里的跑步训练，然后在第 2 周增加到 37 英里。在这几周内，除了增加训练距离，他们还应该逐渐加快跑步速度。

在图 9.4 中，注意每个中周期的第 3 周训练量是如何下降的。这几周之所以被称为减少训练量的小周期，是因为训练量会减少。一条通用的法则是，教练们应该在中周期的最大训练量基础上减少 25% ~ 50%。从第一个中周期的第 2 周（32 英里）到第 3 周（19 英里），我们已经将跑步距离缩短了 40%。通过减量小周期，跑者可以在训练中获得额外的恢复时间，为更高水平的训练积聚动力。

在赛季的赛前阶段和主要比赛阶段，减量小周期被安排在比赛开始前一周。通过减少训练负荷，跑者可以及时地补充能量，为满足比赛的身体和心理要求做好准备。

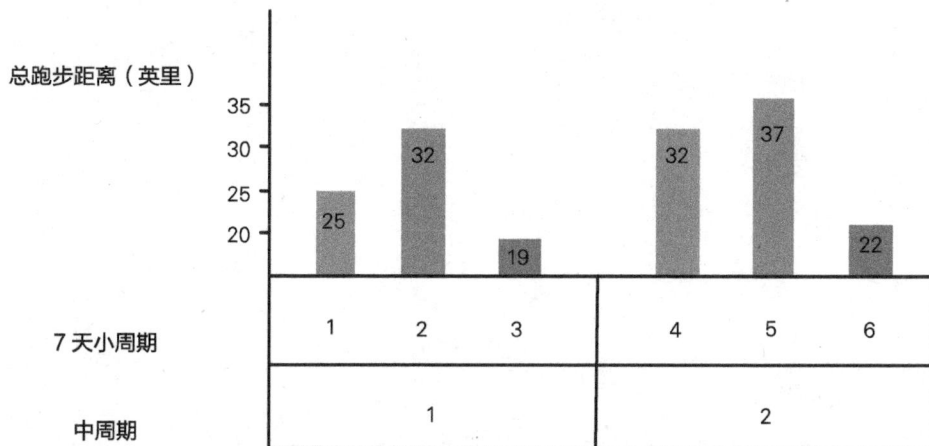

图 9.4　在连续的两个中周期内安排增加训练负荷与减少训练负荷的小周期

大步向前

本章介绍了周期训练的一些指导方针，为制订训练计划提供了一个可靠的框架。但是，为了取得最理想的结果，教练们必须思考每名运动员的最佳训练模式是什么。假设教练已经为一名跑者安排了在高强度无氧间歇训练后进行一天的恢复性训练。如果这名跑者在一天的恢复训练后没有完全恢复，那么教练就得通过额外增加一天恢复训练调整训练日程。我们将在第 10 章讨论制订训练计划时的机动和调整。

在进入下一章内容之前，有关每日和每周的训练计划，我们还要再说明一点：教练应该与跑者讨论训练计划，这至关重要。要想找出每名跑者最适合的训练方法，一条开放的沟通渠道是关键。在训练开始前几天向跑者介绍每周的训练计划是一种很好的开始沟通方式。跑者可以和教练就训练计划展开讨论，并进行适当调整。此外，跑者可以通过训练计划为即将到来的挑战做好身体和心理上的准备。例如，如果运动员知道自己将在周六进行一次计时赛，那么他们就会在周五吃一些高碳水化合物的膳食并睡个好觉。在一周的时间里，跑者还可以为计时赛制订策略，然后想象训练场景，对心理状态进行微调。

第 10 章

应对挫折

扫码看专家为你解读
跑步后如何高效恢复

按 照第 9 章的步骤制订计划的教练会对他们的训练计划充满信心。他们知道运动员的训练目标是什么，以及如何帮助运动员安全地达到这些目标。详细的周期训练计划降低了跑者遇到重大障碍的风险，这些障碍会妨碍他们达到成绩目标。但是，无论教练在制订训练计划时有多么深谋远虑，跑者不可避免地会遇到点小挫折和走一些弯路。从某种程度上说，每名跑者都会在训练中因受伤、生病、失去动力、个人原因、持续的坏天气或其他原因遭受一些挫折。在本章里，我们将讨论如何在遇到意料外的挫折后评估训练计划以及帮助跑者重新回到正轨。这也是设计训练计划的 5 个步骤中的最后一步（见图 10.1）。

评估训练和比赛成果

一套训练计划是否成功，要看跑者是否健康和充满动力，并且是否能不断提高训练和比赛水平。在第 8 章中，我们曾谈到在每个赛季结束后对跑者的进步、健康和动力进行评估——这是为下赛季制订训练计划的第一步。为了在赛季期间对训练计划进行必要的调整（这也是本章的重点），教练们必须每天对跑者的训练和比赛表现进行评估。

评估训练表现

有的时候，跑者很容易不知不觉地在训练中犯错。因此，教练需要紧密观察

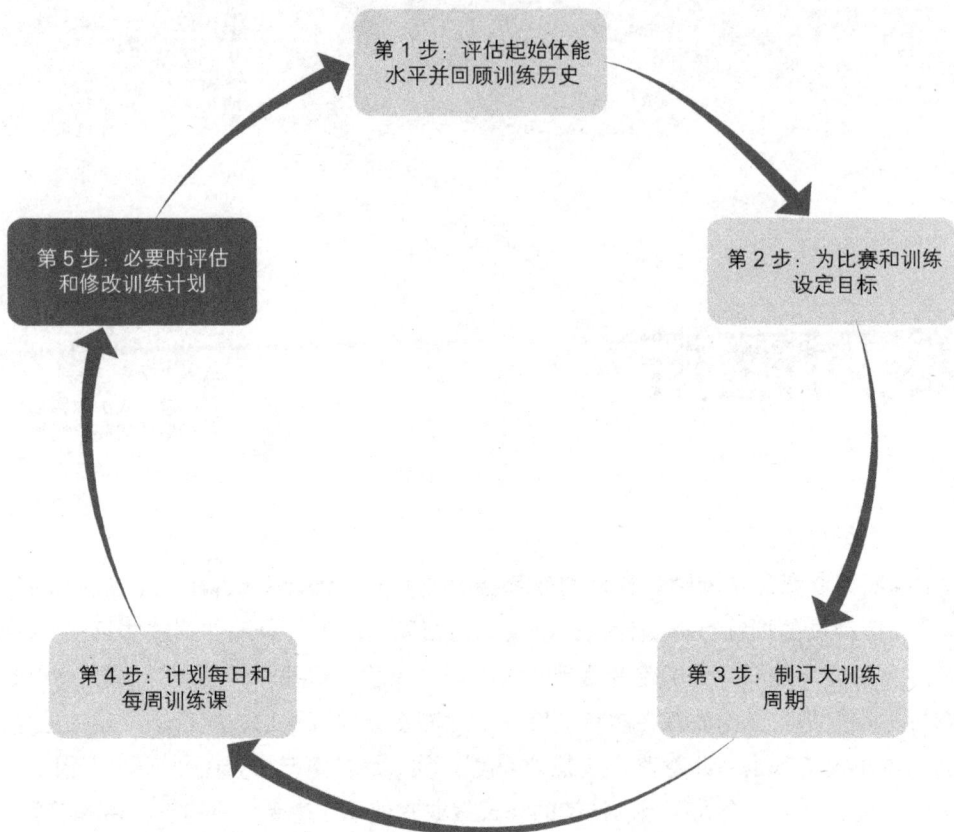

图 10.1 设计训练计划的 5 个步骤（本章介绍的是第 5 个步骤）

训练，确保他们的跑者在正确的训练轨道上。要做到这一点，教练可以定期确认跑者是否按照既定的计划进行训练。假设一名跑者需要在一般准备阶段分配 25% 的训练负荷进行循环训练和负重训练，以提高力量耐力。在特定的一个星期内，如果跑者进行这些训练的总时间少于总训练负荷的 10%——也许他不得不错过计划内的一节循环训练课。在一般情况下，错过一节训练课没什么大碍。但是，如果这名跑者重复地错过某种特定的训练，那么他就无法提高目标能力，从而限制他达成比赛目标。当实际训练负荷偏离既定的训练计划时，我们需要采取一些策略让训练重回正轨。本章稍后会谈到这一点。

每日对训练表现进行评估的另一种方法是使用指标，比如心率和跑步时间。比如，某节训练课的目标是通过持续有氧跑提高心肺功能。如果跑者的速度过快，即心率高于 70% ~ 80% 最大心率区间，她也许无法坚持足够长的距离，对心血管系统的压力不足以产生正面的训练成果。有时候，教练会禁不住让跑者以较快的速度奔跑,因为她的感觉很好而且训练刻苦。这种训练甚至可以带来信心上的突破。但是,偏离训练计划往往会导致负面的后果,包括无法达到最佳的机能水平甚至导致伤病。

最后,教练还可以通过定期询问跑者以下问题评估训练计划。

- 你觉得你的训练效果如何?
- 在结束昨天的间歇训练后,你的双腿有什么感觉?有没有感到酸痛?
- 你的呼吸感觉如何?你的速度是否比计划速度快?
- 你在最后一步的技术感觉如何?你能说出你的双臂是否在身前交叉吗?
- 你觉得昨天的恢复时间是否足够让你在今天努力训练?
- 你能否在 35 秒内跑完 200 米?
- 你喜欢这个训练计划吗?你会如何改变它才能让它变得更好?

通过询问这些问题,教练打开了获得反馈的沟通渠道。在有必要调整训练计划的时候,这些反馈非常重要。

评估比赛表现

检验一套训练计划是否有效的终极标准是看跑者能否在比赛中发挥自己最大的潜能并提高成绩。如果跑者达到了比赛目标,那就没有必要改变训练计划,而应该循序渐进地增加训练负荷。俗话说得好,"如果还没坏,就不要去修!"但是,如果跑者的成绩没有达到标准,那么教练就应该找出原因,然后相应地修改训练计划。

造成跑者无法发挥自己的潜能的原因有许多种。有的跑者在训练课中表现出色,但是比赛的表现却不佳。针对这些跑者,心理因素是造成比赛成绩差的根本原因,比如紧张、缺乏自信、注意力不集中或无效的比赛策略。要想识别具体的原因,教练必须问自己以下几个问题。

- 跑者在比赛开始前是否感觉肌肉紧绷和焦虑?也许他是紧张过度了。
- 跑者对自己能否达成目标是否产生了怀疑?也许她是缺乏自信。
- 跑者是否在越野跑的上坡赛段开始落后?也许他的注意力没有放在良好的上坡跑技巧上。
- 跑者在完成比赛后是否剩下大量的能量?也许她的比赛节奏不正确。

这些问题的答案帮助教练将训练计划的重点调整到需要改善的心理素质方面上去。

给父母们的建议

在一套好的训练计划中，家长需要扮演许多角色，其中最重要的是防止孩子受伤和生病。为了帮助家长扮演好这些角色，以下是本书谈到过的一些建议。

- **牢记睡眠和营养的关键作用**

  我们在第 2 章和第 3 章谈到，充足的睡眠和均衡的营养是确保跑者在长跑中保持最佳身体状态和比赛表现的关键。你可以通过准备含有充足热量的均衡营养膳食，帮孩子补充训练中消耗的能量。此外，还可以提醒孩子，运动医疗领域的专家建议每天晚上至少睡 8 小时。

- **针对女孩的家长，小心女性运动员三联征**

  我们在第 3 章介绍了女性运动员三联征，这是一种由能量缺乏、月经功能紊乱和骨质疏松组成的不健康状态。如果你是一名女性跑者的父母，你和你的女儿应该了解这种不健康状态信号。如果你的女儿到 15 岁还没有初潮，或者她在初潮后月经期紊乱，那么你应该请一位熟悉女性运动员三联征的医生对她进行检查。预防女性运动员三联征的最重要因素是确保通过膳食获取足够的能量。

- **帮助孩子保持跑步的乐趣**

  你需要认识到这个事实，那就是孩子在青少年阶段参与跑步运动可以为一生的身体和心理健康打下坚实的基础。但是，这个无价的结果取决于培养孩子在青少年阶段养成一个对待跑步成绩和训练的积极态度。我们在整本书中一直在强调，关键是要确保孩子把跑步看成一项充满乐趣的运动。你可以紧密观察训练过度或精疲力竭的信号，比如过度疲劳或失去动力。作为回应，你可以建议孩子去跟教练谈谈减少训练量的事情。最重要的是，你需要给孩子提供无条件的爱，并让他们知道尽最大努力和享受训练和比赛是最重要的事情。

- **为你的孩子找到最好的医生**

  如果你的孩子遭受了伤病，并且需要专业的治疗，那就带他去找一位熟悉跑步运动而且拥有治疗跑步选手经验的专业医生。理想的医生需要了解训练、膳食、睡眠和其他因素如何影响伤病的风险。一位优秀的运动医生的标志是他既会治标，也会治本。

在另一种情况下，跑者拥有了高水平的心理素质，但只是缺乏达到目标所需的身体素质。比如跑者以目标速度起跑而且排名前列，但是随着比赛的进行，他的速度不断减慢，排名也不断下滑，这说明他缺乏身体素质。如果问题不在于缺乏心理素质，那么有可能只是跑者的身体状态没有做好准备。例如，维贾伊的目标是打破 2 分 10 秒的 800 米纪录。这个赛季已经努力打破了 2 分 16 秒。对维贾伊最近的训练进行回顾时发现，他在比赛专项训练课中的表现离打破目标时间还有很长的距离。他在 400 米训练中的最快纪录是 67 秒，而 800 米比赛的最快纪录是 2 分 14 秒。此外，在 200 米训练中，他的速度也很少超过比赛速度。造成维贾伊的比赛成绩令人失望的原因很明显：他的身体素质还没有跑进 2 分 10 秒的能力。记住，为了进行这类评估，对每天的训练成绩进行记录至关重要。

修改训练计划

执教长跑选手的部分挑战在于根据不同跑者之间的差异调整训练计划以满足他们的要求。这是教练工作的艺术所在。它需要创造力和机动性，以引导跑者朝他们的目标迈进。这些教练技巧之所以至关重要，是因为跑者（正如我们曾说过的）通往目标的道路上可能遇到挫折和走弯路。本节内容介绍的策略能帮助跑者规避挫折以及在挫折发生后回到正轨。

在训练中遇到挫折后回到正轨

表 10.1 总结了在训练中遇到挫折之后回到正轨的策略。例如，一个常见的挫折是跑者在训练和比赛中的成绩不再提高。在这种情况下，教练应该观察跑者是否出现了训练过度和训练不足的信号。训练过度指过量的高强度训练，导致身体疲惫以至于好几天都无法恢复。训练过度的信号有：长期的疲劳和肌肉酸痛、受伤、生病、晚上入睡和早晨起床困难、情绪多变、失去动力等。训练不足的信号有：跑者在本该轻易完成的训练中没有取得进步，以及无法提高比赛成绩。训练不足的跑者只是因为在训练中没有做好充分挑战自己的身体和心理的准备。

在训练过度或训练不足的情况下，教练需要识别核心问题，然后相应地进行调整。假如有一名训练时间不到一年的跑者，在完成几节无氧间歇训练课后，他连续好几天都在抱怨肌肉酸痛。那么为了避免严重的伤病，教练必须减少这种训练方法的训练负荷。如果无氧间歇训练在某个特定阶段的总训练负荷中占 5%，

表 10.1 训练中的挫折和弯路：修改训练计划的策略

潜在的弯路和挫折	回到正轨的方法
机能水平在较长时间内没有提高	寻找过度训练和训练不足的信号； 识别并移除对提高适能不利的训练方法； 如果训练过度，则减少训练负荷； 如果训练不足，则增加训练负荷。
在特定的训练课内没有达到训练目标	如果跑者极度疲劳而且动作变形，则停止训练； 调整目标心率和速度，以设定适当的训练强度。
感冒、胃部不适或其他短期疾病	暂时停止训练，直到彻底恢复健康； 去找家庭医生寻求治疗。
受伤	暂时停止训练，直到伤情彻底愈合； 去找学校的训练师或家庭医生治疗； 如果可能的话，使用其他的训练方法（游泳、自行车、深水跑、循环和负重训练）。
无法解释的缺训日	保持积极乐观的心态："只是糟糕的一天而已，我们会补上的。" 找到问题的源头并在将来将之排除。

教练可以选择减少 1 ~ 2 个百分点。过段时间后，随着跑者的身体发育成熟，并能够承受更大训练负荷，教练就可以增加这种高强度训练的比重。

当运动员不得不缺席训练课的时候，教练应该如何进行调整呢？让我们再拿那位缺席了一节循环训练课的跑者举例。在那周的最后一天，教练评估了这位跑者的训练计划，并发现力量耐力训练没有达到既定的训练负荷。如果跑者只是缺席了一节训练课，教练可能不需要作任何调整。但是，如果这名跑者缺席了许多次训练课，尤其是当造成他缺席的原因是受伤或生病的时候，教练就会面临一个进退两难的境地。这名跑者是应该忽略这些缺席的训练并直接赶上队友的进度？还是应该回到训练中断的阶段然后逐渐赶上队友的进度？又或者应该回到整个训练计划的开始阶段从基础开始练？

问题的答案取决于这名跑者缺席的训练课数量以及他的机能水平下降幅度。在缺席训练后，不存在什么确切的指导方针能帮助跑者重回正轨。但是，一般来讲，跑者的机能水平下降幅度越大，他必须弥补的训练课就越多。他需要通过一般性训练方法重新建立机能水平，比如持续有氧跑以及循环与负重训练。在缺席训练后，直接让跑者参加既定的训练项目可能会导致他无法承受更大的训练量，并可能会遭受伤病。

另一个挫折是跑者无法在日常训练课中达到训练目标。这一般是由跑步速度过快或过慢导致的，造成跑者无法达到既定的训练效果。假如有一名 3,200 米跑者，

应对岔气

岔气（也就是肋骨正下方的剧烈疼痛，一般出现在身体的右侧）是训练和比赛中的一种常见的挫折。造成岔气的原因有许多种。第一，它一般发生在刚开始训练并且身体素质相对较差的跑者身上。这些跑者之所以会岔气，是因为他们的呼吸肌——附着在肋骨上的膈膜和肌肉——疲劳并发生抽搐，这是由血流量和氧气供应不足导致的。与腿部肌肉一样，呼吸肌在高强度跑步过程中非常辛苦地工作，而且岔气似乎会在跑者呼吸剧烈的时候出现。由于身体素质出色的跑者出现岔气的次数较少，他们可能已经调节了呼吸肌以接收和使用更多富氧血液。因此，摆脱岔气的一个关键是通过循序渐进地增加训练量提高机能水平。

第二，在喝水或进食后马上进行训练的跑者经常会出现岔气。进入胃部的水和食物会通过拉动肌肉和结缔组织造成压力并引发疼痛。一个解决方法是，在跑步前留几个小时消化食物。但是，跑者不应该为了避免岔气而不喝水——这么做会有脱水的风险。反而，他们应该在训练和比赛前一个小时内少量多次补充水分，而不是一次性喝一到两大杯水。

在跑步期间发生岔气时，专家建议停止跑步，弯下腰，然后按摩疼痛部位。还有一个方法是绷紧腹部肌肉，然后深呼吸。刚开始的时候，这种方法也许会加剧疼痛，但是在一分钟左右的时间内，岔气就会消失。

他的目标是跑进 11 分 30 秒。在赛前阶段的初期，他的教练就安排了一节 3 × 1,000 米比赛专项间歇训练课，每 1,000 米的目标时间在 3 分 33 秒～ 3 分 38 秒之间，这名跑者的目标比赛时间是 3 分 35 秒。在第一次重复训练中，她竭尽全力跑到了 3 分 38 秒。如果教练发现她还没有能力在接下来的两个重复训练中跑进 3 分 33 秒～ 3 分 38 秒的区间，那么他当场就应该毫不犹豫地调整训练计划。缩短最后两次重复训练的距离（比如从 1,000 米缩短到 800 米）将使运动员保持目标速度。

为了让跑者保持正轨，教练不得不改变他们的训练计划，这是不可避免的。但是，他们不应该在没有经过慎重考虑的情况下匆忙改变训练计划。有的时候，跑者之所以脱离正轨，只是因为他们的心情不好。许多情况可能造成训练表现不佳：晚上失眠、胃部不适、岔气、坏天气、高难度的学校考试、甚至是与好友闹矛盾。当跑者的心情极度不好的时候，教练可能需要停止训练，然后以某种乐观的方式建议跑者第 2 天再试一次。给他们再试一次的选择机会非常重要，这样他们才能够重拾自信。如果暂时的挫折是客观原因造成的，那就没有必要让跑者因为达不成训练目标而失去信心。当跑者的训练表现不佳的时候，教练应该找到问题的源头，让跑者知道这只是客观原因造成的，并在将来的训练中努力解决这个问题。

在比赛中遇到挫折后重回正轨

造成比赛成绩不佳的原因有许多种，包括表 10.2 内总结的原因。我们说过，某些身体素质出众而且训练表现出色的跑者之所以达不到比赛目标，是因为他们缺乏心理素质。在这种情况下，教练需要找出跑者的心理素质弱点在哪，然后通过设计训练和比赛计划加强这些素质。比如说茉莉亚，她在比赛前非常紧张，而且比赛结果令人失望。教练注意到，茉莉亚在训练课中的表现非常出色，而且在训练课开始前的状态比较放松，而且有说有笑。但是，在比赛日，她不跟队友交流，而且满脸严肃。察觉到茉莉亚可能在比赛前给自己施加了太大的压力后，她的教练建议她在热身的时候多跟队友在一起开开玩笑，这样能帮助她放松。他们尝试了这个计划而且奏效了。与队友在一起帮助茉莉亚放松了心态，而且也不紧张了。从那以后，她的比赛成绩也比以前好了。

表 10.2　比赛中的弯路和挫折：修改训练计划的策略

潜在的挫折与弯路	回到正轨的方法
心理素质的弱点	评估心理素质要素：信心、专注力、节奏和战术技巧、放松、焦虑、恐惧和动力； 设计训练和比赛经验以改善心理素质的弱点。
身体素质的弱点	评估身体素质的弱点（如技术、力量耐力、心肺功能、有氧能力） 对近期的训练课进行评估，以确定是否模拟了比赛要求； 设计训练计划以改善弱点，并训练身体以达到比赛要求。
受伤或生病	暂停比赛，直到彻底恢复健康； 坚持治疗，如果可能的话，使用补充训练方法。
无法解释的缺训日	寻找问题的源头，并在将来将之移除； 把糟糕的比赛成绩作为动力的源泉，下一次表现得更好； 正确地看待跑步； 尽快进行下一场比赛。

如果问题在于缺乏自信，那么教练应该调整训练课，确保跑者能够在训练中取得良好表现。我们在第 4 章说过，训练中的良好表现可以帮助跑者建立比赛的信心。在运动员的身体素质和信心足以达成更高要求的目标前，降低训练课中的

目标时间难度是一个好办法。或者，教练可以安排跑者喜欢的而且熟练掌握的训练项目。此外，教练还可以增加放松和节奏控制技巧的练习时间，并留出时间观看出色比赛成绩的录像。为了提升信心水平，教练还应该提醒运动员最近表现特别出色的训练课和比赛。

当跑者因缺乏身体素质而难以达成比赛目标时，为了让他回到正轨，找出弱点并调整训练计划也非常关键。在这种情况下，教练必须分析比赛成绩，找到身体的弱点在哪。也许跑者的跑步姿态在比赛的后半段变形了，这表明他需要训练力量耐力和技术。也许跑者无法进行中段加速和末段冲刺，那么他可能需要进行更多变速跑训练，提高快肌纤维和无氧能量转换途径。

在长跑比赛中，造成成绩不佳的最常见原因可能只是跑者的状态不佳。就像训练状态不佳的时候一样，防止这种情况在比赛中出现的关键是找到问题的源头。如果跑者感觉胃部不适或岔气，也许是因为她在比赛前吃了太多东西。在没有习惯新钉鞋的情况下就穿着参加跑步，可能会让脚掌磨出水泡，这会使跑者减慢速度。如果跑者在比赛前因为紧张没有睡好觉，那么可能还没等比赛开始，他就已经感觉疲劳了。通过找出造成状态不佳的原因，跑者和教练可以制订计划，保证这些问题将来不会再次出现。为了避免岔气，运动员可以尝试提早一个小时用餐。在穿新钉鞋参加比赛前，先在训练中多穿几回，这样可以避免磨出水泡。为了保证比赛日的体力充沛，跑者可以在前一天晚上睡觉前看看电视、读读感兴趣的书或听音乐放松，把注意力从比赛上转移开。

很多时候，比赛成绩不佳并没有明显的原因。即使跑者的身体健康而且状态很好，最近的训练表现也很完美，比赛开始前的感觉也不错，但是在比赛进行过程中，所有这些都土崩瓦解了，而且找不出明显的原因能解释这令人失望的结果。即使世界上最顶尖的长跑选手也曾在他们的生涯中有过这种经历。成功的教练和跑者会化失败为动力，帮助他们在将来的比赛中重回正轨。把糟糕的比赛成绩作为在下一场比赛中竭尽全力的决心来源，可以提升跑者争取赢得比赛的动力和决心。教练必须尽快抚慰跑者由于糟糕的比赛成绩造成的伤心情绪，然后指导他把注意力放在下一场比赛上。在经历无法解释的状态不佳后，如果找不出原因，那么教练应该让跑者尽快参加下一场比赛，防止他对自己的身体水平和能力产生怀疑，这非常重要。

有的时候，跑者会在连续几场比赛中成绩不佳，而且无法解释原因。从我们自己的经验出发，我们非常了解跑者在遇到这种挫折后会有多么的失望，但是我们也认为教练和家长应该利用这个机会帮助青少年跑者把眼光放远。当青少年跑者意识到第 2 天的太阳还会照常升起，而且教练、家人和朋友会给他鼓励的时候，他们就

亚当·滕福德，MD
加利福尼亚州

亚当·滕福德博士曾 5 次入选全美大学生
运动协会，曾代表斯坦福大学赢得 3 次全国锦
标赛团体冠军。大学毕业后，他的生涯辉煌时
刻包括：2004 年奥运会选拔赛 10,000 米第 9
名以及全国 10,000 米公路锦标赛亚军。他的
1 英里跑个人最佳纪录是 4 分 10 秒；5,000 米
最佳纪录是 13 分 39 秒，10,000 米最佳纪录
是 28 分 23 秒。作为一名专业理疗师和康复
师，滕福德博士还在继续享受跑步运动的乐趣。
2014 年，他成功晋级波士顿马拉松赛，并创下 2 小时 43 分的生涯最佳完赛纪录。
他的研究重点是帮助跑者预防过度性损伤和改善骨骼健康。

为了预防伤病，教练应该在训练计划中包括哪些关键因素？——过度性跑步损伤
在青少年跑者中非常常见。我们在斯坦福大学进行的一项研究表明，大多数高中男子
和女子选手都曾遭受过 1~2 次过度性损伤（参见本章下文侧栏中风险跑步损伤的因素）。
我们了解到的与这些损伤有关的因素可以指导教练在跑步训练计划中整合伤病预防的
方法。训练量和训练强度应该循序渐进地增加，因为较大的训练量是受伤的一个风险
因素。总的来说，我建议每周增加的总跑步距离和最长跑步距离不要超过 10%。在松
软平坦的地面上跑步（比如草地），以及每 350 ~ 500 英里换一双跑鞋可以减小受伤
的风险。尽管目前没有充分的研究证据，但是全身性的力量和机能水平可以改善跑者
的生物力学结构（跑步姿势）并有助于预防受伤。我发现所有年龄段的跑者中普遍存
在的一个问题是核心肌群和髋关节力量不足。支撑骨盆的肌肉力量不足可能会导致姿
势变形，这会导致损伤。对增强肌肉力量和改善协调性来说，使用体重阻力进行训练
往往已经足够了，不需要使用器械。我建议进行一些模拟跑步的体重锻炼，比如单腿
深蹲。目标应该是增强肌肉耐力，而不是肌肉块。

我的研究重点是应力性骨裂的预防。包含跳跃和多方向的负荷训练可以有效地达
到这个目的，因为研究已经发现，早年参加篮球和足球运动可以降低跑者遭受应力性
骨裂的风险。一个关键的理念是，跑者应该多参加除跑步以外的其他运动，这对他们
的健康有很大好处：在儿童和青春期阶段，应该鼓励青少年跑者参加各种体育运动。

参与其他有助于提升跑步成绩的体育运动不仅可以锻炼新技术，运动的多样
性还可以减少能量耗尽和过度性损伤的风险。我的妻子凯特·滕福德入选了 2004

年奥运会 10,000 米径赛代表队。在整个中学阶段，她的项目都是游泳。直到高中和大学，她才开始专攻跑步，但是早年从事游泳运动锻炼出来的心肺功能有可能帮助她成为一个更加优秀的跑步选手。年轻的时候，我非常喜欢踢足球和打篮球，而且我在上高一之前从未进行过整年度的长跑训练。

有关拉伸训练对损伤预防的作用还有一些争议。与静态拉伸相比，在训练开始前进行主动或动态拉伸可能效果更好，因为主动拉伸可以增加流入肌肉的血液量，让身体为更紧张的训练活动做好准备。跑步训练是常见的一种改善跑步姿势的方法。在一般情况下，静态拉伸应该在跑步结束之后进行。

为了降低训练中受伤的风险，教练应该关注哪些因素？他们应该采取哪些措施？ ——我得到过的最有价值的建议是"聆听身体的信号"。训练的目的是锻炼身体的适应能力，包括增强心肺功能和力量。高强度训练可能导致疲劳，但是跑者不应该带着疼痛或伤病进行训练。关于这个理念，教练应该教育他们的选手每次训练课的目标是什么，并且让每名跑者对这项运动产生敬畏。通过理解某次训练的目标和高强度训练之间进行恢复的重要性，青少年跑者在每次训练中的表现可能会越来越好，降低可能导致受伤的累积性疲劳和疼痛的风险。

教练应该监控跑步姿势的改变，鼓励每名跑者保持良好的跑步姿势；跑步动作的变形可能表明一名运动员的身体正在透支。在训练和恢复期间监控心率是在每次练习中保持既定速度的好办法。

如果跑者的受伤风险与技术错误相关，你有什么给教练的建议吗？ ——教练应该鼓励每位运动员克服跑步姿势和力量上的缺陷。应该让跑者从小就开始进行核心肌群与下肢肌肉训练以增强力量耐力，以及跑步练习以改善姿势。当我在高中开始跑步的时候，我存在摆臂不对称的问题。教练帮我纠正这个问题的方法是让我在手里握一根小木棒，使我的拇指朝上，其他 4 个手指轻微弯曲。我只用了几个月就纠正了这个问题，我的跑步姿势也因此有了很大改善。

受伤或生病后，教练和跑者在决定何时以及如何恢复训练时应该考虑哪些因素？ ——对运动员来说，从伤病中恢复的最重要因素与他或她的医生、教练和父母进行一次开诚布公的沟通。应该根据受伤的情况循序渐进地恢复跑步。一名运动员应该遵循运动医生给出的有关恢复训练和监控症状指导方针。我发现，一个非常有效的做法是给跑者提供一份讲义，指导他们如何逐渐增加跑步距离和时间。例如，一名正在从应力性骨裂中恢复的跑者可以交替进行跑步和恢复。我们常常建议正在恢复的跑者从第一天跑 5 分钟开始，第 2 天休息，然后第 3 天跑两个 5 分钟（中间休息 1 分钟）。跑者应该注意之前受伤的疼痛或症状是否出现反复，然后将这个信息告诉教练和运动理疗师。

学到了有关运动和生活的非常重要的一课。在接下来的生涯中，青少年跑者还需要经历许多的训练和比赛。在这条道路上，糟糕的比赛成绩只是暂时的挫折。

关于应对比赛挫折的最后一点建议是：除非受伤或在比赛中感觉到疼痛，否则跑者应该努力完成比赛。有的跑者养成了中途放弃比赛的习惯，因为他们感觉到疲劳或落后于个人纪录。这些跑者可能从来不会最大限度地挑战自己，因为他们脑子里老是想着放弃。在状态不佳的时候，即使减慢速度，跑者也应该努力完成比赛。但是，当跑者因受伤、抽筋感觉疼痛或极度不适，或者在炎热或寒冷天气下出现健康隐患的时候，教练或家长绝不应该鼓励跑者完成比赛。

应对伤病

考虑到长跑对身体的要求，最佳比赛成绩和伤病风险的界限比较微妙。在一段较长的职业生涯期间，即使遵循了一套比较完整的训练计划，也很少有跑者能够完全避免受伤。所以，不论是教练、父母还是跑者都应该知道跑步损伤的原因、症状，以及治疗和康复的方法，这非常重要。造成跑步损伤的常见原因有以下几种。

- **训练错误：**训练量和训练强度突然大幅增加；过度使用（跑步的英里数超过身体能够承担的极限）；在高强度的训练之间没有充分的恢复时间；在非常坚硬或柔软的地面上跑步距离过长。
- **解剖性异常：**平足、高足弓、过度内旋或外旋、膝外翻、弓形腿、向内旋转的大腿骨、两腿长度不同。
- **肌肉不平衡：**拮抗肌群的力量差异（腘绳肌和股四头肌、小腿肌和胫骨前肌、屈髋肌群和伸髋肌群），拮抗肌群的柔韧性差异，以及肌肉过度紧绷或松弛。
- **粗糙的跑步技术：**过度回转和扭曲动作、跨步过大、脚后跟或前脚掌着地力量过大。
- **不合适的跑鞋：**缓震不足、对过度内旋或外旋的控制不足、对足弓的支撑不足、跑鞋磨损过度。
- **营养不良：**热量、水、钙质、电解质或其他营养元素的摄入量不足。

通过寻找造成跑步损伤的原因，教练可能发现他们的训练计划中的有些内容会增加受伤风险。通过排除风险因素或增加训练方法以抵消这种风险，教练们可以预防跑者受伤。例如，与着地冲击力相关的损伤往往是由于在沥青路面等硬质

常见跑步损伤

为了预防和治疗跑步损伤，教练和跑者都应该了解这些损伤的原因、症状和康复方法。下文介绍了某些常见的跑步损伤；对跑步损伤的全面讨论不在本书范畴之内。

应力性骨裂指脚、小腿、大腿和髋关节骨骼上的微小裂痕。症状包括受影响骨骼表面的局部疼痛和触痛。导致这种损伤的原因一般是过度使用，或硬质地面上跑步的重复应力对骨骼造成的过度负荷。应力性骨裂往往发生在女孩身上，原因可能是热量摄入量不足和过度训练、运动性闭经或正常月经停止。伴随规律性月经的雌性激素水平周期性增高对于保持骨密度是必不可少的。一般情况下，确诊应力性骨裂比较复杂，因为在症状出现后的好几个星期内，X 光扫描可能都无法发现骨裂。为了避免对骨骼造成严重伤害以及加快愈合，发生应力性骨裂的运动员应该停止跑步，然后去看一名运动医生。如果确诊了应力性骨裂，康复过程包括改变训练和膳食、更换跑鞋或使用矫正器械以及进行心肺功能训练，比如游泳、泳池跑和自行车等不会对受影响的骨骼造成压力的运动。

足底筋膜炎指足底内侧从脚后跟到脚弓之间的一系列结缔组织的感染。这种损伤的特点是足弓的阵痛和触痛，疼痛点靠近脚后跟的多肉部位。足底筋膜炎在平足而且过度内翻的跑者中比较常见。这种损伤的恢复期通常长达数周，甚至得在数月时间里减少跑步量或停止跑步。医生可能会要求运动员加强足底肌肉的锻炼，使用矫正器械和抗感染药物，以及注射类固醇。

跟腱炎指跟腱的退化和感染，跟腱连接的是小腿肌肉和跟骨。这种过度使用损伤的主要症状是疼痛、触痛以及跟腱部位的肿胀。当运动员使用脚趾部位着地、上坡以及穿低跟平底跑鞋或钉鞋时，这种疼痛感会尤其剧烈。小腿肌肉比较紧张的跑者尤其容易患跟腱炎，所以他们应该定期拉伸这些肌肉。在某些情况下，康复期可能很漫长，因为跟腱部位的血液供应有限而且在日常活动中（比如走路）也会受到压力。主要治疗方法——冰疗法、抗感染药物以及超声波治疗——可以增加流向跟腱的血流量，以减轻感染并加快愈合。在跟腱愈合期间，游泳和深水跑是保持机能水平的绝佳方法。

髌骨关节痛综合征是由膝盖骨后侧的软骨退化导致的。有这种综合征的跑者的膝关节会比较僵硬并伴随磨痛，尤其是在久坐以及下蹲或爬楼梯等需要膝关节屈曲的活动之后。髌骨关节痛综合征常见于膝关节外翻、弓形腿和平足的跑者。另一个造成这种综合征的原因是腘绳肌和股四头肌的力量不均衡。医生建议服用抗感染药物，并通过锻炼加强股四头肌和拉伸腘绳肌。

胫骨结节骨垢炎指髌韧带（膝关节前部）与胫骨（也就是小腿骨）连接部位的感染、触痛和疼痛。这种综合征只在青少年运动员中出现，是由骨骼的快速发育和重复性应力结合而导致的。在青春期速长期，骨骼发育速度比肌肉和结缔组织快。当胫骨的发育速度超过髌韧带的时候，髌韧带在胫骨上部的附着部位的拉力就会加大。过度的牵拉导致了刺痛。此外，髌韧带的牵拉力可能导致细微的骨骼变形和骨裂。在大多数情况下，通过减少跑量以及随着骨骼发育的成熟，这种肿胀和疼痛感会自然消失。

髂胫束综合征指因髂胫束韧带和膝关节侧面（外侧）之间的摩擦而导致的感染和疼痛。髂胫束从髋关节出发沿股骨外侧与膝关节相连。在成年跑者中，这种综合征一般是由来自跑步的重复性应力和髂胫束及其周围肌肉的紧张联合导致的。在青少年跑者中，导致这种综合征的一个额外的原因是骨骼的快速发育。跑者应该停止跑步，对受伤部位采取冰敷疗法，并拉伸髂胫束（见第 6 章）和腘绳肌（见第 6 章）。

胫骨纤维发炎指沿胫骨部位的疼痛和触痛。当沿胫骨内侧的痛感从膝关节下方数英寸的部位一直延续到踝关节时，医生将这种损伤称为**胫骨内侧疼痛综合征**。与这种综合征相关联的疼痛是由连接骨骼的组织感染引起的。当痛感发生在胫骨外侧时，原因可能是**筋膜室综合征**——小腿肌群的肿胀，造成覆盖在肌肉上的组织鞘过度拉伸，并对肌肉内的神经末梢造成压力。感到胫骨疼痛的跑者应该向一位运动医生咨询，因为正确的疗法要视造成疼痛的原因而定，而这个原因是很难自行诊断的，而且在不进行适当治疗的情况下继续跑步可能导致应力性骨裂。

地面上跑步距离过长导致的，比如胫骨骨膜炎和应力性骨裂。跑者可以通过在泥路和小道上训练降低这些损伤的风险。

为了有效地应对损伤，运动员和教练都必须注意他们的症状，并了解治疗和康复的最佳方法（见本章上文的常见跑步损伤）。尽管有的损坏需要立刻进行治疗，有些损伤（尤其是那些由慢性过度使用造成的损伤）可能不会造成直接危险。在某些案例中，跑者可以对这些损伤进行自我治疗。在理想的情况下，这种自我治疗应该在一名运动医生或有资质的训练师监督下进行。许多跑步损伤的自我治疗都包括 RICE，也就是休息、冰敷、按压和抬高。休息可能意味着至少在几天内彻底停止所有训练，但是针对一些损伤，用一些补充训练方法保持机能水平是可能的。例如，针对膝关节疼痛的跑者，继续跑步会加剧损伤，但是他们可以通过游泳和上肢训练保持较高水平的心肺功能和肌肉动能。

　　有些损伤虽然会让运动员无法进行跑步，但是却不会影响他们进行自行车和深水跑等活动。在深水跑中，跑者穿着一件浮力背心悬浮在游泳池中模仿跑步动作。由于自行车和深水跑能提高在较长时间内提升心率，所以它们是维持心肺功能的绝佳方法。补充性训练的持续时间要视受伤跑者对这种锻炼方式的熟悉程度而定。例如，如果受伤的跑者从未进行过深水跑，那么他可以从每天 10 ~ 15 分钟起步，然后逐渐增加到与他们的最长持续有氧跑的持续时间相当的水平。对骑自行车的跑者可以从 45 分钟甚至更长时间起步。

跑步损伤的风险因素

　　为了避免受伤，教练和跑者应该了解导致受伤风险增加的因素。这是斯坦福大学的亚当·滕福德博士及其同事的研究课题（Tenforde et al., 2011）。研究人员调查了 748 名高中长跑选手（442 名女孩和 306 名男孩），年龄在 13 ~ 18 岁之间，要求他们汇报之前受到过的损伤、训练里程以及在 1 英里跑和 5 千米跑项目上的最佳成绩。大多数青少年跑者（68% 的女孩和 59% 的男孩）至少受过一次伤，包括跟腱炎、踝关节扭伤、髂胫束综合征、膝盖疼痛、足底筋膜炎和胫纤维发炎。女孩受到这些损伤的比例比男孩更高。例如，41% 的女孩和 34% 的男孩曾经受过胫纤维发炎。6% 的女孩和 3% 的男孩至少有过一次应力性骨裂。与没有受过伤的跑者相比，那些曾受过伤的跑者的年龄更大，而且每周训练中跑步英里数也更多。对女孩来说，造成受伤的重要风险因素包括：在路面上增加的跑步次数以及 1 英里跑和 5 千米比赛的成绩提高。

　　基于他们的研究发现和其他相关研究，滕福德和共同执笔者们得出结论，高中生跑者可以通过限制在硬质地面的跑步量，进行损伤预防专项力量训练和平衡锻炼降低受伤风险。表 10.3 是研究人员们的建议汇总。

表 10.3　预防常见跑步损伤的训练

损伤类型	损伤预防的建议训练方法
胫纤维发炎	用脚后跟走路（每只脚 3 × 30 步）
髌股关节痛综合征	双腿下蹲（见第 6 章）
髂胫束综合征	髋外展训练（侧躺，然后将腿伸直后抬起呈 45 度角）
跟腱炎	提踵（见第 6 章）

摘自 Tenforde et al., 2011。

RICE 的第 2 个组成部分是对受伤部位进行冰敷，这对减轻肿胀和疼痛以及加快愈合非常有效。冰疗法对与慢性感染有关的损伤尤其有效，比如足底筋膜炎和跟腱炎。治疗方案很简单，就是将一个装满碎冰块的塑料袋压在受伤部位上。为了避免冻伤皮肤，跑者应该在冰袋和受伤部位之间垫一块薄布。还有一个方法是用装着冰水的纸杯子在受伤部位进行冰敷按摩。冰疗法的一条普遍适用的指导方针是：每天冰敷 2 ~ 3 次，每次 10 ~ 20 分钟。我们强烈建议跑者向运动医生或训练师咨询专门用于治疗损伤的冰敷方案。

针对导致肌肉肿胀的损伤，对受伤部位进行按压往往也是一个比较有效的治疗方法。最常见的按压方法是用一块弹性绷带。绑带的包扎方式取决于损伤和个人的具体情况。训练师们知道如何对受伤部位进行适当的包扎。

RICE 的第 4 个组成部分是抬高，包括将受伤部位抬高，以减少流向该部位的血液流量，从而减轻肿胀。例如，有膝伤的跑者应该平躺在床或沙发上，然后将受伤的腿用一到两个枕头垫高，这条腿应该稍微高过头部。

为了多样性和乐趣暂时离开跑道

当你在长途旅行的过程中，有时候到达目的地的最高效和有趣的方式是去无名小路上冒险。长跑训练也是如此——试验不同的训练方法以及偏离既定的计划可能是值得的。为了增加训练的多样性和乐趣，偶尔地偏离既定的轨道是必不可少的，因为它们可以让青少年跑者对训练保持积极的态度和浓厚的兴趣，并全身心地投入。当他们被限制在日复一日、年复一年地完成分配的训练任务时，他们可能会对跑步感到厌倦。

培养训练兴趣的关键在于使训练计划尽可能地多样化。教练们可以在日常训练中使用各种各样的训练方法和锻炼方式。我们还建议定期改变训练地点和环境。教练还应该时不时地用一些给日常训练增加乐趣的变化运动员带来惊喜。例如，与其提前宣布全队将从学校驱车 10 英里到沙滩上进行持续有氧跑训练，教练倒不如在当天突然开着车出现在训练场，然后把队员们塞到车里去。或者，在一个安排进行间歇节奏训练跑训练的训练日，教练可能将训练内容改为受控的法特莱克训练，只是为了增加多样性。偶尔在恢复日，教练甚至可以通过彻底取消训练然后带所有队员去看电影，给全队一个惊喜。

教练应该经常把本身具有乐趣性的训练方法包括在训练计划之内。尤其在一

般准备阶段，教练应该每周进行几次游戏，比如篮球、足球、极限飞盘和接球游戏等。通过增加多样性和趣味性，教练也可以给本身不那么有趣的训练方法（比如恢复性训练）添加点乐趣。例如，在春季的一个恢复日里，跑者可以去当地的一个游泳池或河流游泳，他们也可以去骑山地车。冬天，一节恢复性训练课可以是 20 分钟的越野滑雪。如果恢复性训练课的内容是 20 分钟的轻松跑，那么全队可以一起跑步，一路上可以说说笑笑。如果线路经过一个公园，跑者可以玩一个游戏，谁先发现一只花栗鼠、麻雀、鹿或其他动物，谁就得一分。如果线路经过一个城市居住区，他们可以比赛发现不同品牌和颜色的汽车，用来代替动物。

有的时候，经验丰富的教练和跑者会出乎意料地改变训练和比赛计划，因为他们预感稍微偏离既定的计划可能会带来成绩上的突破。因为既定的比赛专项间歇训练课当天的风力太大，教练可能会将训练推迟到第 2 天。对一名 1,500 米的跑者来说，如果她在最后 800 米的时候感觉状态良好而且有充足的力量冲刺到终点，那么她就会放弃在最后 300 的时候进行冲刺的比赛计划。教练和运动员应该经常遵循这些预感，因为它们可能是达成目标成绩的捷径。再说一遍，这些决定可能会让跑者远远地偏离既定的计划，但是如果他们能够牢记自己是如何偏离计划的，那么他们就可以从中学到重要的一课，让他们在将来避免再走这些弯路。

总之，一套训练计划的最重要特征是充满乐趣的氛围，因为如果没有乐趣，青少年跑者就没有动力通过努力训练和全身心投入提高自己。教练和父母应该培养这种氛围，并接受这样一种哲学，那就是青少年体育的目的是让孩子尽自己最大努力，并享受自我完善的旅程。当他们不是为了赢得比赛而被迫参与这项运动的时候，青少年跑者会拥有接受这段旅程中的挑战的真正动力。但是，在一路上，他们想要获得乐趣。优秀的教练和父母能够意识到这一点，并利用他们的创造性确保训练和比赛体验既富有挑战，又充满乐趣。

在设计和采取训练计划的过程中，遵循科学健康的指导方针的教练能确保通过富有挑战性的训练课提高青少年跑者的身体和心理素质。不过，虽然制订训练计划非常复杂，但是有时候，创造一个充满趣味和享受的氛围的难度更大，因为这需要每天的思考和创造。如果想要给每天的训练增加乐趣，我们建议教练仔细聆听运动员的想法，找到他们在跑步和青少年生活中最享受的是什么。也许他们喜欢偶尔在跑步的时候用扩音器播放音乐。他们也许享受在特殊节日穿上跑步服装，比如万圣节和圣帕特里克节（并且看到他们的教练也穿着这种服装！）。大多数青少年跑者都喜欢团队聚会和颁奖晚宴，每个人都希望在晚宴上得到褒奖。跑者希望教练能建立团队士气和队友情谊，通过特殊的体验和项目增加训练的刺激性。

大步向前

祝贺你完成了青少年长跑训练的学习，并在担任教练，为人父母和跑步的过程中应用这些有关长跑的科学指南。为了确保将来的训练之旅既富有成效又有安全性，我们最后给你提出一条建议：不断寻求指导！学再多有关训练的知识都不为过。随着运动科学和训练理论的发展，你将了解到新的理念和训练方法，应用这些理念和训练方法可以让你自己的训练计划更加完美。

学习更多有关跑步的知识将给你带来许多好处。学习的方式有很多种，比如阅读跑步相关的书籍和杂志、参加临床诊断以及同爱好者们讨论训练理念和比赛策略等。如果你是一名教练，在提升自身执教能力并帮助青少年运动员达成目标的过程会让你体会到无与伦比的满足感。此外，你还可以丰富自己的经验，因为你将与其他教练和运动科学家讨论培养青少年跑者的最佳方法。没准你会想多学点关于运动生理学的知识，也许你想要建立一个计算机系统，用于记录训练数据和跟踪运动员的进步。为了提高你的执教技巧，你需要不断寻找和青少年跑者的训练有关的知识。

如果你是一名父母，通过学习更多营养学的知识，了解训练对生长发育的影响以及其他影响青少年跑者健康的因素，你可以给你的孩子提供很大的支持。正面的长跑体验能帮助孩子养成正确的行为习惯和价值观，这会让他们受益一生。你的责任是与教练和家庭医生一起，确保孩子在训练和比赛中得到良好的体验。为了履行这个责任，你将需要继续学习青少年长跑的知识。

如果你是一名青少年跑者，你应该意识到学习更多有关长跑的知识对将来的进步和提高至关重要。在训练旅程的开始阶段，教练会为你把控方向，但是随着经验的积累，你需要自己控制训练计划。毕竟，最了解哪种训练方法有效哪种无效的是你自己。作为一名高级跑者，你可以了解自己的身体，以及它对训练和比赛的反映。你也可以分担责任，与教练一起制订目标。当你和教练以这种方式合作的时候，你获得成功的概率也会增加。最重要的是，如果你决心更深入地了解跑步运动，你所得到的知识和经验将成为终身的健康源泉。

我们希望你在青少年长跑的旅途中取得成功。也许我们的路线会在沿途交叉！

扫码看专家为你解读
跑步后如何高效恢复